同济大学 法学文丛

私法的中国化与现代化：

学说、制度与案例

刘颖 著

法律出版社
LAW PRESS · CHINA
—— 北京 ——

图书在版编目(CIP)数据

私法的中国化与现代化 : 学说、制度与案例 / 刘颖著. -- 北京 : 法律出版社, 2023
(同济大学法学文丛)
ISBN 978-7-5197-7643-5

Ⅰ. ①私… Ⅱ. ①刘… Ⅲ. ①私法-研究-中国 Ⅳ. ①D923.04

中国国家版本馆 CIP 数据核字(2023)第 037568 号

私法的中国化与现代化:学说、制度与案例
SIFA DE ZHONGGUOHUA YU XIANDAIHUA:
XUESHUO、ZHIDU YU ANLI

刘 颖 著

责任编辑 孙东育 曲 杰
装帧设计 李 瞻

出版发行 法律出版社
编辑统筹 学术·对外出版分社
责任校对 杨锦华 裴 黎
责任印制 陶 松
经 销 新华书店

开本 A5
印张 10.75 **字数** 245 千
版本 2023 年 1 月第 1 版
印次 2023 年 1 月第 1 次印刷
印刷 北京新生代彩印制版有限公司

地址:北京市丰台区莲花池西里 7 号(100073)
网址:www.lawpress.com.cn
投稿邮箱:info@lawpress.com.cn
举报盗版邮箱:jbwq@lawpress.com.cn

销售电话:010-83938349
客服电话:010-83938350
咨询电话:010-63939796

书号:ISBN 978-7-5197-7643-5
定价:69.00 元
凡购买本社图书,如有印装错误,我社负责退换。电话:010-83938349

序

前段时间,刘颖博士把书稿《私法的中国化与现代化:学说、制度与案例》发给我,约我为其作序。翻阅着曾经熟悉的书稿,与刘颖博士交往的往事也在眼前一页一页地展开。

刘颖是我在浙江大学法学院指导的民商法博士生。他是 2012 年入学的,距离今天已经整整十年了。十年不是一个很短的数字,也不是一个很长的数字,但是一个值得总结的数字,是一个值得纪念的数字。呈现在我面前的书稿就是他十年的总结性文字,也是走向下一个十年的扎实基础。

刘颖的本科学历并不显眼,但是他并没有虚度光阴,而是踏踏实实地度过了四年大学时光,播下了热爱学术的种子,骄傲地活出了自己的样子。刘颖的硕士生涯是在华东政法大学度过的。在那里,他师从著名的法制史专家王立民教授,研习法制史,取得了不小的进步。2012 年考入浙江大学民商法专业,在我的指导下研习民商法。

在这期间,他的法学功底变得更为扎实,特别是民商法方面的学术素养有很大提高,学术的志趣也变得越发浓厚。

本书呈现的是刘颖博士 10 年的学术成长经历,也是其优秀法律研究能力的集中体现。这本书大致可以分为三个部分:第一部分是较为抽象的基本私法问题。在民法典编纂时代,我们应该如何回顾过去?应该如何展望未来?作者用三个篇章来回答,分别是《“层累现象”中的中国民法》、《立法目的条款的中国表达》与《国家政策的历史贡献与法典回应》。这三篇文章使用了作者擅长的历史学研究方法,从更长更远的时空背景中来探索中国民法的基本问题。《“层累现象”中的中国民法》一文借助著名历史学家顾颉刚先生的“古史层累说”,阐述了近百年来中国民法继受造成我国民法体系性瑕疵和民法理论杂糅的现象及其出路,我国民法中的层累问题在民法典既成的当下仍是值得讨论的话题;《立法目的条款的中国表达》一文探讨了我国民法典中立法目的条款的表达与设计,并认为立法目的条款是立法技术的产物与体现立法价值取向的窗口;《国家政策的历史贡献与法典回应》一文对我国语境下的“国家政策”进行深入研究,并借此对国家政策在民法体系中的定位进行反思,提出制定《民法典》时应取消国家政策在民法体系中的地位。正好,2020 年颁布的《民法典》第 10 条对此作了回应。这些篇章体现了作者具有很强的宏观抽象能力与叙述能力。第二部分是作者对一些具体问题的思考。如《要物合同的变迁趋势及其现代结构》一文对要物合同的要物性进行历史脉络梳理,结合现行法和案例探寻要物性的缓和趋势,并认为“完成其他给付”作为我国要物性要件是学说继受过程中的一个美丽误会;《经营者沉默欺诈认定的现代回归》一文基于“天价豪车赔偿案”的裁判分歧展开,提出经营者沉默并不一定构成欺诈,关于经营者沉默欺诈的认定需从欺诈构成要件须以严格认定为原则、妥当适用利益衡量的方法、妥善处理侵犯知情权和沉默欺诈的关系以及告知义务范围的界定四个方面回归；《居间合同的中国印记：变与不变》一文集中就居间人谨慎审查义务与居间合同中的准用条款（《民法典》第966条对此作了调整）两个问题阐述了居间合同在民法典编纂中的应对方案；《优先股制度的中国路径与当代发展》一文梳理了我国法律实验主义下的优先股制度，提出趋同视野下的中国优先股制度是一个引进、借鉴和本土化改造的双向运动的进程，而不是简单同质化的过程。这些篇章涉及私法不同的领域，体现出作者的知识面较为宽阔。第三部分是私法案例方法的探究。案例是私法研究中的重要素材，尤其在民法典时代的基调已从立法论向解释论转向，如何在避免和解决层累问题的基础上构建中国私法理论体系尤显重要，本部分作者通过案例评释论文方法和请求权基础分析方法对此做了较为成功的探索。

刘颖博士语言表达能力是较为突出的。人们常说，法学学术论文的语言往往是艰涩的，不要期待一篇法学论文还是一篇语言优美的作品。不过，刘颖博士的学术论文并不艰涩。相反，他的文字清新可读。这是非常难得的。

这本书稿的很多篇章是在我的指导下完成的，我对文章的写作过程比较了解。为此，我很愿意谈些自己的体会与想法，并隆重地推荐给大家。

期待刘颖博士下一个十年的精彩学术人生。

梁上上*

2022年6月1日

---

* 梁上上，清华大学教授，博士生导师，第八届“全国十大杰出青年法学家”。

目　录

第一章　层累现象中的中国民法*

一、问题的提起

清末以降,中国民法经过百年探索,历经从无到有、跌宕起伏的艰难进程,如今终成民事法律体系。现阶段民法已进入法典时代,民法的法典化活动实为学术界和国家的一件盛事,值得庆贺。但我们为进入民法典时代欢呼鼓舞的同时,也应保持时刻清醒。因为现行法律距一个成熟的形式理性法仍有相当的差距。① 对此,我们不禁要问,百年中国民法难道积累的还不够吗,缘何仍然面对诸多难题?或许,20 世纪顾颉刚先生

---

* 本部分原标题为《中国民法中的"层累现象"初论——兼议民法典编纂问题》,载《东方法学》2015 年第 2 期,发表时有删减。本文的选题受浙江大学光华法学院张谷教授的启发,在此深表谢忱!本文荣获 2014 年第九届中国法学会主办中国法学家论坛征文一等奖。为保持作品完整性和可读性,本章的法条仍采用前《民法典》时代的表述。

① 参见王利明、易军:《改革开放以来的中国民法》,载《中国社会科学》2008 年第 6 期。

提出的“古史层累说”[①]能给我们带来启示,百年中国民法史何尝不亦是由层累而成的?[②] 中国民法的“层累现象”是指我国民法体系的法律移植实用主义和多元继受倾向问题,以及民法理论存在的套用代代因袭的结论、观点的问题。具体表现为民法的体系性瑕疵,民法理论的糅杂化等现象。

纵观近代百年法律史,法律移植是中国近现代法发展的一个基本历史现象,[③]中国民法史实质是一部法律移植和学说继受史,各法律体系的民法在过去的一个世纪里轮番登场。法律移植固然是中国民法走向现代化的捷径,然而,亦有不少弊病。此问题并没有引起民法学术界的足够重视。我们可以从横向、纵向两个截面来解构民法中“层累现象”的图景,即从纵向的立体面观察,我国民法中的“层累现象”分为不同的层次构造,由于自清末以来的民法移植是多元层次的法律继受,并造就了不同移植效果和影响,从而逐层累积形成了中国民法百年史。从横向的平面角度切入可知,“层累现象”又有千式百样的表象,因为经历多层次累积的民法造成

---

① 相关顾颉刚的层累理论的研究,参见宁镇疆:《“层累说”之“默证”问题再讨论》,载《学术月刊》2010 年第 7 期;赵吉惠、毛曦:《顾颉刚“层累地造成中国古史”观的现代意义》,载《史学理论研究》1999 年第 2 期;袁征:《二十世纪中国史学理论的重要创见——层累造史理论及其在历史研究中的作用》,载《广东社会科学》2001 年第 3 期;王学典、李扬眉:《层累地造成的中国古史——一个带有普遍意义的知识论命题》,载《史学月刊》2003 年第 11 期;黄海烈:《试论顾颉刚“层累说”对中国古史学的影响》,载《江苏社会科学》2010 年第 4 期。

② 参见张谷:《倾听,是一种态度》,载《中外法学》2004 年第 6 期。

③ 何勤华:《法的移植与法的本土化》,载《中国法学》2002 年第 3 期。关于“法律移植”或“法律继受”,高鸿钧教授认为:“在人类法律文明的演进过程中,人们观察到法律迁移的现象,即一个民族或国家的法律迁移到另一个民族或国家。欧陆法学术界传统上用‘继受’来指称这种现象,英美学术界则习惯于用‘移植’来描述这种现象。”参见高鸿钧:《法律移植:隐喻、范式与全球化时代的新趋向》,载《中国社会科学》2007 年第 4 期。因此,本书不对“法律移植”和“法律继受”作区分,根据行文交替使用。

了制度互相借鉴或混合继受,如果我们不能意识到中间环环相扣,移植进来的制度易于形成体系的异质因素,以致发生扞格不入的窘境。[①] 这两种截面共同构成了我国民法中的"层累现象"。[②] 面临此种法学现象,应探索它从何而来,又将从何而去。在民法典时代,我们应如何协调"层累现象"与民法典之间的关系?

二、民法中"层累现象"的构造与缘由

总体而言,民法中的"层累现象"是不同层次构造而成的。不同层次共同构成了一个构造序列,构造序列是指不同构造期或同一构造中不同幕(或阶段)所产生的层次构造先后有序。"层累现象"的构造序列的建立有助于认识不同层次构造发育和演化规律。一次构造运动即民事立法活动,按一定作用方式或不同政治功利性产生的构造要素群成为一个构造世代的构造(以下简称层次)。前一层次的构造对于后一层次的构造发育起着控制或限制作用,后一层次的构造叠加于前一层次之上的现象为构造叠加,是一种"层累现象"。其效应往往是改造了前一层次的构造,使其格局、面貌发生变化,出现叠加构造型式,民法中的"层累现象"的构造序列的建立关键在于划分和对比不同层次的构造,弄清前、后层次构造世代之间的控制、限制和叠加效应和干涉改造关系。

(一)民法中"层累现象"的形成

根据构造序列根据不同阶段和属性,可将"层累现象"分为四个

---

① 参见苏永钦:《寻找新民法》,北京大学出版社 2012 年版,第 53 页。

② 需要特别指出的是,"层累现象"并不限于我国民法学,其他部门法学如刑法学、诉讼法学、行政法学等,甚至我国法学整体都存在这种"层累现象",原因大致和民法中的"层累"现象移植,均与法律移植的轨迹相关。因而,在一定程度上,本书涉及的"层累现象论"中的构造、缘由、表象和出路等问题一般都可适用于解释其他部门法的层累现象。限于主题,本书仅以民法为中心论述。

层次。即清末民初时期(1911 ~ 1926 年)、南京国民政府时期(1927 ~ 1949 年)、改革开放前 30 年时期(1949 ~ 1978 年)、改革开放后至今(1979 ~)。

1. 第一层的形成:清末民初(1911 ~ 1926 年)的民法和民法学

中国近代第一部民法典草案可追溯至 1911 年的《大清民律草案》(史称为“民律一草”)。从形式上看,该草案采用总则、债权、物权、亲属和继承五编制体例,可谓整齐而周密;[①]但就实质而言,草案摆脱不了先天的固有缺陷,如财产法以德国、日本、瑞士民法为模范,人身法却以大清旧律为样本且未经多数学者讨论,难免有缺漏纰缪,终而造成财产法和人身法割裂的局面。[②] 尽管“民律一草”有种种不足,但并不淹没其伟大的历史功绩。即中国民法“开始了一个华丽的转身,出现了划时代的进步”[③],在当时面临大陆法系诸多选择时锁定了大陆法系中潘德克顿体系,基本上奠定了此后中国民法百年的基调。[④]

清末民法典选择了通过日本间接学习德国民法的“曲线救国”式途径。[⑤] 同样地,清末民法理论经过日本的“中转站”继受了

---

① 参见杨幼炯:《近代中国立法史》,范忠信等校勘,中国政法大学出版社 2012 年版,第 47 ~ 48 页。

② 张生教授认为,作为一部统一的民法典,《大清民律草案》前后两个部分明显地存在体系上的分裂性特征。这种分裂性不仅超过了一百多年前的《法国民法典》、晚近的《德国民法典》《瑞士民法典》,甚至超过了《日本民法典》。在体系上存在裂痕的法典草案,其前后两个部分都存在诸多规范问题。参见张生:《中国近代民法法典化研究》,中国政法大学出版社 2004 年版,第 87 ~ 88 页。

③ 杨立新:《百年中的中国民法华丽转身与曲折发展》,载《河南省政法管理干部学院学报》2011 年第 3 期。

④ 参见梁慧星:《中国对外国民法的继受》,载《山东大学法律评论》2003 年第 1 辑。

⑤ 参见王立民:《清末中国从日本民法中吸取德国民法》,载《法学》1997 年第 1 期。

德国潘德克顿学说。但日本民法理论是交错继受德国民法和法国民法的产物,这为当时的民法学术界带来了诸多困扰,如近代民法学对财产权的理解即为例证。[①] 或许亦为日后中国民法理论的争论埋下了伏笔。加之,近代民法的话语系统源于日本。20 世纪初期,在以日本为中转站在引进西学的热潮中,学者们在较短的时间里把西方近代法律概念(包括民商法律术语)移植到了中国。[②] 总之,我们基本上是透着日本这层面纱学习近代西方民法,故而难免可能导致一些理论的谬误随之引入中国民法学。

"民律一草"因清朝的覆亡未及付诸实施,但并不影响民法理论的自然演进。如民国初期的法政学校教科书基本按照《大清民律草案》的体例依次进行解释草案中的条文,法政学生此时学习的民法专业词汇也均为草案中的词汇。[③] 因为,虽然事实上《大清民律草案》未能施行,但参与修订这一草案的人,皆任事于民国初期的法学术界或法律实务界。[④]

与民法理论发展相反,民国初年的民事法律制定工作踏步不前,导致民事固有法和习惯成为民事法律的主要法源,于是产生了民法学理论与民事法律不协调的局面。1912 年 4 月 3 日,中华民

---

① 根据俞江教授考证,近代中国民法学上的财产权概念仍然受到了法国法的间接影响,这是因为日本旧民法本依法国法理论修订,虽然旧民法已搁置,但新民法中的财产权理论并没有完全摆脱旧民法及法国法的影响。同时《大清民律草案》的起草人松冈义正本人对"财产"概念的理解采用的也是法国法理论。中国民法学中财产法体系就是立基于德国和法国两种财产法理论,即事实上在中国民法学暗中形成了两个"财产权"概念。参见俞江:《近代中国民法学中的私权理论》,北京大学出版社 2003 年版,第 206~208 页。

② 参见李秀清:《中国近代民商法的嚆矢》,载《法商研究》2001 年第 6 期。

③ 参见俞江:《近代中国民法学中的私权理论》,北京大学出版社 2003 年版,第 14 页。

④ 参见俞江:《近代中国民法学中的私权理论》,北京大学出版社 2003 年版,第 16 页。

国政府参议院因“民律一草”未经立法审议程序而被否决援用,并决定民事案件适用《大清现行刑律》中的有效部分。[①]《大清现行刑律》的民事有效部分内容是中国固有民法规则调整对象、调整方式的集中体现,在此期间北洋政府时期的大理院对民事习惯进行选择性适用,以判例和解释的方式对民事习惯得到比较充分的尊重和发掘。[②] 并为后来制定民国《民律草案》准备了丰富的材料,也促进了民事法律实质内容的发展。[③]《中华民国民律草案》(史称“民律二草”)终至 1926 年完成。通说认为,“民律二草”是以“民律一草”为蓝本修订而成,沿袭民商分立体例,且有所突破。具体言之,“民律二草”在固有法与移植法的整合方面取得较大进步。进步的原因,一方面是民初大理院的判决积累了一些司法经验;另一方面是经过 20 多年的法学积累,民法学在这一时期也取得了较大进步。这使许多固有民法规则和移植法规则都经过改造以后才进入《民国民律草案》。[④] 值得注意的是,此种整合固然有进步意义,但是否考虑过可能会产生的后遗症呢?如由于制定得极为匆忙,《民国民律草案》有许多未尽妥善之处。[⑤]

以上,“民律一草”和“民律二草”(1911 ~ 1926 年)的制定以及因而诞生的初期民法学共同构成了民法学中“层累现象”的第一层。

---

① 参见张生:《中国近代民法法典化研究》,中国政法大学出版社 2004 年版,第 116 ~ 117 页。

② 参见朱勇主编:《中国民法近代化研究》,中国政法大学出版社 2006 年版,第 49 ~ 54 页。

③ 参见杨立新:《百年中的中国民法华丽转身与曲折发展》,载《河南省政法管理干部学院学报》2011 年第 3 期。

④ 参见张新宝、张红:《中国民法百年变迁》,载《中国社会科学》2011 年第 6 期。

⑤ 参见张生:《中国近代民法法典化研究》,中国政法大学出版社 2004 年版,第 168 ~ 171 页。

2. 第二层：南京国民政府时期（1927～1949年）的民法和民法学

《中华民国民法》采取了分编起草、分别通过的制定方式，在“民律一草”和“民律二草”的基础上，采用了德国的潘德克顿编制体例和概念体系，并参照其他各国民法典制定而成，[①]实行民商合一的立法体例。《中华民国民法》作为中国法制史上的第一部民法典，其地位与贡献自不待言。

与清末民初的民事立法有所不同，它不仅贯彻了现代民法的立法精神和原则，还在借鉴外国民法方面更加拓宽了视野。主要表现于《中华民国民法》在起草过程中既继续吸收了大陆法系德国、日本等国的民法制度，又在一定程度上移植了20世纪新颁布的若干国家的民法典的具体制度，如瑞士与苏俄两国民法典的部分内容就被《中华民国民法》所吸收。[②] 民国民法是混合继受的产物，可谓由各国民法典杂糅而成，正如梅仲协先生经典评价：“现行民法，采德国立法例者，十之八九，瑞士立法例者，十之三四，而法日苏联之成规，亦尝撷取一二。”[③]假如潘德克顿体系是一座通风敞亮的房子，那么五编制体例是房子的整体框架，各项民事法律制度、规则和概念好比是门窗，各篇总则犹如通向各层的阶梯。而“民国民法典”看似是一座通风敞亮的“房子”，但原有的“门窗”（各项制度、规则和概念）却换成或杂糅了其他大陆法系支系的“门窗”，最终这座“房子”难免会面临不通风或昏暗诸多不适的问题。因此王泽鉴先生敏锐地指出：“我国民法系以德国民法为骨

---

① 参见梁慧星：《中国对外国民法的继受》，载《山东大学法律评论》2003年第1辑。

② 参见李秀清：《20世纪前期民法新潮流与〈中华民国民法〉》，载《政法论坛》2002年第1期。

③ 梅仲协：《民法要义》，中国政法大学出版社1998年版，初版序。

干,但兼采瑞士民法及日本民法,若干重要制度,虽各取所长,但不免矛盾产生解释适用之疑义。如民法第18条第2项所称‘损害赔偿或慰抚金’之意义,婚姻之无效或不成立等,均其著例。”[①]又如,民国民法第184条之设计,主要依据德国民法,但其关于“权利”之规定,却与法国、日本民法,瑞士债务法一样,采概括主义,然德国民法仅采例示主义。这势必导致“权利”一词在理解上出现分歧。[②]还如继承领域所形成的“冲突格局”[③]等,诸如此类的问题不一而足。

故而南京国民政府时期(1927~1949年)的民法构成了我国民法中“层累现象”的第二层。

3. 第三层:改革开放前三十年(1949~1978年)的民法和民法学

中国共产党中央委员会于1949年2月22日正式宣告废除以“六法全书”为中心的旧法统。废除“六法全书”给新中国法律和法学产生了重大影响,如既中断了中国法律近代化的进程,也中断了已经初步形成的中国现代法学体系,亦为苏联法和法学的全面进军中国留出了巨大的空间。[④]

民法和民法学亦不例外。为了填补空白和寻求法统的正当性,新中国民法建设的初期完全转向苏联。殊不知,苏联民法实质也是继受德国民法的产物。新中国的民法学理论建构是在当时

---

① 王泽鉴:《民法学说与判例研究》(第5册),台北,三民书局2004年版,第5页。

② 蔡晓荣:《中国近代侵权行为法学的理论谱系:知识立场的回顾与梳理》,载《法制与社会发展》2013年第1期。

③ 参见俞江:《继承领域内冲突格局的形成——近代中国的分家习惯与继承法移植》,载《中国社会科学》2005年第5期。

④ 参见何勤华:《论新中国法和法学的起步——以“废除国民党六法全书”与“司法改革运动”为线索》,载《中国法学》2009年第4期。

"向苏联学习"的历史背景下,通过翻译苏联学者的民法学著作、[①]聘请苏联专家来华讲学和派出留苏学生等方式,全盘继受了苏联的社会主义民法学理论。[②]

细言之,新中国民事立法和民法学研究移植苏联模式。首先,第一次民法典草案不仅在框架体系上完全模仿了1922年《苏俄民法典》的总则、物权、债和继承的四编制模式,而且在总则编的立法和学术研究上,也深受苏联的影响。在规定民法的调整对象、民事主体和民事客体等基本制度和原则上,采取了同苏联相同的立场。[③] 其次,移植苏联民法的另一结果是,将婚姻法从民法体系中剥离,作为民事单行法。[④] 因为苏联民法学理论认为,民法的对象是社会主义社会的财产关系,此外还调整着某些人身的、非财产的关系,如姓名权、创作权等。[⑤] 而家庭是基于婚姻及血统,而为国

---

① 20世纪50年代,我国翻译了大量的苏联民法学著作和法典,如中央人民政府法制委员会编:《苏俄婚姻、家庭及监护法典》,王增润译,王之相、陈汉章校,新华书店1950年版;《苏俄婚姻、家庭和监护法典》,郑华译,法律出版社1956年版;[苏]斯维尔特洛夫:《苏维埃婚姻——家庭法》,方城译,作家书屋1954年版;[苏]C. H. 布拉都西主编:《苏维埃民法》(上),中国人民大学民法教研室译,中国人民大学出版社1955年版;[苏]坚金主编:《苏维埃民法》(第1册),中国人民大学民法教研室译,法律出版社1956年版;[苏]维涅吉克托夫:《苏联民法对社会主义财产的保护》,谢怀栻、李为译,法律出版社1957年版;[苏]克·阿·格拉维、依·伯·诺维茨基主编:《债权法分论(关于几种债的研究)》,王明毅、李光谟、康宝田译,沈其昌校,中国人民大学出版社1957年版;[苏]安吉莫诺夫、格拉维:《苏维埃继承法》,李光谟、贾宝廉、潘同龙译,法律出版社1957年版;[苏]马特维也夫:《苏维埃民法中的过错》,西南政法学院编译组译,法律出版社1958年版。

② 参见柳经纬:《回归传统——百年中国民法学之考察之一》,载《中国政法大学学报》2010年第2期。

③ 参见李秀清:《中国移植苏联民法模式考》,载《中国社会科学》2002年第5期。

④ 如李秀清教授认为,新中国婚姻法受苏联影响成为独立于民法的一个法律部门,同时,婚姻法的原则、理论也深受苏联影响。详见李秀清:《新中国婚姻法的成长与苏联模式的影响》,载《法律科学》2002年第4期。

⑤ 参见[苏]坚金主编:《苏维埃民法》(第1册),中国人民大学民法教研室译,法律出版社1956年版,第16~17页。

家所多方面关心的社会主义社会的基层组织,它建立在互爱、男女平等、个人利益与社会利益的一致上面,履行互相帮助和对儿童的共产主义教育的职能。① 此种做法无论从结构体例上,抑或体系内容上均造成了财产法和人身法的人为割裂。以上现象,构成了中国民法中“层累现象”的第三层。

4. 第四层:改革开放后至今(1979 ~)的民法和民法学

诚然,改革开放后的中国民法和民法学有了长足的发展。改革开放30年,是中国民法逐步繁荣发展的30年,也是民法的理念渐次增强的30年。② 值得注意的是,30年来所取得的立法和学术成就均离不开对外国法和学说的继受过程。而且,此阶段的继受外国法逐渐从单一继受苏联民法过渡到了混合继受各国民法的局面,或许这是造成我国现行民事立法和民法理论错综复杂甚至互相抵牾的根源。毕竟,单一继受外国法尚且出现诸多前述问题,更何况混合继受呢?

具体言之,30年以来的中国民法大致经历了三个进程:③(1)1978年起贯穿了整个20世纪80年代,民事立法仍保留了苏

---

① 参见[苏]斯维尔特洛夫:《苏维埃婚姻——家庭法》,方城译,作家书屋1954年版,第21页。

② 参见王利明、易军:《改革开放以来的中国民法》,载《中国社会科学》2008年第6期。

③ 本文中的三个进程,借鉴了苏力教授关于当代中国法学变迁三个阶段的划分,即第一个阶段是1978年起贯穿了整个20世纪80年代,此时的主要任务是恢复,确立法学的自主地位;第二阶段大致从20世纪80年代中期开始,一直贯穿了20世纪90年代,法学开始了相对独立的发展;第三阶段大约从20世纪90年代中期开始,中国法学术界又出现了一点新的气象。参见苏力:《也许正在发生:转型中国的法学》,法律出版社2004年版,第9~13页。另外,常鹏翱博士将民法三十年学术史分为三个单元,即第一单元为1978~1986年,第二单元为1987~1999年,第三单元为2000~2007年。参见常鹏翱:《〈法学研究〉三十年:民法学》,载《法学研究》2008年第3期。前两者关于阶段的划分在时间上差异不大,比较契合,或许可以反映学术界的一般看法。

联法的痕迹,停留在单一继受时期。民事立法表现为1979～1982年的第三次民法法典化活动所形成的4稿民法草案,草案的编制体例和内容以1964年《苏俄民法典》和1978年修订《匈牙利民法典》为参考。[①] 就民法学研究而言,意识形态色彩、阶级分析方法仍然占据主导。"此阶段的民法学可谓是马列主义民法学,究论文实质内容的确如此,多数论文重意识形态划分,强调公有制和私有制的对立、社会主义和资本主义的对立、无产阶级同资产阶级的对立,进而表明社会主义民法不采用资产阶级民法的精神、原则或者制度。"[②](2)从20世纪80年代中期开始,一直贯穿了整个20世纪90年代,为苏联法学影响式微。(3)大约从20世纪90年代中期开始,日本法、德国法、法国法等大陆法系和英美法系在我国民法舞台上轮番登场,民法迈入了混合继受时代。1999年《合同法》即为混合继受的阶段性成果,糅合继受了大陆法系和英美法系,甚至国际公约的内容。如放弃了1986年《民法通则》采纳的物权变动与债权变动相区分的理论和制度,转而采纳法国法和日本法上的"同一主义",即依据一个债权意思表示统一发生债权变动和物权变动效果的立法模式。[③] 1980年《婚姻法》中的苏联法印迹仍然明显。2007年《物权法》继受了德国、瑞士、日本物权法,兼采英美法系。2009年《侵权责任法》也是混合继受的产物,综合吸收德国、日本等大陆法系以及英美法系的内容。以上仅为我国民法体系中混合继受外国法的冰山一角。故而,现行民法最终形成了苏联法、日本法、德国法、法国法等大陆法系,并兼采英美法系和国际

---

① 参见梁慧星:《中国民法:从何处来,向何处去》,载《中国改革》2006年第7期。

② 常鹏翱:《〈法学研究〉三十年:民法学》,载《法学研究》2008年第3期。

③ 参见孙宪忠:《从比较法的角度看中国近现代对西方民法学的继受》,载《中德法学论坛》2011年第8辑。

公约等诸法系层累的局面，或许正好为百年中国民法的一面缩影。

中国民法经过改革开放30年以来的复兴和发展，从单一继受苏联法转变为混合继受各国法，以致现行民法带有“‘多元复合’的色彩”①，从而形成了“层累现象”的第四层。

（二）民法中“层累现象”的缘由

“层累现象”的缘由大致有制定民法典的政治功利性差异、法律移植的副作用和路径依赖的堆叠效应等方面。要言之，制定民法典的政治功利性差异造就了“层累现象”的层次构造，法律移植的副作用决定着“层累现象”中产生诸多“异质因素”，路径依赖的堆叠效应影响层次构造之间“异质因素”的累积，三者进而共同造就了我国法学中的“层累现象”。

1. 立法者制定民法典的政治功利性差异

近代各国制定民法典都具有一定政治目的。② 对于法典编纂而言，政治因素必定是重要的，并且当法典问世之时也必定有适当的政治环境。③ 同样，同一个国家的不同政府，或相同政府在不同阶段制定民法典都具有政治目的，即立法者制定民法典的政治功利性差异。

新中国成立前共经历了清朝和民国的三个政府三个阶段，立法者制定了两个草案和一个民法典，“至于两个草案和一个民法典的出台，其立法动机都带有明显的功利性……政治力量对这三个

① 参见梁慧星：《中国对外国民法的继受》，载《山东大学法律评论》2003年第1辑。

② 参见王泽鉴：《民法学说与判例研究》（第5册），台北，三民书局2004年版，第3页。

③ 参见［美］艾伦·沃森：《民法法系的演变及形成》，李静冰、姚新华译，中国法制出版社2005年版，第139页。

文件的出台起到了至关重要的作用。”[①]即其立法动机都带有不同的政治功利性。其一，清末制定民法典草案，初衷之一是废除领事裁判权和变法维新，[②]但《大清民律草案》的制定实际上是一个末日王朝的保命之举，其直接目标在于救亡图存。[③] 既要变法维新，又要巩固自身统治，当时最好的榜样就是近邻日本成功继受西方法，因而向日本学习制定民法典是一条最经济可靠的途径。其二，北京政府和南京政府制定民法典的考量大体相同，即作为资产阶级共和政府都面临法统正当性问题；为彰显民主共和政体，以及面临领事裁判权的压力，因此制定民法典成为必须。但南京民国政府在形式上统一中国后，制定民法典的动机或许也有“立法治国”的壮志雄心。

与清末至民国时期不同，新中国成立后以改革开放为界可分为两个制定民法典不同政治功利性的阶段。第一个阶段，新中国成立之初的立法者制定民法典，主要是为了寻求社会主义法统的正当性以及与资本主义法律体系相区隔，从而决定了本阶段的民法典制定活动必须以苏联为师。第二个阶段，改革开放以后的中国借鉴西方私法，主要动因来自 1978 年中共十一届三中全会以后市场化改革的内在需求与对民主法制的追求。[④] 因此逐渐形成了以《民法通则》为主体，《合同法》《继承法》《婚姻法》《担保法》《物权法》《侵权责任法》等一系列单行法组成的民事法律体系。至

---

① 参见俞江：《近代中国民法学中的私权理论》，北京大学出版社 2003 年版，第 3 页。

② 参见易清：《新中国民法法典化历程考论》，知识产权出版社 2010 年版，第 33 页。

③ 参见张新宝、张红：《中国民法百年变迁》，载《中国社会科学》2011 年第 6 期。

④ 参见柳经纬：《当代中国私法之发展与对西方私法的借鉴》，载《暨南学报（哲学社会科学版）》2011 年第 3 期。

此,立法者的政治功利性基本得以实现。自 2011 年以来迈入了新阶段,立法者的政治功利性应是完善中国特色社会主义法律体系的必须,也是中国百年民法的总结以及追求国家治理现代化的必经途径。

2. 法律移植的副作用

我国民法继受外国法长期以来盛行实用主义倾向,是造成法律移植副作用的首要原因。如前所述,现阶段民法已从单一继受转变为混合继受外国法的局面,本来混合继受的长处在于比较各国立法的优劣,取长补短。但事实上,要真正实现这样的目标却并非易事。大陆法系民事立法特别讲求体系性和逻辑性,往往是牵一发而动全身,混合继受不同国家的民法制度规则时,不仅要考虑"受体"与"供体"之间的契合度和相容性,还务必要关注"供体"之间的逻辑关系和相互衔接,稍有不慎便可能导致立法的矛盾或疏漏。[①] 实用主义倾向的后果是,在一部法律中继受的具体制度来自不同国家或不同法系,从而致使法律零散化。[②] 因为基于这种功利主义的哲学缺乏绝对向度,是一种利益导向和心理导向的权衡,必然会造成某种程度上选择的茫然甚至盲目。[③] 最终,混合继受中的实用主义倾向增加了现行私法体系内不和谐的制度因素,徒增法典化的难度。[④]

---

① 参见温世扬、周珺:《〈物权法〉的中国特色与时代精神》,载《江西社会科学》2007 年第 3 期。

② 参见高伟:《维亚克尔的法律继受理论与中国的民法继受》,载《政治与法律》2007 年第 6 期。

③ 参见李晓辉:《中国式法律移植之反思》,载《国家检察官学院学报》2014 年第 1 期。

④ 参见柳经纬:《当代中国私法之发展与对西方私法的借鉴》,载《暨南学报(哲学社会科学版)》2011 年第 3 期。

此外，二次继受和混合继受也是产生法律移植副作用的原因之一。首先，二次继受在制度规则以及内涵等方面的理解上出现偏差。在清末和新中国初期的两次民法草创阶段，无论是《大清民律草案》，还是1954～1956年的第一次民法典法典化活动，或1962～1964年的第二次民法典活动均为二次继受德国法。前者取道日本二次继受德国民法；后者透过继受苏联民法而二次继受的潘德克顿体系。相对直接继受而言，二次继受在理解规则、制度内涵等方面更容易产生错谬等问题。其次，混合继受将不同法系或相同法系不同支系的规则概念夹杂一起，可能对注重逻辑性和体系性的民法形成制度冲突或体系性瑕疵。混合继受或许是民法中层累现象第四层的特色，不仅有苏联法学的痕迹，亦有大陆法系的传统，如民事法律行为问题；既以大陆法系为主体，又吸收英美法系的制度，如《民法典》合同编中不安抗辩权与预期违约问题、过失相抵和减损规则的共存问题、直接代理及隐名代理的问题；此外，大陆法系各不同支系的民事立法和理论也在现行民法中有所影响，如物权变动模式问题。

3. 路径依赖的堆叠效应

制度变迁呈现路径依赖的特征，路径依赖是指"发展路径一旦被设定在一个特定的进程上，网络外部性、组织的学习过程，以及得自于历史的主观模型，就将强化这一进程。"①就法律移植的角度而言，民法制度的移植一旦进行，就会对接受国产生不以人的意志为转移的持久的影响。② 百年中国民法的路径依赖，根据不同的方式有制度路径依赖和认知路径依赖的区分，前者主要表现为

---

① [美]道格拉斯·C. 诺思：《制度、制度变迁与经济绩效》，杭行译，韦森译审，格致出版社2008年版，第136页。

② 参见李秀清：《中国移植苏联民法模式考》，载《中国社会科学》2002年第5期。

法典化、潘德克顿法学以及民商合一的路径依赖,后者是法学教育中的路径依赖。认知路径依赖往往在一定程度上决定了制度路径依赖的走向。

(1)制度路径依赖。其一,德国法的路径依赖。自清末锁定了继受德国民法后,中国百年民法继受德国潘德克顿法学历经引进、衰落和复兴的过程。[①] 同时,清末以来形成的中国民法学,是在继受大陆法系民法传统尤其是德国民法学的基础上发展起来的,它承袭了大陆法系民法学的理论传统。[②] 其二,法典化路径依赖。自 1804 年《法国民法典》开始,"民法典情结"已成为大陆法系的固有传统和特征,所以大陆法系又称为"民法法系"或"成文法系"。反观中国民法,在立法模式上的法典化路径依赖尤为明显,因而有学者认为清末以来的民法发展史,形式上是追求一部有中国特色的伟大民法典。[③] 其三,民商合一的路径依赖。在清末民初的两个草案中虽然选择了民商分立的民法典模式,但《民国民法典》选择转向了民商合一的民法典立法模式,至今中国民法仍沿用该立法模式。

(2)认知路径依赖。认知路径依赖是指行为人的观念在制度

---

① 参见孙宪忠:《中国民法继受潘德克顿法学:引进、衰落和复兴》,载《中国社会科学》2008 年第 2 期。同时,梁慧星教授也认为,100 年前,前人已经替我们作出了选择。中国之属于德国法系已经是既成事实。你不可能抗拒、改变、背离或者抛弃一个国家的法律传统。在中国历经百年所形成的法律传统面前,任何立法者和学者都是渺小的。参见梁慧星:《松散式、汇编式的民法典不适合中国国情》,载《政法论坛》2003 年第 1 期。

② 参见柳经纬:《当代中国民法学的理论转型》,中国法制出版社 2010 年版,第 16 页。

③ 参见张新宝、张红:《中国民法百年变迁》,载《中国社会科学》2011 年第 6 期。

中所发挥的影响，即决定选择主观构念模型的作用。[①] 这里是指法学教育的路径依赖，中国法学教育模式和教育体系的建立过程，既是学习大陆法系法学教育模式的过程，也是大陆法学深刻影响中国法学的过程。自 1903 年《奏定学堂章程》将法学分离政治学单独设为法科专业开始，直至新中国成立前，各法科学堂或大学里的法律教育课程设置均遵循大陆法系的法学教育模式，如以大陆法系部门法为基础，分别设立宪法、刑法、民法、商法、诉讼法等，甚至民法课程还细分为民法总则（总论）、民法债编、民法物权、民法亲属或继承。[②] 新中国成立后初期的法学教育从课程设置、教学内容、教学方法、教学组织以及教学形式各方面，基本上都是照搬苏联。[③] 改革开放后的法学教育，基本上仍然回归大陆法系的法学教育模式。[④]

（三）小结

回顾我国民法的编纂史和学术史，民法典与近现代民法理论历经百年、从无到有，最终得以构建以潘德克顿体系为主体的中国民法大厦。然而，近代以来的变法活动始终停留在制定法上的表层，单纯从法律条文到法律条文，照搬一些书面上的规则而忽视了具体制度下的行为博弈。[⑤] 因为立法者制定民法典的政治功利性

---

① 参见[美]道格拉斯·C. 诺思：《制度、制度变迁与经济绩效》，杭行译，韦森译审，格致出版社 2008 年版，第 142 页。

② 参见何勤华：《中国法学史》（第 3 卷），法律出版社 2008 年版，第 88 ~ 110 页。

③ 参见陈守一：《法学研究与法学教育论》，北京大学出版社 1996 年版，第 121 页。

④ 也有学者认为，新中国成立 60 多年来，中国法学教育经历了从学习苏联模式，到借鉴大陆法系模式，又到混合模式，再到中国特色模式初步形成的变迁过程。参见冀祥德：《论法学教育中国模式的初步形成》，载《法学论坛》2011 年第 5 期。但无论是混合模式，还是中国特色模式，仍然不能摆脱以大陆法系为主导的法学教育模式。

⑤ 参见张维迎：《信息、信任与法律》，三联书店 2003 年版，第 250 页。

差异、法律移植的副作用和路径依赖的堆叠效应等因素的影响,百年民法的发展进程同时也是民法中“层累现象”的形成史。

三、民法中“层累现象”的表象与出路

梁启超认为,研究历史的方法有两种,一种如乘飞机飞空腾跃在半空中俯视一切的鸟瞰式方法;另一种彷佛用显微镜细察苍蝇,把苍蝇的五脏六腑看得丝丝见骨的解剖式方法。前者亦称为“飞机式”的工作,后者可称之“显微镜式”的工作。[①] 即对于历史事件,我们既要鸟瞰也要兼顾解剖,二者不可偏废,始得圆满的结果。飞机式的工作在前文中业已告竣,因此尚需完成显微镜式的工作。大致分“层累现象”的表象与出路两条研究路径,可将民法中的“层累现象”进行精细深刻的解剖。

(一)民法中的“层累现象”的表象

民法经过百年的积累与沉淀所形成的层累现象,在现行民法中的表象性质上属于民法的体系性瑕疵和民法理论糅杂化,具体表现为基本概念混淆不清、制度与规则的抵牾以及民法与相关部门的交错三个主要问题。

1. 基本概念混淆不清

层累造成的百年民法史,因为民法理论存在的套用代代因袭的结论、观点,或是出现了历史遗留问题。终而形成了现行民法中基本概念不清等问题,“要物合同”、“公民”和“民事法律行为”等即为例证。概念是建立体系的核心,概念的层次决定了体系的层次。[②]

---

① 参见梁启超:《中国历史研究法补编》,中华书局2010年版,第14页。

② 参见谢鸿飞:《法律与历史:体系化法史学与法律历史社会学》,北京大学出版社2012年版,第129页。

(1)要物合同中“完成其他给付”的概念问题。我国民法学术界就“完成其他给付行为”是否纳入要物合同成立要件存在分歧,但对于“完成其他给付”的问题上均未进行深入阐述。从法律史的脉络梳理,要物合同是近现代大陆法系民法沿袭罗马法的产物,要物性在近现代民事立法上具有缓和性的趋势,要物性要件从罗马法至今都没有溢出物之交付的范围。通过考察发现,要物合同中的代物清偿以他种给付为其要物性要件,实际上他种给付是包含物之交付和其他给付,其外延大于物之交付,只要与原定给付不同即可。此为德、日地区的学说判例上将“代物清偿”的规定解释为要物合同的源流。德、日均对代物清偿有法律规定。显然,现行民法学说中关于“完成其他给付”的要物合同理论是从南京民国时期民法学(第二层)至今的一种路径依赖,但我们没有注意实证法上并没有“代物清偿”的规定,以致造成了“要物合同”的概念在第四层中产生了层累问题。

(2)民事法律行为和公民的概念问题。新中国成立以前的民法仅有法律行为的概念,并以此为核心构建完整的民法典总则结构。现行法的“民事法律行为”概念受层累现象中第三层次的苏联民法的影响,在原《民法通则》中采用了合法行为是法律行为本质的做法。[①] 以合法性作为法律行为的本质也是层累而来的,通过考察和梳理历次民法典起草活动发现,[②]民事法律行为从苏联法学中引入我国是立法者制定民法的政治功利性不同的产物,即为区别于资本主义民法以及从形式上摆脱苏联民法的影响,从而确立了民事法律行为的概念。以此为基础,民法通则又创造了民

---

① 关于法律行为的合法性渊源及其评价,参见董安生:《民事法律行为》,中国人民大学出版社 2002 年版,第 66 ~ 77 页。

② 参见朱庆育:《法律行为概念疏证》,载《中外法学》2008 年第 3 期。

事行为的上位概念，以致法律行为概念扩张至其他法域，如行政法适用行政法律关系等。但法律行为的创设仅限于私法法域，即"系用以指称私法领域中法律效果为意志所规定的自治行为"。[①] 民事法律行为二次继受德国法的法律行为造成了新的概念矛盾，并出现法律行为理论和实际生活相脱离的概念使用状况。[②]

"公民"的概念亦同为层累造成的民法基本概念问题。我国原《民法通则》中以"公民(自然人)"的方式表述民事主体显得诡异，并且在法律中采用括号的形式对法律概念补充说明在民法立法中前所未有。据考证，以"公民"一词表述民事主体始于1964年《苏俄民法典》，在其第二章第二节的标题为"公民"，自此确立了社会主义国家以公民表述民事主体的立法例，并为新中国成立后的民法理论所接受。[③] 以层累现象理论解析，民法通则中"公民"

---

① 朱庆育：《民法总论》，北京大学出版社2013年版，第103页。

② 如柳经纬教授认为，基于法律行为合法性的本质判定，创设了一套与传统民法完全不同的法律行为概念体系，即在民事行为的上位概念之下，将合法的行为称为民事法律行为，将不合法的民事行为称为"无效的民事行为"或"可变更、可撤销的民事行为"。然而，这一概念体系纯属添乱，如造成新的概念矛盾，因为"可变更、可撤销的民事行为"并非当然无效，如果行为人没有行使撤销权，那么它就是有效，可以产生当事人预期的法律效果。这种有效的行为应属于民事法律行为，但它只能称为"可变更、可撤销的民事行为"。又如，如果按照现行民法中的法律行为合法性理论的逻辑，无效法律行为的概念是自我矛盾的，那么无效合同和无效遗嘱的概念也应该是矛盾的，因此人们也就不能使用无效合同和无效遗嘱的概念……于是出现了法律行为的理论和实际生活脱离的概念使用状况，即一方面理论上不再使用无效法律行为的概念，但另一方面现实法律生活中无效的合同依然是合同，无效的遗嘱仍然是遗嘱，法律概念的使用更为混乱。参见柳经纬：《关于中国民法学体系构建问题的思考——百年中国民法学之考察之三》，载《中国政法大学学报》2010年第4期。民事法律行为的合法性问题在《民法总则》得到解决，摒弃了《民法通则》将合法性作为民事法律行为要件的做法。全国人大法工委执法室(2015年8月)的室内稿采用"法律行为"的用法，但在此后的草案和各个审议稿仍使用"民事法律行为"。参见陈甦主编：《民法总则评注》，法律出版社2017年版，第915～923页。

③ 参见孔祥俊：《民法上的人·自然人·公民》，载《法律科学》1995年第3期。

是在第三层继受苏联法的结果,并在第四层沿袭了以“公民”的方式指称民事主体。然则,在民法中使用公民代称民事主体与私法体系格格不入,因为公民原是公法上的法律概念,其作为民法概念,反映了民事生活的某种封闭性和“非私法”性。①

2. 制度与规则互相抵牾

无论法国民法典,还是德国民法典,抑或瑞士民法典,大陆法系的民法均自成体系,亦有逻辑性和体系性的性格。民法各项制度规则间的排列设置,也遵循着维持内在逻辑和外在体系的规律。我国民法自清末选择德国民法模式,并于《中华民国民法》正式定型,各项民法制度规则基本遵循了德国民法的逻辑性和体系性。即使新中国民法,也是间接地保持了德国民法的性格。然而,1979年以来的民法体系重构时,在不同阶段受到了各种法系民法学说的影响,并且体现于各民事单行法。于是,不同制度和规则之间出现了互相抵牾的窘境,如预期违约和不安抗辩权问题,直接代理和隐名代理问题,以及物权变动模式问题。以上基本上是我国民法重大理论难题。通过梳理可发现,此境况的产生是层累造成的。

(1)预期违约和不安抗辩权的问题。不安抗辩权制度于民法体系中的地位在层累现象第一层,即清末民初民法继受德国民法典时得以确立,亦随着路径依赖沿袭至现行民法。但原《合同法》第94条、第108条将英美法系的预期违约制度纳入至民法中,形成了层累的叠加而造成合同法内部体系的不和谐。原《合同法》的预期违约制度规定在第68条、第69条、第94条和第108条四个条文中,而这四个条文分别规定在第四章“合同的履行”、第六

① 2017年颁布的《民法总则》将“公民”表述为“自然人”。《民法总则》被编纂为2020年《民法典》的总则篇,此问题在层累现象的第五层得到了解决。

章“合同的权利义务终止”和第七章“违约责任”三章中，没有对预期违约进行专门规范，与原《合同法》的体系不协调，而且也破坏了预期违约制度的结构和内容。

具体表现为：第一，原《合同法》第108条规定的情形与普通法系的先期违约存在着出入；第二，在普通法上的先期违约行为发生在履行期限届至前，而原《合同法》第108条规定在履行期限届满之前，这个差别可能导致效果的巨大不同；第三，原《合同法》第108条仅规定了同时马上请求债务人承担违约责任的救济方式，未提请求债务人信守合同，履行其债务的路径；第四，适用原《合同法》第68条和第69条的规定，主张不安抗辩权，需要承担繁重的举证责任，而援引第108条的规定，则无此类举证负担。功能相近的两项制度，如此失去权衡，难谓成功；第五，最大的问题在于，上述设计违反了同一部法律不宜规定功能相同或相近的制度这个原则。[①] 而且，默示预期违约与大陆法系中债的不履行这一上位概念是矛盾的，它与大陆民法体系引以为豪的逻辑严整、体系完美特征是不相符的，它的引入必将对代理理论以及整个债法体系，进而对整个民法体系产生冲击。[②] 从引进直至今日，学术界对预期违约和不安抗辩权之间关系的争论未曾停歇，似乎亦尚无定论。

(2)物权行为和无权处分问题。物权变动问题涉及范围基本可涵盖整个民法体系，因而物权变动模式是物权法最核心的问题，乃至整个民法的核心问题之一。王泽鉴教授将物债二分比之为民法的“任督二脉”，再恰当不过。前民法典时代我国民法的物权变

---

① 参见崔建远：《民法制度移植的背景因素和内在和谐问题》，载《法学家》2003年第4期。

② 参见李军：《默示预期违约与不安抗辩权制度法系适应性之探讨》，载《政法论坛》2004年第4期。

动模式一直存有争议,大致有意思主义变动模式、债权形式主义变动模式,物权形式主义变动模式等区隔。本书无意纠结于我国采何种变动模式的争论,暂且先搁置各模式间的具体问题争议,旨在层累理论中探寻问题争议的根源。

总体而言,前民法典时代我国物权变动模式的争论根源也是层累造成的。前文述及现行民法从 1978 年以来的 30 年里不同时期分别继受了大陆法系各支系的民法理论,并兼采英美法系理论,形成了混合多元继受的局面。同时,不同时期的大陆法系物权变动模式理论在立法上影响了模式的选择,通说乃认为我国物权变动采混合主义模式。可以说,物权变动模式在我国民法的诞生开始就困扰着它。

梳理近代民法和学说史,首先,层累现象中的第一层和第二层的民法典(草案)均采纳物权形式主义的物权变动模式,[①]如《大清民律草案》第 979 条、第 980 条,《中华民国民律草案》第 745 条、第 750 条和第 751 条,《中华民国民法》第 758 条、第 760 条和第 761 条。其次,在层累现象的第三层开始,物权变动的模式有所变化。新中国成立以来,受苏联民法和意识形态的影响,虽然体例循潘德克顿体系,但我国民法采所有权制度,并没有"物权"的名称,故而物权行为更无从谈起。此阶段所有权移转的规则,一般为"除合同另外规定,应按合同规定办理外,通常都是以标的物实际交付的时间,作为买受人取得标的物所有权的时间",进而,标的物的实际交付应如何确定?根据买卖合同不同情形而有所区别,如财产移交于时即为交付,或房屋买卖以登记为交付,或买受人实际占有标的

① 关于近代民法学物权变动理论的学说史研究,参见姜茂坤:《近代中国民法学中的物权变动理论》,华东政法大学 2008 年博士学位论文。

物的于达成协议之时认定为交付等。[①] 根据上述买卖合同的所有权移转规则,似乎既不能据此认为承认了物权行为理论,也不能就此否认了物权行为理论。这种所有权移转的规则在1986年《民法通则》第72条得以反映,该条和1964年《苏俄民法典》的第135条惊人的相似。[②] 据此,原《民法通则》第72条受苏联民法的影响,其渊源于1964年《苏俄民法典》第135条应无异议。可见,《民法通则》关于所有权移转的规则沿袭第三层而来,是层累形成的。最后,20世纪90年代以来,随着日本民法学的影响深入,关于物权变动模式的建设在立法和理论上蕴含着比较浓厚的日本色彩,并在原《担保法》和原《合同法》(第133条)得以体现。然且,21世纪以来我国民法趋于德国民法学的迹象明显,故而原《物权法》中的德国潘德克顿体系痕迹显著,第9条和第23条关于物权变动的规定,似乎更加接近德国的物权形式主义变动模式。《买卖合同司法解释》的规定加强了物权形式主义模式,似乎为我国关于物权变动模式的经年争论画上了一个句号。

终而可知,我国的物权变动模式的争论即如前述层累形成的。无论是继受苏联民法的物权变动模式,抑或日本民法的物权变动模式。这两种物权变动模式似乎都有一个同样的硬伤,即苏联和日本两国的民法典体系采行德国物债二分的体例结构。但需注意的是,

---

① 参见中央政法干部学校民法教研室编著:《中华人民共和国民法基本问题》,法律出版社1958年版,第218~219页。

② 1964年《苏俄民法典》第135条:"按照合同取得财产人的所有权,如果法律或合同没有别的规定,自财物交付之时起产生,如果关于转让物和合同需要登记,则所有权自登记之时起产生。"参见北京大学法律系民法教研室编:《民法参考资料(苏俄民法典)》,1980年版,第44页。《民法通则》第72条:"财产所有权的取得,不得违反法律规定。按照合同或者其他合法方式取得财产的,财产所有权从财产交付时起转移,法律另有规定或者当事人另有约定的除外。"

德国与法国两国民法典的体例结构并不仅是形式不同,更在于体系性和逻辑性的天壤之别。因此,可以判定假如在体例上采德国模式,而在物权变动模式上采意思主义或债权形式主义,将会产生无法协调物债二分的规范体系。[①] 如产生概念混用问题,如果不承认物权行为,也就无所谓处分行为,但在原《物权法》和原《合同法》第51条中都有处分或处分权的概念。又如,原《合同法》第51条关于无权处分的规则,是把它作为效力待定的行为来规定。该条所体现的价值,实际上强化的是对原权利人的保护。但是原《物权法》第106条规定,在符合善意取得的情况下,受让人可以取得所有权,它所体现的是对交易安全的保护。所以同样是无权处分行为,根据原《合同法》第51条可能因权利人未追认而无效,但根据原《物权法》第106条,权利人即便不追认,也可能是有效的。[②] 这两个条款发生了冲突。总之,层累造成了前民法典时代我国民法中的物权变动模式问题。[③]

3. 民法与相关部门法的交错问题

改革开放以来,立法者除了逐步完善民事基本法外,还颁行了大量的民事特别法和经济法,如《劳动法》、《劳动合同法》、《产品质量法》、《消费者保护法》、《食品安全法》、《反垄断法》和《反不正当竞争法》等。民事单行法和经济法群体的庞大,逐渐侵蚀传统民法的边界,甚至瓜分民法的领域范围,造成民法与特别民法和经

---

① 参见朱庆育:《民法总论》,北京大学出版社2013年版,第159~164页。

② 参见王利明:《法律体系形成后的民法典制定》,载《广东社会科学》2012年第1期。

③ 《民法典》合同编并未保留原《合同法》第51条的内容,而是在《民法典》合同编中的第9章“买卖合同”第597条第1款规定,“因出卖人未取得处分权致使标的物所有权不能转移的,买受人可以解除合同并请求出卖人承担违约责任”。因此,民法典已将物权变动模式的争论正式画上了句号。

济法之间错综复杂的紧张关系。其实,民法与民事特别法和经济法之间的体系性问题,亦是层累现象的表象之一,即民法和民事特别法的交错、民法与经济法间的关系均是层累形成的。

(1)前民法典时代民法与民事特别法的关系问题。对此,学术界已开始保持关注并提出相应的解决方案。[①] 在此之前,似乎更应该先寻找现行民法与特别民法之间的症结所在,并对症下药,方能治标治本。我们认为,前民法典时代民法与民事特别法的关系属于"中国问题",有别于其他国家的民法典与特别民法关系,[②] 而且,层累造成了前民法典时代民法与民事特别法的并存现象。要言之,民事特别法的发达是历史的遗留问题。因为民法典的缺失与民事特别法的发达成正比例关系,新中国成立以来我国民法典制定活动历经波折,几易数稿终未能成形。同时,随着经济体制改革的不断深入,原《民法通则》的法律规范不足以解决新时期所面临的问题,以致形成了庞大的民事特别法群体。而且,我国的民事特别法具有英美法系泛化的倾向,如公司法、证券法仅保留了大陆法系的躯壳,法律规范基本引入英美法系为主,尤以公司治理规则和证券监管制度为甚。

---

① 谢鸿飞认为特别民法分补充型特别民法、政策型特别民法和行政型特别民法,除了补充型特别民法外,其他特别民法完全可以归入社会法、经济法范畴。参见谢鸿飞:《民法典与特别民法关系的建》,载《中国社会科学》2013 年第 2 期。

② 其他国家如德国也面临民法典与特别民法的关系问题,但两者完全属于两种情形两个问题。最明显的区别在于,特别民法的产生原因不同。德国等其他国家是先有民法典,特别民法是对民法典的内容进行补充和细化而制定,或国家为了实现特别的社会政策目的而制定,或通过行政管理私人关系以实现特定行政目的而制定。然而,我国原民法中的民事特别法的产生,是在民法典尚未制定的环境下,并受"改批发为零售"的民法编纂思想的影响下,以及现行民法调整范围不周到的背景下制定的。前者民法典与特别民法的界限比较清晰,体系性压力不明显;而后者民事特别法与民法典的关系不明朗,甚至民事特别法有侵蚀民法典的可能,并且面临体系性的压力。

以我国民事特别法的惩罚性赔偿制度为例。自《消费者权益保护法》确立惩罚性赔偿制度以来,形成了惩罚性赔偿制度条文集。如《关于审理商品房买卖合同纠纷案件适用法律若干问题的解释》(法释〔2003〕7 号)第 8 ~9 条,《食品安全法》第 96 条第 2 款,原《侵权责任法》第 47 条,《劳动合同法》第 82 条、第 85 条、第 87 条等不同时期的不同民事特别法均规定了惩罚性赔偿制度。对于一直秉承潘德克顿体系的我国民法而言,作为源于英美法系的惩罚性赔偿制度无疑是一项"异质"因素。若仅单纯制度论制度、文本到文本的引入,而不考虑其在英美法系的背后机理以及历史与实践的合理性;同时,以超越同质赔偿的惩罚性赔偿制度,与遵循同质赔偿的民事赔偿在性质上的显著不同,可能导致惩罚性赔偿制度的法律定位难题,甚至会产生体系性障碍或混乱。故而我国民事特别法中的惩罚性赔偿制度给民法典的体系化带来了考验。

(2)民法和经济法的重合关系的层累问题。当前学术界已不再或很少讨论民法和经济法两个学科的重合问题,但这并不代表该问题得到妥当的解决。

民法和经济法似乎在调整关系和中国特色社会主义法律体系部门泾渭分明。从调整关系而言,民法的调整范围是平等主体之间的人身和财产关系,是调整国家从社会整体利益出发,对经济活动实行干预、管理或者调控所产生的社会经济关系的法律规范。从社会主义法律体系来看,民法商法和经济法均构成中国特色社会主义法律体系的部门,并且都由不同的法律、行政法规或地方性法规组成。[①] 但是,以高等院校的学科设置来看,民法和经济法之

---

① 参见《〈中国特色社会主义法律体系〉白皮书》,载中央政府门户网 2014 年 7 月 10 日,http://www.gov.cn/jrzg/2011 ~10/27/content_1979498.htm。

间的关系却有着“说不清道不明”的意味。比如,我国的民商合一立法体例自《中华民国民法》沿袭至今,民法学科自然囊括商法学科。然而,当前高等法学院校面临的是民商法学科“商化不足”,经济法学科“商化过度”的局面。[①] 具体而言,民商法学科基本以传统民法为主,商法薄弱;而经济法却以商法为主体,其他如财税法、垄断法、反不正当竞争法等为辅。进而,商法如公司法、企业法、证券法等部门法课程的讲授基本上也为经济法学科负责。连带产生的效应是,商法学的研究方法和理论思维趋于脱离民法学,而倒向经济法学,并且导致“民商合一”名不副实。

此种现象,亦经层累造成的。在社会主义法学界,一个特别的现象是经济法学的出现对民法调整范围的侵扰,无论是苏联法学还是中国法学都出现了经济法和民法关于调整范围的激励辩争。[②] 因为我国继受了苏联经济法的概念,在苏联悬而未决的民法与经济法之争亦伴随而来。不仅经济法如此,我国民法的调整对象理论以及原《民法通则》所厘定的调整对象理论也是直接继受苏联法学而来。1986 年《民法通则》第 2 条关于民法调整对象的规定将民法调整范围一锤定音,也为民法和经济法的论争画上了句号。此后,经济法学为寻求学科独立的合理性,提出诸多调整对象的理论学说。至今,经济法学关于调整对象的理论呈多样化

---

① 此种现象比较普遍,如中国人民大学法学院为例,浏览其官方网站,可收集到如下信息:人大法学院分设民商法教研室与经济法教研室,民商法教研室以研究传统民法(民法总则、债法、物权法、婚姻家庭法等)领域为主,而经济法教研室以研究商法、企业法为主。其他如中南财经政法大学、武汉大学法学院、浙江大学光华法学院等众多法学院校均有类似现象。

② 参见杨立新、孙沛成:《佟柔民法调整对象理论渊源考》,载《法学家》2004 年第 6 期。

趋势。[①] 调整对象理论决定着一个学科的范围，经济法学的调整对象多样致使其范围具有相对弹性空间。可见，民法学和经济法学在商法问题上的重合关系，实际源自层累造成的两个学科的调整对象范围问题。

（二）民法中"层累现象"的出路

1. 注重中国民法学说史的研究

路径依赖意味着历史是重要的，不去追溯制度的渐进性演化过程，我们就无法理解今日的选择。[②] 相比其他法学学科，[③]我国民法学说史的研究没有得到学术界应有的关注。但是，民法学说史对民法学和民法制度的完善有着重要作用。因为中国当代的民法概念、民法原则、民法制度，及其整个知识体系，均与中国近代民法有着一种一脉相承的渊源关系，故研究中国近代民法史，可以为当今的民法学及私法制度完善提供若干基础性助益。[④] 加之，在民法学科的形成与发展中，通过对学科纵向发展进程与横向扩展过程的考察，辨认其发展的轨迹，探寻其相关理论资源的源流，民法学说史的梳理是一项富于意义的工作。

我们为什么要关注学说史的研究？首先，层累理论决定了需要关注历史变迁中的学说史，"凡是一件史事，应当看它最先是怎样的，以后逐步的变迁是怎样的。"[⑤]学说史是从法律发展的学术

---

① 关于经济法调整对象理论学说的介绍，参见王艳林、赵磊：《中国经济法学：面向二十一世纪的回顾与展望》，载《法学评论》1999 年第 1 期。

② 参见[美]道格拉斯·C. 诺思：《制度、制度变迁与经济绩效》，杭行译，韦森译审，格致出版社 2008 年版，第 138 页。

③ 如法制史学史、刑法学说史、宪法学说史的研究分别以王立民教授、陈兴良教授和韩大元教授为代表。

④ 参见蔡晓荣：《中国近代民法史研究的可能进路：兼及方法与资料》，载《比较法研究》2011 年第 5 期。

⑤ 顾颉刚：《古史辨自序》（上册），商务印书馆 2011 年版，第 1 页。

积累层面研究法学产生与发展的过程,考察法律的历史积淀,旨在探讨不同时期法学特定概念与范畴的体系化、整体化的过程。[①] 以民法和经济法间关系的层累问题为例,要解决其间的层累问题,单纯从现行学科的调整对象理论着手将无法把握问题的关键,换个角度,从学说史为切入点对民法和经济法的调整对象学说进行条分缕析和追根究底式的途径,方能找出两者产生盘根错节症结的问题所在。其次,法学家的使命使然。萨维尼认为,法学家必当具备历史素养和系统眼光,前者是以确凿把握每一时代与每一法律形式的特性,后者强调在与事物整体的紧密联系与合作中,进行省察每一概念和规则。最后,构建中国民法体系和民法学理论的必须。法律制度会随着社会的变迁而改变,同样蕴含其间的制度利益也会发生变化。[②] 学说继受而来的民法制度和概念,其中制度利益也可能将随着历史的流变发生变异。

法律的历史是连续的意味着法律的发展无法摆脱历史,它必须从历史中汲取它发展需要的养分。[③] 因而,在民法典编纂时代的中国民法面临此种"层累现象",民法学理论亟须学说史的视野。只有这样,民法学的理论水平和民法体系才能从整体上得到提升和完善,中国民法才能真正成熟。

2. 以中国问题为中心是民法学研究转型的方向

百年的中国民法,虽然以法律移植和学说继受为主要基调,但从外国民法继受而来的这套概念、原则、制度和体系,已经融入于中国社会,成为立法、司法和理论的基础,构成了中国民法自有体

---

① 参见韩大元:《中国法学需要关注学说史研究》,载《法学研究》2011 年第 6 期。

② 参见梁上上:《利益衡量论》,法律出版社 2013 年版,第 102 页。

③ 参见谢鸿飞:《法律与历史:体系化法史学与法律历史社会学》,北京大学出版社 2012 年版,第 211 页。

系。因而,层累造成的中国民法史属于“中国问题”。一直以来,民法的研究有言必称“德法日”的倾向。同时,在文章写作中关于文献资料的选用上似乎必须引用德日文献,否则就无法凸显文章的“高大上”格调。

然而,我们所面临的问题是,如何面向“中国问题”来建构“中国民法理论”。这是当代中国民法学者需要认真思考的重大问题。反思“中国问题”与“中国民法理论”及其内在关系,建构面向并解决“中国问题”的“中国民法理论”。新时期以来,中国民法学术界开始反思与超越传统民法教科书体系,力求推进民法学理论的创新,形成了民法学研究的四种基本路径:“文本解读”“比较研究”“基础研究”“实践解读”。这些研究取得的学术成就应充分肯定。然而,前三种路径整合不够,相对缺乏问题向度,对“中国问题”和“中国理论”缺乏深刻的阐明。“法学研究的中国问题意识根本而言就是批判反省意识,对它的论证应当坚守事实证成和价值证成两个维度。在当下中国,法学研究既不能做简单的‘信息提供者’,也不能唯‘主义’至上。”①民法学的研究亦为如此,因而中国民法学研究的路径应该而且可以多样化,但研究的出发点和落脚点都应是“中国问题”。因为,“法学研究的中国问题意识就是强调法学研究植根于当下中国的现实社会,以当下中国现实社会存在的真实问题为研究对象。”②

总之,直面中国民法中的层累问题,当代中国民法学者应以学术思想和中国问题结合、理论观点和实践问题契合作为努力方向。

---

① 杜宴林:《论法学研究的中国问题意识》,载《法制与社会发展》2011 年第 5 期。
② 杜宴林:《论法学研究的中国问题意识》,载《法制与社会发展》2011 年第 5 期。

3. 注重解释论研究

民法的层累现象,尤其是理论的混合继受形成的杂糅化、体系性瑕疵问题,目前更亟须法解释学在现行法律体系之内消除规则和制度的冲突。因为,法学家面临的主要任务是在清醒认识中国民法发展趋势的基础上,运用法律的解释技艺,消除现行法律之间的矛盾,使法律得到人们的信赖并内化为人们的行为准则,从而形成有秩序的法。①

前民法典时代的民法体系面临诸多层累问题,当前的努力是需要共同迎接“民法解释论的新时代”。② 虽然近年民法理论的研究已经趋于解释论,③但解释论研究是否已经进入了足以支撑民法典的新阶段?此外,学术界关于民法理论的研究历来集中于民法基础理论、民法总论、人格权法、物权法、债法总论、合同法、侵权责任法等领域,而婚姻家庭继承法方面的研究比较薄弱,遑论解释论于其中的研究。以 2013 年 CSSCI 期刊民商法论文数据统计显示,婚姻家庭继承学科的论文数量仅有 55 篇,占民商法研究的 6.56%。④ 而在民法学 2013 年 CLSCI 论文数据显示,婚姻法和继承法只有 11 篇,而民法论文有 206 篇之多。⑤ 文章数量虽然并不能代表整个学科的研究水平,但也是民法学研究现状的反应,可作

---

① 参见张新宝、张红:《中国民法百年变迁》,载《中国社会科学》2011 年第 6 期。

② 王利明、周友军:《民法典创制中的中国民法学》,载《中国法学》2008 年第 1 期。

③ 目前,民法学术界的论文是 80% 的解释论加上 20% 的立法论。参见《中外法学》编辑部:《中国民法学科发展评价(2010 ~ 2011)——基于期刊论文的分析》,载《中外法学》2013 年第 1 期。

④ 中国人民大学民商事法律科学研究中心:《2013 年 CSSCI 期刊民商事法律科学论文数据统计分析》,载中国民商法律网 2014 年 7 月 10 日,http://www.civillaw.com.cn/wzgg/content.asp?id=2064。

⑤ 《民法学 2013 年 CLSCI 论文数据分析》,载中国法学创新网 2014 年 7 月 10 日,http://lawinnovation.com/html/fxpd/11944.shtml。

为侧面的参考。可见,在民法理论的研究(包含解释论的研究)中亦出现了财产法和人身法的"跛脚"怪象。财产法和人身法的割裂问题是层累现象之一,问题始自清末,并在新中国初期继受苏联法时期加重,影响至今。

在民法典编纂完成的当下,我们已经进入民法典时代,立法论时代逐渐落幕,如何对民法典进行符合中国法的解释是当下和未来民法学者共同努力的方向。

(三)小结

民法中"层累现象"的表象揭示出现行民法中的概念问题、体系困境甚至是学科竞合等难题,无论是民事法律行为问题,还是物权变动模式问题,抑或是民法与其他学科间问题均都为现行民法中的重大疑难理论和现实问题,而问题的根源均为层累造成的。因此,为构建中国民法体系和完善民法学理论,以应对层累造成的民法应寻找出路以及摆脱困境,如注重中国民法学说史研究,坚持以中国问题为民法研究转型的中心,秉承解释论研究。

四、余论

二百年前的德国民法学术界关于如何制定德国民法典的经典论战,同样抛给了中国民法很多启示与疑问。

随着立法者提出在2010年制定完成民法典的规划,我国民法学术界热火朝天地展开了关于民法典制定的大讨论,尤其是2002年民法典草案的公布将这场学术讨论推向了高潮,在此期间甚至还发生了"世界民法典编纂史上的第四大论战"。[①] 然而,这场民

---

① 参见徐国栋编:《中国民法典起草思路论战——世界民法典编纂史上的第四大论战》,中国政法大学出版社2001年版。

法典大讨论似乎没有最终的定论,而是随着立法者淡化民法典的提法而日渐式微。诚然,学者们对民法典的制定、体系化和科学性、法典结构以及民法理论等问题保持了持续的关注。① 这对于制定一部高质量的中国民法典的确有帮助,但如果总是重复那些四平八稳的陈旧的论点,如果总把理论的眼光局限在西方提出的甲乙丙丁若干学说的选择上,也许会耽搁我们关注真正的问题和进行具有原创性的理论建设工作。②

在实现民法学理论转型的过程中乃至当下,中国民法学都存在先天不足而导致的理论成熟性的缺陷,构建中国民法学理论体系的任务仍然任重而道远,学术界当需继续努力。③ 也有学者一针见血地指出了现有研究的弊病,"我国迄今为止的民法学研究,在总体上呈现的一个突出特点就是过分侧重制度性研究",④比如,对层累现象的问题没有深入细致的研究,民法学说史的梳理依旧相当孱弱。

---

① 关于近十年来民法典编纂问题的学术史考察,参见沈玮玮、赵晓耕:《中国民法典编纂的一个学术史:1997~2007》,载《河南省政法管理干部学院学报》2011年第1期。关于民法典最新的研究成果,参见易继明:《历史视域中的私法统一与民法典的未来》,载《中国社会科学》2014年第5期;谢鸿飞:《民法典与特别民法关系的建构》,载《中国社会科学》2013年第2期。

② 参见薛军:《"物"的概念的反思与中国民法典的编纂》,载《法学》2002年第4期。

③ 参见柳经纬:《当代中国民法学的理论转型》,中国法制出版社2010年版,第153页。

④ 王轶:《对中国民法学学术路向的初步思考——过分侧重制度性研究的缺陷及其克服》,载《法制与社会发展》2006年第1期。

第二章　立法目的条款的中国表达*

一、问题的提起

自2014年十八届四中全会，党中央提出“编纂民法典”以来。当时，民法典编纂成为学术界讨论的热点问题，理论界对于作为立法目的条款的第1条的研究尚付阙如，①立法目的条款作为我国的一种立法惯例，通常在我国法律文本中第1条明确规定。现行民事法律体系中，各民事单行法中均在其第1条以“为了……制定本法”的

* 本文原题为《民法典中立法目的条款的表达与设计——兼评〈民法总则〉（草案）第1条》，发表于《东方法学》2017年第1期，发表时有删减。

① 当时民法学术界关于民法典（民法总则）第1条专门讨论的成果不多，目前只有苗连营、郑磊的《民法典编纂中的宪法三题》（载《法制与社会发展》2015年第6期）讨论了第1条后段关于宪法与民法之间的关系问题。但在2007年《物权法》制定时，法学界曾就宪法与民法之间的关系展开过讨论。

模式确立了立法目的。[①] 2020 年颁布的《民法典》中的立法目的条款(第 1 条),承袭了 2017 年《民法总则》的内容,从学术研究的角度,有必要梳理立法目的条款在中国私法的演变及其理论,以及立法目的条款是如何体现私法的利益位阶或价值。总之,立法目的条款不仅是一个立法技术问题,更是立法价值问题。

二、关于民法典中是否设立立法目的条款的理论争议

理论界关于民法典是否应当将第 1 条中设立为立法目的条款的态度大致有反对说与赞成说两种观点。

(一)民法典中设置立法目的条款的"反对说"

关于民法典中的立法目的条款"反对说"认为,在民法典设置立法目的条款只是宣示性规定,并无特定的立法目的。苏永钦教授认为,秩序法诸如民法、刑法和诉讼法等,是任何一个社会发展到一定阶段必备的规范,秩序法规定目的的意义就不大。并且,认为民法典加上目的宣示规定反而会把民法这样的基本法律"做小了"。[②] 同样,梁慧星教授则认为,第 1 条只具有一种宣示的性质,不是实质性的东西,不值得过分关注。起草的时候,考虑到中国立法的惯例,不想在这些问题上唱反调。[③] 朱庆育教授则认为,当法律通过自身条款明确宣称,它是为实现立法者特定目的而存在时,固然能够充分反映立法者的意志,却同时意味着法律不过是无自

① 与我国不同的是,各国民法典第 1 条均未规定民法的立法目的,主要集中于法律漏洞的填补方式,或突出人法的特征。关于域外民法第 1 条的研究,参见苏永钦:《"民法"第一条的规范意义——从比较法、立法史与方法论角度解析》,载苏永钦:《私法自治中的经济理性》,中国人民大学出版社 2004 年版,第 15 页。

② 苏永钦:《寻找新民法》,北京大学出版社 2012 年版,第 55 页。

③ 参见易继明:《学问人生与人生的学问——访著名民法学家梁慧星教授》,载易继明主编:《私法》,北京大学出版社 2004 年版,第 39 页。

身独立价值的政治工具。立法者根据政治目标的不同,可以不受制约地为法律设定相应的任务。[①] 私法中的自治充其量是实现特定政策目标的手段,立法目的条款作为实现公共政策的目标,手段不妨从权甚至舍弃。刘风景教授认为,立法目的条款的设置与否,需要根据不同的法律类型提出设置或者废除的主张。私法领域尤其是民法、商法的大部分法律规范都是在对社会关系整体予以承认的基础上所做的微调或局部变动的调整性规范,并无特定的立法目的,因此无须设置立法目的条款。[②] 此外,徐国栋教授所起草的《绿色民法典》草案,也未将立法目的条款作为总则篇的必备内容。

(二)民法典中设置立法目的条款的"赞成说"

有学者认为,民法典中应当设置立法目的条款。张玉敏教授认为,作为基本法的民法不但需要表明自身的立法位阶和方向,也需要展示自身的特色,第1条就是为这样一个精神而设,民法的立法目的、宗旨和与宪法的关系就成了民法典的开场白。[③] 在我国,法律总则大多在第1条规定立法的目的、宗旨和依据。从立法技术学来看,作为法律总则,甚至非总则结构状态下法律文本的立法目的和宗旨,都是法律必备条款。[④] 所以,在王利明教授主持起草的《中国民法典学者建议稿及立法理由·总则编》设计第1条作为立法目的条款。

---

① 参见朱庆育:《民法总论》,北京大学出版社2013年版,第19页。

② 参见刘风景:《立法目的条款之法理基础及表述技术》,载《法商研究》2013年第3期。

③ 参见张玉敏主编:《新中国民法典起草五十年回顾与展望》,法律出版社2010年版,第236页。

④ 参见王利明主编:《中国民法典学者建议稿及立法理由·总则编》,法律出版社2005年版,第9页。

(三)关于理论争议的检讨

基于立法目的条款的文本表达不完善等历史因素,关于我国民法典中立法目的条款的认识与理论争议,主要源于对立法目的条款功能、地位的认识不足。持反对观点的学者们,主要认为作为第1条的立法目的条款并无实际意义;而持支持观点的学者们,主要基于第1条作为立法目的条款已经成为一种立法习惯。我们认为,在《民法典》民法总则编中有必要将第1条设置为立法目的条款,理由如下:

第一,立法目的条款已经作为了我国立法技术的一般要求。根据全国人大法工委《立法技术规范(试行)(一)》5.1的规定,“法律一般需要明示立法目的,表述为:‘为了……制定本法’,用‘为了’,不用‘为’。”民法典作为我国基本法律之一,须经全国人大审议通过,因此全国人大法工委是民法典(草案)起草的最主要直接的力量,也势必将遵循《立法技术规范(试行)(一)》的要求进行草拟草案。

第二,作为立法目的的外在表现形式。在法学方法论中,目的论解释是比较重要解释方法之一,法律解释所追求的目标也有主客观之争,立法目的(法的目的),或法典的目的一直被认为是难以确认,即目的的模糊性与不确定性一直备受诟病。明确将立法目的在法典的法律规范中予以设定,有利于立法目的的确定,亦有利于法律解释。“立法的目的和宗旨是立法者为法律适用者提供的立法背景信息,既是法官解释法律的依据,为法官自由裁量提供方向和限制。”[①]此为立法目的条款的功能所决定的。

---

① 王利明主编:《中国民法典学者建议稿及立法理由·总则编》,法律出版社2005年版,第9页。

第三,立法目的条款可以彰显民法典的价值。法的目的价值,是指法律在发挥其社会作用的过程中能够保护和增加的价值,[①]现行民事法律体系的立法目的条款彰显了我国民事立法的价值坚持权利本位。民法的基本目的,是指民法的基本观念,或基本任务,或基本作用,也称为民法的本位。[②] 原《民法通则》第 1 条体现了以权利为中心,以及原《侵权责任法》第 1 条以保护民事主体合法权益为立法目的,可知中国民事立法仍属于权利本位的法律。[③]因此,作为《民法典・总则编》的第 1 条立法目的条款同样可以彰显民法典的价值。

第四,基于历史因素,新中国历次民法典草案,均在第 1 条列明了立法目的。苏永钦教授认为,中国所有民事立法都以第 1 条"开宗明义"宣示其立法目的,原因在于大陆的民事发展是从计划经济转到宏观调控经济,在此基础上"回填"一个更基础的市场自治规范。[④] 此种说法显然不能成立的。回顾我国民事立法史,自新中国成立以来的历次民法典草案总则编,均将第 1 条作为立法目的条款。如 20 世纪 50 年代的《民法总则》草案中,几乎都在第 1 条规定了立法目的条款,1955 年 10 月 5 日的草案中第 1 条为"为保护民事权利的正确行使,以促进我国社会主义工业化和社会主义改造事业的顺利进行,保证逐步消灭剥削制度,建立社会主义社会的目的,特制定本法"[⑤];在 20 世纪 60 年代的民法草案中,同

① 参见张文显主编:《法理学》(第 2 版),高等教育出版社 2003 年版,第 362 页。

② 参见梁慧星:《民法总论》(第 4 版),法律出版社 2011 年版,第 39 页。

③ 参见梁慧星:《民法总论》(第 4 版),法律出版社 2011 年版,第 41 页。

④ 参见苏永钦:《寻找新民法》,北京大学出版社 2012 年版,第 54 条。

⑤ 何勤华、李秀清、陈颐:《新中国民法典草案总览》(上卷),法律出版社 2003 年版,第 3 页。

样在第 1 条规定了立法目的①,但其中内容的表述却有些不同;直至原《民法通则》第 1 条规定了现行民法的立法目的。可见,我国《民法典》中关于第 1 条列明立法目的,并非出于"回填"市场自治规定的原因,而是一种历史惯性或路径依赖的影响。

总之,民法体系中的立法目的条款既作为立法技术的一种手段,也是作为彰显民法典立法价值的重要窗口。

三、前民法典时代民事法律体系中立法目的条款的表达与实践

(一)民事单行法中立法目的条款的文本表达

表 2.1　现行民事单行法中立法目的条款

序号	民事单行法名称	第 1 条
1	《民法通则》(1986)	为了保障公民、法人的合法的民事权益,正确调整民事关系,适应社会主义现代化建设事业发展的需要,根据宪法和我国实际情况,总结民事活动的实践经验,制定本法。
2	《合同法》(1999)	为了保护合同当事人的合法权益,维护社会经济秩序,促进社会主义现代化建设,制定本法。
3	《侵权责任法》(2009)	为保护民事主体的合法权益,明确侵权责任,预防并制裁侵权行为,促进社会和谐稳定,制定本法。
4	《物权法》(2007)	为了维护国家基本经济制度,维护社会主义市场经济秩序,明确物的归属,发挥物的效用,保护权利人的物权,根据宪法,制定本法。

① 《中华人民共和国民法草案(初稿)》第 1 条:"为维护和发展社会主义公有制,保障公共财产不受侵犯,逐步彻底地实现对一切非社会主义经济成分的社会主义改造,正确处理国家、集体与个人的经济关系,增强人民内部团结,调动一切积极因素促进社会主义事业胜利进行,特制定本法。"参见何勤华、李秀清、陈颐主编:《新中国民法典草案总览》(下卷),法律出版社 2003 年版,第 3 页。

续表

序号	民事单行法名称	第1条
5	《担保法》(1995)	为促进资金融通和商品流通,保障债权的实现,发展社会主义市场经济,制定本法。
6	《婚姻法》(1981)	本法是婚姻家庭关系的基本准则。
7	《收养法》(1991)	为保护合法的收养关系,维护收养关系当事人的权利,制定本法。
8	《涉外民事关系法律适用法》(2010)	为了明确涉外民事关系的法律适用,合理解决涉外民事争议,维护当事人的合法权益,制定本法。
9	《继承法》(1985)	根据《中华人民共和国宪法》规定,为保护公民的私有财产的继承权,制定本法。
10	《著作权法》(1990)	为保护文学、艺术和科学作品作者的著作权,以及与著作权有关的权益,鼓励有益于社会主义精神文明、物质文明建设的作品的创作和传播,促进社会主义文化和科学事业的发展与繁荣,根据宪法制定本法。
11	《商标法》(1982)	为了加强商标管理,保护商标专用权,促使生产、经营者保证商品和服务质量,维护商标信誉,以保障消费者和生产、经营者的利益,促进社会主义市场经济的发展,特制定本法。
12	《专利法》(1984)	为了保护专利权人的合法权益,鼓励发明创造,推动发明创造的应用,提高创新能力,促进科学技术进步和经济社会发展,制定本法。

注:表中的所列民事单行法,均为以后可能作为民法典各编,而其余民事特别法或商事特别法中的立法目的条款未能列明。

1. 前民法典时代民事单行法中立法目的条款的层次结构和逻辑条理不够清晰

在立法目的条款的句式结构中,一般都会有多个动宾结构短语,其所表达的即为法律所追求的多重目的。动宾结构短语之间的关系,也影响着多个立法目的之间的层次结构问题。根据《立法技术规范(试行)(一)》(法工委发〔2009〕62号)的要求,立法目的的内容表述应当直接、具体、明确,一般按照由直接到间接、由具体到抽象、由微观到宏观的顺序排列。通过上述表格的分析与考察,可以发现我国现行民事单行法中立法目的条款存在层次结构稍显混乱与逻辑条例不够清晰的问题。其一,有的民事单行法第 1 条遵循具体到抽象、微观到宏观的顺序排列。其二,有的民事单行法则遵循抽象到具体、宏观到微观的顺序排列,如原《物权法》的根本目的为体现我国的基本经济制度并以维护我国的基本经济制度,而其最直接的目的是明确物的归属,发挥物的效用。[①] 但其表述是“维护我国基本经济制度”居首,依次为“维护社会主义市场经济秩序,明确物的归属,发挥物的效用,保护权利人的物权”,因此排列顺序为间接到直接、宏观到微观的规则。其三,有的民事单行法关于立法目的的表述比较混乱。以原《侵权责任法》为例,保护民事主体的合法权益是侵权责任法的基本目的,这一目的的实现途径是“明确侵权责任,预防并制裁侵权行为”,这一目的的现实将促进社会和谐稳定。促进社会和谐是侵权责任法的目的,也是所有法律的目的。[②]

2. 前民法典时代民事单行法中立法目的条款具有一定的稳定性

立法目的条款作为法典中的第 1 条,具有一定的稳定性,主要表现为在现行民事单行法中立法目的条款修订次数比较少。前民法典时代的《民法通则》《合同法》《侵权责任法》《物权法》《涉外法律关系适用法》《担保法》等单行法颁布实施后均未进行法律条

① 参见胡康生主编:《中华人民共和国物权法释义》,法律出版社 2007 年版,第 21 ~ 22 页。

② 参见张新宝:《侵权责任法》(第 2 版),中国人民大学出版社 2010 年版,第 13 页。

文修订,第 1 条自然保持了一定的稳定性。而《婚姻法》(1980)、《收养法》(1991)分别在 2001 年、1998 年曾有修正案,《著作权法》也曾于 2001 年、2010 年有过两次修正,但并未就立法目的内容作出调整。立法目的条款的稳定性,符合法安定性原则。同时,法的安定性也要求立法目的条款应保持一定的稳定性。如齐佩利乌斯所言,"法不应被过于轻易地修改,不应允许一种随机性的立法模式,使任何兴之所至的念头都能不受约束地转化为立法。"①

唯独例外的是,《专利法》(1984)、《商标法》(1982)曾多次修订,并对立法目的进行修正与调整,具体如《专利法》(1984)曾于 1992 年、2000 年、2008 年通过三次修正案,其中 2008 年修正案对《专利法》的立法目的予以调整,将"有利于发明创造的推广应用,促进科学技术进步和创新"表述调整为"推动发明创造的应用,提高创新能力,促进科学技术进步和经济社会发展",并删除了"适应社会主义现代化建设的需要"。《商标法》(1982)也有过三次修正案(1993 年、2001 年、2013 年),并在 2001 年修正案中对立法目的予以修订,将"促使生产者保证商品质量和维护商标信誉,以保障消费者的利益,促进社会主义商品经济的发展"调整为"促使生产、经营者保证商品和服务质量,维护商标信誉,以保障消费者和生产、经营者的利益,促进社会主义市场经济的发展"。增加了"经营者"保证商品和服务质量的义务,同时将"生产、经营者"纳入保障的利益群体范围,还将"社会主义商品经济"替换为"社会主义市场经济"。

3. 前民法典时代民事单行法中立法目的条款与政策紧密联系

鉴于历史条件的不成熟等因素,20 世纪 80 年代以来,我国民

---

① [德]莱因荷德 · 齐佩利乌斯:《法哲学》(第 6 版),北京大学出版社 2013 年版,第 191 页。

事立法的思路逐步由制定民法典转变为颁行民事单行法,从 1986 年的《民法通则》开始,民法典的主要组成部分陆续以民事单行法的形式颁行或施行。因此,我国不同时期通过的民事单行法,具有一定的时代印记,即与当时的政策或政治口号紧密联系。“随着阶级斗争哲学逐渐消退,‘经济基础决定上层建筑’之公式开始成为决定法律任务的主要依据……基本上,只要社会主义建设任务发生哪怕是些微的变化,法律必紧随其后,亦步亦趋。”①如原《民法通则》中的“适应社会主义现代化建设”,到《商标法》中的“促进社会主义市场经济的发展”,再到《物权法》中的“维护国家基本经济制度,维护社会主义市场经济秩序”,②最后到原《侵权责任法》中的“促进社会和谐稳定”。又如 2008 年 12 月《专利法》修订为例,将原第 1 条规定中的“创新”一词变更为“提高创新能力”并单列为一项独立的立法目的,这一改动表明国家在新时期对创新重要性的充分认识以及对拥有自主知识产权的技术创新的重视。之所以作此修改,是因为在修订《专利法》前夕,即在 2008 年 6 月国务院发布《国家知识产权战略纲要》,该纲要主要是为了提升我国知识产权创造、运用、保护和管理能力,建设创新型国家。由此也给我国知识产权法制带来了新的挑战,于是立法机关相应地将《专利法》的立法目的提升到建设创新型国家的战略高度。可见,立法目的条款的表述与政策之间的紧密联系,均毫无例外地显示其在一

---

① 朱庆育:《民法总论》,北京大学出版社 2013 年版,第 19 页。

② 龙卫球教授认为,《物权法》在确立基本原则之前,首先予以强调的是该法的政治功能和政治原则,其中第 1 条为“目的条款”,设定物权法双重政治功能,即“维护国家基本经济制度,维护社会主义市场经济秩序”。参见龙卫球:《民法基础与超越》,北京大学出版社 2010 年版,第 284 页。

定程度上具有衔接我国民事单行法律与政策关系[1]的功能。但是,立法目的条款中存在这些不切实际的内容,将部门法立法目的与社会主义总的立法目的弄混,这样的语言使立法目的内容显得空洞,不切实际,也不好指引法律制度的构建。[2] 因此,不要讲空话、套话,也不要把非目的性的内容写进目的条文中去。

4. 关于"根据宪法,制定本法"的规律性问题

在我国民事单行法的立法目的条款之中,后段表述经常会出现"根据宪法,制定本法"等词语。原《继承法》第 1 条直接明定"根据《中华人民共和国宪法》规定……制定本法"。如何理解"根据宪法,制定本法"这一规范内涵?

关于原《物权法》第 1 条中"根据宪法,制定本法"的解释,立法释义中认为"宪法是国家的根本大法,是母法,其他法律都是由宪法派生的。宪法规定大政方针,其他法律都必须体现宪法精神,不得与宪法相抵触。物权法必须体现宪法的精神。物权法将宪法规定的我国基本经济制度作为立法目的,同时将基本经济制度和实现社会主义市场经济作为物权法的基本原则"。[3] 此为"宪法母法论"的解释,似乎由此可以认定"根据宪法,制定本法"是一种确立法源的形式。但是,民事立法主要是对社会中的事实规则进行确认,属于确认性立法,应当主要遵循不抵触的法源原则,即立法机关确认的事实规则不得抵触宪法上关于民事关系的直接规定。[4] 其

① 关于民法与政策之间的关系,参见刘颖:《论民法中的国家政策》,载《华东政法大学学报》2014 年第 6 期。

② 参见汪全胜等:《法的结构规范化研究》,中国政法大学出版社 2015 年版,第 115 页。

③ 胡康生主编:《中华人民共和国物权法释义》,法律出版社 2007 年版,第 24 页。

④ 参见叶海波:《"根据宪法,制定本法"的规范内涵》,载《法学家》2013 年第 5 期。

实,根据立法技术角度看,“根据……制定本法”的结构是一种立法依据,为我国法制发展过程中的立法惯例之一。

(二)司法实践中立法目的条款运用的案例类型化

持反对设置立法目的条款的论者认为,第1条只具有一种宣示的性质,不是实质性的东西,不值得过分关注。但事实却并非如此,司法实践中存在诸多运用第1条的案例。通过对这些案例进行类型化,大致可将作为立法目的条款的第1条在民事司法裁判中的作用分为以下几种情形。

1. 作为区分权益保护的范围

在我国原《民法通则》、《合同法》、《侵权责任法》和《专利法》中的第1条都明确将“合法权益”作为法典的保护范围。因此,在实践中,法院需要进行区分当事人所主张的权益是否为“合法权益”,否则将不能给予权利的救济与保护。如在“亢福彩诉山西煤炭运销集团大同广灵有限公司等财产损害赔偿纠纷案”①中,法院认为,“依照《中华人民共和国侵权责任法》第1条之规定,为保护民事主体的合法权益,明确侵权责任,预防并制裁侵权行为,促进社会和谐稳定,制定本法。该条明确规定侵权责任法保护的是合法权益。且依照《中华人民共和国物权法》第2条之规定,因物的归属和利用而产生的民事关系,适用本法。物,包括不动产和动产。上诉人亢福彩向被上诉人山西煤炭运销集团大同广灵有限公司购买该宅地基后又自行建设房屋及打井行为,均未办理有关变更登记及审批手续,违反了物权权属的相关法律规定,上诉人亢福彩对争议房屋不具有合法权益”,据此驳回上

① 山西省大同市中级人民法院民事判决书,(2014)同民终字第579号。

诉,维持原判。①

2. 作为判断合同的效力考虑因素或作为补足性的说明理由

前民法典时代如何判断合同有效与否,我国原《合同法》第52条作出了明确规定。但如何理解原《合同法》第52条第5项

① 同样的案例有,(1)在"杨某与吴某明不当得利纠纷案"中,法院认为,"根据《中华人民共和国民法通则》第1条规定,为了保障公民、法人的合法的民事权益,正确调整民事关系,适应社会主义现代化建设事业发展的需要,根据宪法和中国实际情况,总结民事活动的实践经验,制定本法;同时,该法第5条亦规定,公民、法人的合法民事权益受法律保护,任何组织和个人不得侵犯,即我国民事法律保护的是公民的合法民事权益。本案被上诉人吴某明与上诉人杨某之夫李某祥约定无需通过考试即可代办驾照,并由吴某明收取他人钱财后交给李某祥负责办理,二人的行为企图规避国家对驾驶执照的行政许可程序,违反国家法律法规的强制性规定,该行为不属合法的民事法律行为,不受民事法律关系的保护"。参见云南省普洱市中级人民法院民事判决书,(2014)普中民终字第215号。(2)在"郑州康大医药开发有限公司诉辅仁药业集团医药有限公司等侵犯商业秘密纠纷案"中,法院认为,"依据《中华人民共和国侵权责任法》第1条'为保护民事主体的合法权益,明确侵权责任,预防并制裁侵权行为,促进社会和谐稳定,制定本法'之规定,侵权行为法的主要目的在于保护合法权益,清晰界定合法权益范围及载体则是判断侵权行为是否成立的前提。康大医药认为三被告侵犯了其合法权益,康大医药则需要向法庭明确陈述其要求保护的合法权益范围、载体及侵权行为的表现形式……在本案中,国家药品监督管理部门从未批准康大医药使用上述药品批准文号生产怀参蜜口服液或地黄润通口服液,同时康大医药的经营范围不包括医药保健品的生产且其已被吊销营业执照,故康大医药对上述批文并不享有相应合法权益",据此驳回原告诉讼请求。参见河南省郑州市中级人民法院民事判决书,(2011)郑民三初字第63号。(3)在"李1、李2、胡某、罗某明诉泸州市江城糖酒副食品公司侵害集体经济组织成员权益纠纷案"中,法院认为,城镇集体所有制企业财产属于劳动群众所有,实行共同劳动,在分配方式上以按劳分配为主体的社会主义经济组织。李某英于2012年3月23日去世后,其集体经济组织成员身份消亡,在集体经济组织中的资格也随之消失,民事权利能力和民事行为能力也就同时终止,不再享有对公共积累的分配权利。同时,根据《中华人民共和国继承法》第1条"根据《中华人民共和国宪法》规定,为保护公民的私有财产的继承权,制定本法"的规定,集体企业的公共积累归本企业劳动群众集体所有,集体企业财产是公共财产而不是私有财产,即集体财产不能继承。参见四川省泸州市江阳区人民法院民事判决书,(2013)江阳民初字第2241号。

“违反法律、行政法规的强制性规定”一直是争议的焦点问题,有的法院在判断是否违反法律禁止性效力规定时,将是否符合立法目的作为考虑因素。在“柯某诉某公司等合同纠纷案”[①]中,法院认为,“陈某作为柯某与陈某乙双方共同投资成立某公司进行‘数控四面铣’的研发与生产事宜的策划人,其自愿为该项目的成败提供风险担保,是其真实意思的表示,因该担保的目的是为引进柯某投资,进行商品生产,符合《中华人民共和国担保法》第1条‘促进资金融通,发展社会主义市场经济’的目的,不违反相关法律的禁止性效力规定,故该担保行为有效”。另外,在“何某某诉王某某等房屋买卖合同纠纷案”[②]中,法院在认定原告何某某与被告戴某某签订的房屋买卖协议是否有效时,首先,认为“《中华人民共和国城市房地产管理法》第38条规定的是未依法登记领取权属证书的房地产不能转让,并未规定转让就是无效的,其属于对物权变动的规定,而并非对合同效力性强制规定,其不属于《中华人民共和国合同法》第52条第5项规定的合同无效的情形”。因此,未办理房产证并不影响所签订的房屋买卖协议的效力。其次,又认为“本案中的房屋系移民联户建房,因库区移民迁建工作的特殊性,移民联户建房尚未取得房屋产权证便出卖房屋的现象在开县普遍存在,且开县房价现在大幅上涨,认定本案合同有效,更能够维护交易安全,有利于社会经济秩序的健康发展,符合《中华人民共和国合同法》第1条规定的‘维护社会经济秩序’的立法目的”,据此法院认定该房屋买卖合

① 湖北省黄石市中级人民法院民事判决书,(2013)鄂黄石中民二初字第5号。
② 重庆市开县人民法院民事判决书,(2010)开法民初字第2498号。

同有效。[①]

3. 立法目的条款作为目的性限缩的依据

法律词语的文义有其本身的含义，但由于立法者的疏忽或不可预见等主客观因素的影响，可能将导致含义涵盖的类型超出了规范目的，因此需要采用目的性限缩进行法律漏洞的补充。目的性限缩，是指法官在适用法律时，发现有关法律规范适用于某个特定案件，不符合法律目的的要求，则可以缩小待解释条文的适用范围，将该案件排除在法律规定的适用范围之外。[②] 此时，立法目的是目的性限缩的依据和参照标准。在"沈阳隆迪食品有限公司与南宁隆润经贸有限责任公司侵犯注册商标专用权纠纷上诉案"[③]中，法院认为，"注册商标专用权并不是绝对的，根据《商标法》第1条之规定，商标制度确立的意义和功能不仅在于促使生产、经营者保证商品和服务的质量，保障消费者和生产者、经营者的利益，而且还在于维护市场诚信、公平竞争，促进市场经济的发展"。因此，商标权人行使商标权不应使他人的合法权利受到不合理的限制，

---

① 实践中在确认合同效力的还有其他案例，在"花山乡平西村委滩头村民小组诉谭某美等人确认合同效力纠纷案"中，法院首先就合同效力的问题认为，"原滩头村民小组的干部代表谭某武、谭某水、谭某微、谭成会与被告谭某美签订的《承包石仁石场合同书》，在程序上存在瑕疵，属于效力待定合同，但由于该合同已履行将近十年之久，被告谭某美也已投入了大量资金，并且每年按约向原告滩头村民小组上缴承包费，每年滩头村民小组的干部代表均把承包人谭某美缴纳的承包费公布于众，并按照每户的人数发放该笔承包费给本集体内的各户村民，滩头村民小组的村民均知道系本村村民谭某美承包该石场的事实，双方对承包事宜均未提出过异议。综上所述，本案中，被告谭某美已经履行缴纳承包费的义务，滩头村民小组村民也接受承包费，从双方从事的民事行为能够推定双方有订立合同的意愿，滩头村民小组村民实际上对该合同予以追认"。并认为"如否定《承包石仁石场合同书》的效力，与合同法的立法目的及合同的诚信原则相悖，势必会损害承包方现有企业的发展，不利于社会经济秩序的稳定"，据此驳回原告诉讼请求。

② 参见王利明：《法律解释学导论——以民法为视角》，法律出版社2009年版，第517页。

③ 广西壮族自治区高级人民法院民事判决书，(2006)桂民三终字第34号。

妨碍正常的商品流转,损害社会公共利益,即权利人不能以侵犯商标权为由阻止商标合理使用。"根据《中华人民共和国商标法实施条例》第 49 条'注册商标中含有的本商品的通用名称、图形、型号,或者直接表示商品的质量、主要原料、功能用途、重量、数量及其他特点,或者含有地名,注册商标专用权人无权禁止他人正常使用'之规定",注册商标权利人不应要求对商标中通用名称和公共词汇部分的专用,否则不但会影响正常的社会经济秩序,而且也背离了商标制度设立的目的和宗旨。即法院最终认定注册商标专用权不是绝对的,而应根据《商标法》第 1 条的立法目的予以目的性限缩为商标权利人不能以侵犯商标权为由阻止商标合理使用。

4. 立法目的作为不确定概念具体化的主要依据

不确定概念的具体化,是指通过法律解释的过程,使不确定概念的内涵和外延得以明晰,从而能够作为裁判依据,适用于个案。[①] 法官将不确定的法律概念具体化,并非为同类案件厘定一个标准,而是随各个具体案件,依照法律的精神、立法目的,针对社会的情形和需要予以具体化。[②] 在不确定概念中,立法者已经作出了一定的价值指引,这在一定程度上可以实现对法官具体化的拘束和操作中方向性的指导。[③] 立法目的即为立法者所作出的价值指引。以《著作权法》中的"独创性"为例,"独创性"是作品的本质属性,也是著作权认定的主要构成要件,但其本身是一个不确定性概念。对于"独创性"的具体含义,在《著作权法》及《著作权法实

---

① 参见王利明:《法律解释学导论——以民法为视角》,法律出版社 2009 年版,第 425 页。

② 参见杨仁寿:《法学方法论》,中国政法大学出版社 2013 年版,第 186 页。

③ 参见王利明:《法律解释学导论——以民法为视角》,法律出版社 2009 年版,第 426 页。

施条例》中均无明确规定，于是如何来解读独创性成为司法实践中的难题。此时，《著作权法》第1条作为立法目的在解释确定“独创性”的概念时就显得尤为重要。如在“谷歌公司（GoogleInc.）诉爱思美（北京）信息科技有限公司侵犯著作权及不正当竞争纠纷案”[①]中，法院在如何界定“独创性”时认为，“要求作品应达到基本的智力创作性高度，系因为著作权法第1条对该法的基本立法目的进行了明确规定，即鼓励‘作品的创作和传播，并促进社会主义文化和科学事业的发展与繁荣’。在独创性是作品核心属性的情况下，作品独创性的要求当然亦应符合该目的。这一立法目的决定了作品应具有基本的智力创作性高度。对于未达到基本的智力创作性高度的智力成果而言，因创作者在该智力成果中所进行的智力投入过少或微不足道，如对其予以保护，将既可能导致客观上难以对于作品的创作或文化、科学事业的发展与繁荣起到基本的促进作用，从而与著作权法的立法目的并无直接关联，亦可能导致不合理地占有公有资源，从而不合理地损害公共利益。”据此认为，作品只有达到基本的智力创造性高度才符合著作权法的立法目的，符合作品独创性的要求。[②]

---

① 北京市第一中级人民法院民事判决书，（2011）一中民初字第6347号。

② 同样地，在“乐高公司诉广东小白龙玩具实业有限公司等侵犯著作权纠纷案”［北京市第一中级人民法院民事判决书，（2010）一中民初字第16753号］中，对于独创性的认定，也是借助立法目的予以解读和确定。另外，也有法院结合《著作权法》第1条的立法目的对著作权法保护对象进行理解，认为“著作权法的保护对象而言，应从两个层次去理解。第一，著作权法保护的不是作品所体现的主题、思想或科学原理等抽象的内容，而是作者对这些主题、思想或科学原理的具体表达或表现。第二，著作权法保护的表达或表现不仅是指以文字或图形等最终表达的形式，当作品内容成为作者表达思想、主题的表现形式时，作品的内容亦受著作权法保护。著作权法之所以不保护作品所体现的主题、思想或科学原理，是因为如果予以保护就有可能阻碍思想的传播，减少新作品的创作，影响文化和科学的发展”。参见“刘向东诉高名潞等侵犯著作权纠纷案”，北京市朝阳区人民法院民事判决书，（2010）朝民初字第20978号。

5. 立法目的条款作为利益衡量的工具

作为第 1 条的立法目的条款，其目的分句一般均具有多个动宾结构短语，不同的动宾短语分别代表着不同的立法目的，即立法目的具有多重性，在司法实践中如何在多重目的之间协调统一也是难点之一。在“胡浩波诉教育部考试中心侵犯著作权纠纷案”[①]中，法院认为，“我国著作权法是一部旨在保护著作权人利益的法律，但同时亦有其他立法目的存在。我国《著作权法》第 1 条规定，著作权法的立法宗旨是‘保护文学、艺术和科学作品作者的著作权，以及与著作权有关的权益，鼓励有益于社会主义精神文明、物质文明建设的作品的创作和传播，促进社会主义文化和科学事业的发展与繁荣’，第 4 条规定，‘著作权人行使著作权，不得违反宪法和法律，不得损害公共利益’”，可见，我国《著作权法》虽以保护作者利益为立法目的之一，但亦将公共利益作为非常重要的考量因素，从而在公共利益较著作权人利益明显重要时，有条件地限制著作权人的相关权利，以取得公共利益与私人利益之间的平衡。合理使用制度即是在著作权人利益原则上受保护的基础上，对作者的一种例外限制，其目的在于平衡著作权人、作品传播者以及社会公众利益之间的关系。另外，考虑特定情况，司法实践中对于著作权人修改权、署名权的保护亦受制于以上原则。如就著作权人的修改权而言，虽然修改作品的权利理所当然的属于作者，但在某些情况下，出于社会利益的实际需要，修改权有时也可由他人行使。

6. 立法目的条款作为法条理解适用的依据

由于法律规范是由语言构成的，但语言在词义上具有一定的

① 北京市海淀区人民法院民事判决书，(2007)海民初字第 16761 号。

模糊性，于是如何理解和正确适用法条是司法实践中的难点。此时法院可以通过立法目的条款来判断法条的规范目的，以正确适用法条，作出相应的裁判。在“中国某某保险股份有限公司新宁县支公司与毛某某等机动车交通事故责任纠纷上诉案”[①]中，双方当事人争议的焦点是对原《侵权责任法》第 52 条及《机动车交通事故责任强制保险条例》第 22 条如何理解与适用。法院认为，“根据相关法理，被盗抢的机动车发生交通事故造成人身伤亡、财产损失的，保险公司不仅在交强险责任限额范围内垫付抢救费用，且应当在交强险责任限额范围内对受害人承担赔偿责任。”理由是：第一，原《侵权责任法》第 1 条确定的立法目的在于保护民事主体的合法权益，《道路交通安全法》和《机动车交通事故责任强制保险条例》的立法目的也在于赔偿受害人的损失，强制保险具有公共服务或者说具有社会公益的性质。在此意义上，交通事故发生后，应首要考虑受害人的损失如何赔偿。第二，以此立法目的为出发点，原《侵权责任法》第 48 条规定：“机动车发生交通事故造成损害的，依照道路交通安全法的有关规定承担赔偿责任。”而从《道路交通安全法》第 76 条和《机动车交通事故责任强制保险条例》第 21 条的规定来看，保险公司免责的唯一理由就是受害人的故意，只要不是受害人故意造成交通事故的，保险公司就应当赔偿受害人的人身伤亡和财产损失。第三，从法律解释的方法上来看，由于《道路交通安全法》为法律，《机动车交通事故责任强制保险条例》为行政法规。按照《道路交通安全法》第 76 条的规定，唯一不予赔偿的事由是受害人故意造成。而按照《机动车交通事故责任强制保险条例》第 22 条的规定，在该规定的四种情形下，

① 湖南省永州市中级人民法院民事判决书，(2013)永中法民二终字第 171 号。

保险公司承担如此小的责任,显然与《道路交通安全法》的规定不相符合。第四,机动车强制保险合同中,保险公司对第三人的责任性质是法定责任,其功能在于调整保险公司与投保人之间的法律关系。也就是说,《机动车交通事故责任强制保险条例》第22条的规定旨在调整投保人和保险公司之间的关系,其功能在于区分保险公司与投保人谁是责任的最终承担者这样一个责任划分问题,而非对第三人免责问题。保险公司赔偿后可以向责任人追偿。即本条的立法目的主要在于代位求偿权的问题。如果按照上诉人的逻辑,则有可能发生这样的情形:机动车一方具有一般过失甚至是无过失的情况下,保险公司尚且需要承担责任;而机动车一方醉酒、无证驾驶、被盗抢等机动车一方为重大过错的情形下,保险公司反而不需要承担责任或承担十分小的责任,显然法律评价不一致,有违《道路交通安全法》和《机动车交通事故责任强制保险条例》的立法目的。最终,法院不予采纳上诉人的上诉理由。

四、民法典草案中的立法目的条款的反思

我国立法机关曾于2002年审议了《中华人民共和国民法(草案)》,2014年党中央重新提出编纂民法典,为此法学术界专家学者们提出了诸多版本的民法典草案。尽管各版本在编撰体例、用词风格等方面存在差异,但均将第1条设置为立法目的条款(见表2.2)。

表 2.2 民法典(民法总则)各版本中的立法目的条款

序号	民法典(民法总则)版本	第1条	备注
1	《民法通则》(1986)	为了保障公民、法人的合法的民事权益,正确调整民事关系,适应社会主义现代化建设事业发展的需要,根据宪法和我国实际情况,总结民事活动的实践经验,制定本法。	简称为"民通"
2	《中华人民共和国民法典民法总则专家建议稿(征求意见稿)》(2015.04)[1]	为了保障民事主体的合法权益,维护社会经济秩序,维护自然人的人格尊严,促进经济社会和人的全面发展,根据宪法,制定本法。	简称为"征求意见稿"
3	《中华人民共和国民法典·民法总则专家建议稿(提交稿)》(2016.02)[2]	为了保障民事主体的合法权益,维护社会经济秩序,维护民事主体的自由和尊严,促进经济社会和人的全面发展,根据宪法和我国实际情况,制定本法。	简称为"提交稿"
4	梁慧星教授主持《中国民法典建议稿》(2013)[3]	为了保障自然人、法人和非法人团体合法的民事权益,正确调整民事关系,适应社会主义现代化建设事业发展的需要,根据宪法和我国实际情况,总结民事活动的实践经验,制定本法。	简称为"梁慧星稿"
5	王利明教授主持《中国民法典学者建议稿及立法理由·总则编》[4]	为了保障民事主体合法的民事权益,维护社会秩序,促进社会发展,根据宪法和我国实际情况,制定本法。	简称为"王利明版"
6	北航法学院课题组(龙卫球教授主持):《中华人民共和国民法典·通则编》草案建议稿(2015)[5]	为了正确调整民事关系,明确和保障民事权益,兼顾社会公平,适应建设社会主义市场经济和全面推进依法治国的需要,根据宪法和我国实际情况,总结民事活动的实践经验,制定本法。	简称为"龙卫球稿"

续表

序号	民法典(民法总则)版本	第1条	备注
7	杨立新教授主持《中华人民共和国民法总则(草案)》建议稿(2015)[6]	为了保障民事主体的合法民事权益,调整民事主体之间的法律关系,维护社会秩序,促进社会发展,根据宪法制定本法。	简称为“杨立新 1.0 稿”
8	杨立新教授2.0版《中华人民共和国民法总则(草案)》建议稿(2015)	为了保护自然人、法人的合法民事权益,规范法律关系,维护社会秩序,促进社会发展,根据宪法,制定本法。	简称为“杨立新 2.0 稿”
9	中国社会科学院民法典立法研究课题组《民法总则建议稿》(2016.03)	为了保障民事主体的合法权益,妥当调整民事法律关系,促进社会、经济与人的全面发展,根据宪法及我国的实际情况,制定本法。	简称为“孙宪忠稿”
10	全国人大法工委《中华人民共和国民法典(草案)》(2002)	为了保护自然人、法人的合法民事权益,规范民事关系,促进社会主义现代化建设事业的发展,根据宪法,制定本法。	简称为“全国人大法工委稿”
11	中国政法大学民商经济法学院民法研究所“中国民法典研究小组”《中华人民共和国民法总则(专家建议稿)》[7]	为给民商事案件的审理提供裁判依据,正确处理私法主体之间的纠纷,特制定本法。	简称为“李永军稿”
12	《中华人民共和国民法总则(草案)》(全国人大审议稿)	为了保护自然人、法人和非法人组织的合法权益,调整民事关系,维护社会和经济秩序,适应中国特色社会主义发展要求,根据宪法,制定本法。	简称为“审议稿”

注:截至2016年7月,全国人大法工委草拟《民法总则(室内稿)》,由于尚未公开,暂未列入比较讨论。为行文方便,各版本中主持人的敬称略,还望海涵。《民法典》总则编吸收了《民法总则》的内容,故《民法总则》第1条的立法进程就是《民法典》第1条的立法史。

〔1〕中国民商法律网,http://www.civillaw.com.cn/zt/t/?29169,最后访问时间:2015年12月9日。

〔2〕中国民商法律网,http://www.civillaw.com.cn/zt/t/?30198#,最后访问时间:2016年3月1日。

〔3〕参见梁慧星:《中国民法典草案建议稿附理由·总则编》,法律出版社2013年版,第4页。

〔4〕参见王利明主编:《中国民法典学者建议稿及立法理由·总则编》,法律出版社2005年版,第9页。

〔5〕中国法学创新网,http://lawinnovation.com/html/xjdt/15061.shtml,最后访问时间:2015年12月15日。

〔6〕参见杨立新等:《中华人民共和国民法总则(草案)建议稿》,载《河南财经政法大学学报》2015年第2期。

〔7〕参见李永军等:《中华人民共和国民法总则(专家建议稿)》,载《比较法研究》2016年第3期。

(一)民法典草案中立法目的条款的比较与评析

1.立法目的条款的语言风格检讨

我国关于民法典中的立法目的条款的设计,大致可以分为三种类型。类型一是以原《民法通则》为基础修改而成,如2002年全国人大法工委稿、梁慧星稿、龙卫球稿和审议稿的民法总则草案,均保留了"正确调整民事关系、总结民事活动的实践经验,制定本法"等内容。类型二是以王利明稿的《民法总则》(草案)为基础上适当完善修订而成,如杨立新稿(1.0和2.0)、孙宪忠稿、征求意见稿和提交稿,特点为"维护社会秩序,促进社会(经济与人)发展"等内容。类型三的立法目的条款所强调的是民法典的地位和作用,并没有明确表述法典的立法目的,此类型也是目前唯一比较特别的立法目的条款设计方案,如李永军稿。

关于民法典中立法目的条款语言风格的不同类型,完全代表着不同的立法思路与理念。详言之,(1)以梁慧星稿为代表的类型一,《民法总则》在设定第1条的理由为,"本条沿用民法通则第1条,只是用'自然人'取代'公民',并增加'非法人团体',本条全面体现中国民法的任务。”[1]此类型的特点在于采取相对比较保守的做法。(2)以王利明稿为蓝本的类型二比较符合立法目的条款应有的功能,其特点在于强调了民法的基本定位在于“促进经济社会和人的全面发展”。对于《民法总则》(提交稿)中立法目的条款设计的理解,王轶教授认为,21 世纪的中国民法典,恐怕不能只看重民法典的经济功能;21 世纪的民法典也不能仅仅把人认定为推动民族国家经济发展的主体,21 世纪的民法典对人的定位和期待,应当是把人看作推动人自身全面发展的主体。[2] (3)类型三所采取的设计方案比较特别,完全撇去了法典的立法目的,而单纯表达法典的具体地位和作用。

立法目的条款的功能和重要性,以及在司法实践中的积极作用已在前文述及,此不赘述。立法目的作为法典的“灵魂”所在,其语言风格将直接影响功能的发挥,否则将成为具文般的宣示性规范。所以,从语言风格上,我们不赞同类型三这种极简的做法,也不赞同类型一维持原有《民法通则》的路径,更倾向于类型二将立法目的条款功能实质化的方案,即在原《民法通则》上予以突破的风格。[3] 理由如下:其一,民法典与民法通则在性质和历史地位上存在明显差异,因此应有所区别,或者在民法通则的基础上发挥立法目的在法律解释上的作用。《民法典》颁布实施后,我国民商法学的研究方向必然更倾向于解释论,而非立法论,因而鉴于立法目的在解释论的重要地位,有必要将立法目的条款进行功能实质

---

① 梁慧星主编:《中国民法典草案建议稿附理由·总则编》,法律出版社 2013 年版,第 4 页。

② 参见王轶:《民法典编撰如何体现中国特色》,载中国法学网 2016 年 3 月 10 日,http://www.iolaw.org.cn/showNews.aspx?id=45609。

③ 但不因此代表我们赞同类型二的内容设计,后文将详述。

化,非宣示性规范。其二,类型三的极简方案将立法目的条款设定为一种宣示性规范,但该方案的第 1 条实质上是表述民法典的作用,并非阐述民法典的本位及价值,削弱了立法目的条款在解释论中的功用,因此类型三的方案值得商榷。

2. 立法目的条款的定位检讨

在当时我国的各民法典草案中,对于立法目的条款的定位也不尽一致。其一,梁慧星稿与孙宪忠稿《民法总则》均将第 1 条与第 2 条在中单独设置成"立法目的与调整对象",作为"第一章　一般规定"的"第一节",并与基本原则进行区分。其二,龙卫球稿《民法总则》将作为立法目的条款的第 1 条与调整对象、民法的形式渊源、适用方法、适用效力等内容列为"第一节　本法的适用",并与"第二节　基本原则"予以区分。其三,《民法通则》将第 1 条列为"基本原则"之下,中国民法典编纂小组与中国民法学会所公布的《民法总则》(征求意见稿)将立法目的条款与基本原则等内容列为"第一节　基本原则",该做法并延至《民法总则》(提交稿)以及 2016 年 6 月 27 日全国人大常委会的"审议稿"。其四,王利明稿中将第 1 条与调整对象、基本原则等内容列在"第一节　民法的调整对象和基本原则"之下。杨立新版则将立法目的条款与调整范围、效力范围共同列为"第一节　立法目的与调整范围"。其五,李永军稿将第 1 条列为"第一章　一般规定"之下,同时并未将民法基本原则专门设置成法律规范。

可见,关于第 1 条作为立法目的条款的定位问题尚未达成统一意见,民法学术界也并未注意到此点。从比较法上观察,美国的制定法一般都包含立法目的条款,其一般在序言中予以说明。[①]

① See Linda D. Jellum, *Modern Statutory Inrterpretation*: *Problems*, *Theories*, *and Lawyering Strategies*, Carolina Academic Press, 2009, p. 204.

因此,比较法上的立法目的条款均是作为总则性内容,在法典开头进行说明。这点与我国现行法律体系中的立法目的定位相同,也与我国民法总则各版本草案相同(均在第一章一般规定或总则之下的第1条予以规定)。

唯有争议的是,立法目的条款是否要与民法基本原则在立法上是否需要进行区分,此争议不仅涉及立法技术问题,还将成为法解释学以及法适用的问题。所以,需要对立法目的条款的定位问题进行谨慎审视。

从法理学分析立法目的条款的定位问题,首先要考虑的是立法目的条款性质上为基本原则,抑或是法律规则?法律原则是指能够作为法律规则基础或本源的原理或准则,具有一般性和稳定性特征。① 法律规则是指由国家制定或认可,由国家强制力保证实施的,以权利义务为中心内容的行为规则。② 法律规则一般具有条件、模式和后果三部分组成,并具有可重复适用性,这是判断是否属于法律规则的核心。第1条作为立法目的条款显然不具有三要素,也不具有可重复适用性,因此不属于法律规则。总之,立法目的条款与基本原则置于同一部分的立法方案不太妥当。

此外,从民事法律体系中的立法惯例来看,立法目的条款的定位也显得比较混乱。如原《合同法》和原《侵权责任法》、《涉外民事关系适用法》的第1条均列于“第一章　一般规定”之下;原《担保法》和原《继承法》、《商标法》、《著作权法》、《专利法》的第1条作为“第一章　总则”的内容;原《物权法》的第1条则

① 参见高其才:《法理学》,清华大学出版社2007年版,第47页。

② 参见高其才:《法理学》,清华大学出版社2007年版,第52页。

作为“第一编总则　第一章基本原则”的内容。《民法典》第1条到底应作为“一般规定”还是“总则”，或是“基本原则”呢？对此，梁慧星教授认为，民法典总则编的“一般规定”，表述立法者对民法的基本态度……“一般规定”的内容比“总则”更抽象，可谓对抽象的再抽象，它不是具体规定当事人权利义务的行为规范，而是属于立法者、执法者和民事主体均须遵循的指导性的、原则性的、宣示性的规范，是构成整个民法典规则体系和现代法治的“基石性”原则。这些原则一旦发生动摇，整个民法典体系乃至现代法治都有崩溃之虞。在总则编设置“一般规定”，不仅能够使民法典体系恢宏、法度谨严，其重要意义更在于为民法典体系乃至现代法治奠定根基。设置“一般规定”，也是中国民事立法的惯例。[①] 因此，立法目的条款定位于“一般规定”更为合理。同时，鉴于立法目的条款并不是基本原则（法律原则），因此在立法时，应对两者进行区隔。

3. 立法目的条款内容之检讨

条款内容是法律规范的核心，既有立法技术上的体现，也有立法价值的彰显。各版本中的立法目的条款在内容上有一定的规律性，但也有不足性。

（1）内容上的一些规律性问题。其一，各版本中《民法总则》第1条中的内容，其逻辑顺序基本上遵循由直接到间接、具体到抽象、微观到宏观的规则，符合《立法技术规范（试行）（一）》的要求。如从保护民事主体的利益，到维护社会秩序，再到促进社会发展的顺序，简洁明了地表达了在目的上由直接到间接，规范内容从具体

---

① 参见梁慧星主编：《中国民法典草案建议稿附理由·总则编》，法律出版社2013年版，第3页。

到抽象,利益保护从微观到宏观的排列规则。其二,各版本第1条基本上注重调和宪法与民法之间关系。其表述或者是“根据宪法和我国实际情况,制定本法”,或者为“根据宪法,制定本法”。前者为《民法通则》目前所规定的内容,后者为现有法律一般采用的表述规则(审议稿目前也采用此种做法)。值得推敲的是,中国法学会民法典编纂小组与中国民法学研究会所主持的前后两个草案版本正好在这个问题上存在差异,如《征求意见稿》(2015)中表述为“根据宪法,制定本法”,而《提交稿》(2016)中的表述却为“根据宪法和我国实际情况,制定本法”。可见,两者具体的差别如何,是否在规范内涵上存在迥异,值得探究。其三,关于民法典的主体制度上存在一分法、二分法和三分法三种方案。“一分法”的方案将我国民法典的保护对象表述为“民事主体”或“私法主体”,多数版本的《民法总则》草案均采此做法;“二分法”方案将保护对象区分为“自然人”和“法人”予以表达,如民通;而“三分法”方案则分为“自然人”、“法人”和“非法人团体”,如梁慧星稿和审议稿。

(2)内容上的不足性问题。第一,我国现行立法体例为民商合一,编纂民法典也将保持民商合一的立法思路。但现有各版本草案中的第1条,基本上都是侧重于民事关系的调整,而忽略商事关系,如在涉及主体、权益和关系的表达上几乎均以“民事主体”“民事权益”“民事关系”等“民事”为主。诚然,从法解释学角度认为,我国实行民商合一立法体例,那么可以运用解释学方法将商事主体解释为民事主体的一个内容。但是,既然是解释学方法,那么就有不确定的空间。同时,以梁慧星版为例,其第1条设计时所参考的立法例,只提及原《民法通则》《担保法》《合同法》《收养法》

和原《继承法》[①]等传统民事单行法，并未提及商事法律和知识产权法律。可见，该起草第 1 条的思路似乎仍以传统民法思维为主导。第二，各版本民法总则草案彰显商法价值之不足。立法目的条款本应表达立法价值的主要渠道，现有的各版本草案中关于立法目的条款的设计却在价值彰显之中缺乏足够的表达。民法典要么反映是"适应社会主义现代化建设事业发展的需要"，要么是"维护社会经济秩序，维护自然人的人格尊严，促进经济社会和人的全面发展"，要么是"正确调整民事关系"，这些立法价值均从传统民法角度出发，没有兼顾和体现商法理念与价值。第三，各版本民法总则仍然与政策（政治）紧密联系一起。当然，有学者提出编纂民法典的指导思想是十八届四中全会关于全面依法治国决定所形成的马克思主义中国化的法哲学思想。[②] 诚然，我国立法机关在制定立法活动中的确有立法指导精神。但立法指导思想与立法目的是截然不同的，也并不代表政策或政治等词汇就需要作为立法目的的内容。并且，《立法法》第 3 条规定了立法时应遵循的指导原则，[③]因此也没有必要在立法目的条款中予以体现。将政治性用语纳入立法目的条款，那么民法典的第 1 条将存在不稳定性的风险。民法典与宪法具有本质的不同，宪法是公法之母，作为私法基本法的民法典应保持一定的谨慎。

以上诸多规律和不足，李永军稿草案的第 1 条均未涉及，甚至

---

① 参见梁慧星：《中国民法典草案建议稿附理由·总则编》，法律出版社 2013 年版，第 6 页。

② 参见刘士国：《编纂民法典的时代背景与指导思想》，载《法治研究》2016 年第 3 期。

③ 《立法法》第 3 条："立法应当遵循宪法的基本原则，以经济建设为中心，坚持社会主义道路、坚持人民民主专政、坚持中国共产党的领导、坚持马克思列宁主义毛泽东思想邓小平理论，坚持改革开放。"

还强调了民商事关系的处理,如“民商事案件”“私法主体”。[①] 但该版本中第1条的最大问题在于,如此极简的方案将放大民法典工具性特点,而掩盖了民法典立法价值的表达。

(二)民法典中立法目的条款设计的基本面向

1. 民法典中立法目的条款的设计应协调民法和商法之间关系

自《中华民国民法》确立民商合一立法体例以来,我国民事法律制度虽几经波折沉浮,但基于路径依赖的影响,[②]依旧遵循民商合一立法体例。尽管,民法学术界就编纂民法典以及民法总则是否需要协调民法与商法之间的关系,明确提出了“民法典编纂时应摆正民法与商法之间的关系”的基调,[③]我国民法总则的制定应当在民商合一体例下完成,因而民法典的基本价值和民法总则制度的具体构建都必须以该体例为背景进行设计。[④] 但遗憾的是,不管是中国民法学研究会提供的立法建议稿,还是全国人大常委会法工委的建议稿,对于民和商的关系问题绝大多数是回避的。[⑤]

相反,商法学术界就如何协调民法与商法之间关系的路径问题上作出了比较积极的反应。2015年5月中国商法学研究会向

---

① 李永军稿《民法总则》(中国政法大学民商经济法学院民法研究所“中国民法典研究小组”)最大的特色在于,注重民商关系的协调,如在第一章“一般规定”之中的总则性条款中,在第2条、第6~9条、第11条均以“民商事活动”“民商事法律”代替其他草案中“民事活动”和“民事法律”。可见,妥善协调民法与商法之间关系是李永军稿《民法总则》主要特色之一。

② 参见刘颖:《中国民法中的“层累现象”初论——兼议民法典编纂问题》,载《东方法学》2015年第3期。

③ 参见崔建远:《编纂民法典必须摆正几对关系》,载《清华法学》2014年第6期。

④ 参见王利明:《民法总则的制定应体现民商合一体制》,载《法制日报》2015年5月27日。

⑤ 参见张谷:《对当前民法典编纂的反思》,载《华东政法大学学报》2016年第1期。

中国法学会正式提交了《关于民法典编纂中统筹规划商事立法的建议》和《关于民法典专家建议稿的修改意见》两份书面报告，提出了在《民法总则》之外，单独《商事通则》的方案。蒋大兴教授认为，"若在法典编纂上（指法律调整社会关系的内容方面）采'民商合一'的构造路径，则民法总则作为全部私法关系之总纲，不仅要反映一般民事关系法律调整之需求，还要反映特别商事关系法律调整之需求"。[①] 他就如何协调民商之间关系的实现路径上提出了六大解决方案的比较优劣。[②]

可见，民法学术界与商法学术界就民法典编纂如何协调民商之间关系的构造路径上产生了不同意见。但不管提出的方案如何，民法与商法学术界都承认现行立法模式为民商合一，此为当前学术界的共识。鉴于作为民法典第 1 条的立法目的条款在民法与商法之间协调问题上存在缺位，我们认为，实现民商关系的协调路径上应以此共识为基础求同存异。协调路径是，在民法典的立法目的中要兼顾民事与商事关系的调整需求，在设计《民法典》（民法总则）第 1 条时应协调民法和商法之间关系。具体表现为两个方面，其一，在《民法典》中的主体制度中予以反应。如前述，当前各版本中关于权利主体有"一分法"、"二分法"和"三分法"的方案，但弊端在于当前三种方案中都尚未协调

---

① 蒋大兴：《论民法典（民法总则）对商行为之调整》，载《比较法研究》2015 年第 4 期。

② 蒋大兴教授认为，"最优—优 1"方案是，独立商法典；"次优—优 2"方案是，变形《商法典》，即内涵于民法典中的《民法典（下编）——商法通则与特别商法》；"可替代之最优—优 3"方案，是分立式，即与民法典并行之商法通则；"可替代之次优—优 4"方案，是独立成编式，即在民法典内制定商法通则；"可替代之次优—优 5"方案，是独立成章式，即在民法典之民法总则中独立设章，规范商法通则之内容；"最劣—优 6"方案，是融合式，即将商法通则全部分解，设定具体条款融入民法总则各章节中。参见蒋大兴：《论民法典（民法总则）对商行为之调整》，载《比较法研究》2015 年第 4 期。

民法与商法之间关系,我们认为,应采取“一分法”方案,并将“民商事主体”代替“民事主体”,在表述上更加明确民法与商法之间的关系,因为在现代社会生活中,民商事主体(尤其是商个人与民事自然人)之间的界分已经非常模糊。随着网络科技的发展以及互联网活动频繁,在B2C、O2O等网络交易中自然人参与商事活动的机会增多,任何一个具有完全行为能力的自然人都可以通过B2C和O2O等平台作为商个人从事营利活动;并且在总则(一般规定)中均以“民事”替换为“民商事”,①以突出民商事之间的协调关系。其二,在第1条的立法价值理念的构建上予以关照民商关系。当时的草案规定中第1条只关注传统民法的价值追求,而以民商合一立法模式的未来民法典,应同时在1条为商事活动提供价值参考和指引。

2. 民法典中立法目的条款的设计应彰显民法典追求的价值

法的目的价值在法典中具有重要地位,如何彰显法典追求的价值是法典立法时的技巧性问题,也是利益衡量的过程。法律规定的立法目的,不仅是要表达立法者制定法律的宗旨与目标,而且为法律适用和法律遵守提供指导。立法目的通常表现为法律所追求的一定实然的社会秩序,侧重于法律适用和法律遵守的直接结果,侧重于法律的社会功能。② 目的价值系统在整个法的价值体系中占据突出的基础地位,是法的社会作用所要达到的目的,反映着法律制度所追求的社会理想。③ 同时,法的目的价值构成了法律制度所追求的社会目的,反映着法律创制和实施的宗旨,是关于

---

① 如李永军稿《民法总则》所采用的方案。

② 参见王利明:《法律解释学导论——以民法为视角》,法律出版社2009年版,第301页。

③ 参见张文显主编:《法理学》(第2版),高等教育出版社2003年版,第364页。

社会关系的理想状态是什么的权威性蓝图，也是关于权利义务的分配格局应当怎样的权威性宣告，无疑法的目的价值是整个法的价值体系的基础。① 因此，目的价值最集中于体现着法律制度的本质规定性和基本使命。②

民法应以“关心人、培养人、发展人、使人之为人”作为立法的基本使命和基本任务，体现为对人主体属性的全面弘扬与保护，以及对权利的彰显与保障，也体现为人的自由的全面实现的全面发展。对于民法典价值取向的追求，梁慧星教授认为民法典在价值取向上以权利本位为主，兼顾社会公共利益，兼顾对个人物质生活条件的保障与对人格尊严的尊重；充分贯彻意思自治原则，强调对人民私权的切实保护，非基于社会公共利益目的并依合法程序不得予以限制；尽量兼顾社会正义与经济效率，兼顾交易安全与交易便捷，切实贯彻两性实质平等与保护弱者的原则，为在中国最终实现法治和现代化奠定民事法制基础。③

但是，商法与民法在价值追求上存在差异。商法交易面与管制面的双重结构，使商法在解释上有异于民法之处，处理商事纷争自应本于商法观点，包括各领域单行法之法律规范目的、商业事物本质、经济观点等出发，不可一概从民法脉络途径思考。④ 一般认为，商法的功能在于规范商人，保护商人的合法权益；规范商行为，实现商事交易快速、安全和秩序的统一；保护投资者的利益，实现商人的利益、投资者利益和社会利益的协调三个层次。⑤

---

① 参见张文显主编：《法理学》（第 2 版），高等教育出版社 2003 年版，第 364 页。

② 参见张文显主编：《法理学》（第 2 版），高等教育出版社 2003 年版，第 364 页。

③ 参见梁慧星：《中国民法典草案建议稿附理由 · 总则编》，法律出版社 2013 年版，第 6 页。

④ 参见王文宇：《从商法特色论民法典编纂》，载《清华法学》2015 年第 6 期。

⑤ 参见王保树：《商法总论》，清华大学出版社 2007 年版，第 41 ~ 43 页。

因此商法的理念也与传统民事法律迥异,商法理念包含了商法的精神与价值等体现商法本质属性的基本理论范畴,其理念大致有强化私法自治、营业自由和投资自由、保护营利和严格责任。[①] 商法的理念与民法价值的最主要的区别是,商事主体在法律框架内的进行逐利的商事行为,并以营利为目的进行商事活动,并且商法追求维护交易公平、交易简便快捷以及寻求交易安全的基本原则。

总之,法的目的价值具有多元性,以民商合一立法模式的民法典为例,其目的价值应包含了民法价值与商法理念。因为,法的目的价值的多元性,是与人的要求的多样性和法所调整的社会关系的多样性直接联系在一起。[②]

3. 民法典中立法目的条款的设计应注重宪法与民法之间的关系

从前文分析可知,我国民事法律体系均有"根据宪法,制定本法"表述。[③] 我们不必对于"根据宪法、制定本法"过度解读,应保持理性态度予以对待。因为,从立法技术角度讲,"根据宪法,制定本法"只是确定立法依据的形式之一,也是我国法治发展过程中的立法惯例之一。

关于立法依据的设置存在两种路径,路径之一为"根据宪法,制定本法",路径之二为"根据宪法和我国实际情况,总结民事活动的实践经验,制定本法"。如何确定立法依据的内容,应根据《立法技术规范(试行)(一)》的要求。就立法依据而言,全

---

① 参见范健、王建文:《商法的价值、源流及本体》(第2版),中国人民大学出版社2007年版,第27~49页。

② 参见张文显主编:《法理学》(第2版),高等教育出版社2003年版,第365页。

③ 虽然各民事单行法和各民法总则草案中的表述存在差异,但基本意思一致。

国人大常委会法制委员会制定的《立法技术规范(试行)(一)》(法工委发〔2009〕62号)5.2规定:“法律一般不明示某部具体的法律为立法依据。但是,宪法或者其他法律对制定该法律有明确规定的,应当明示宪法或者该法律为立法依据。表述为:‘……根据宪法,制定本法。’或者‘……根据《中华人民共和国××法》的规定,制定本法。’”可知,为统一立法依据内容,作为私法基本法的民法典(民法总则),也应遵循《立法技术规范(试行)(一)》的要求。故而,第1条中的立法依据应剔除与其内容无关的表述,即删除“我国实际情况,总结民事活动的实践经验”等用语,确定为“根据宪法,制定本法”为妥。

五、结语:简评《民法典》第1条

在我国民事法制发展进程中,立法目的条款逐渐在民事法律体系中第1条确立,也是我国立法惯例之一。立法目的条款,作为民法典(民法总则)中的第1条,居于法典的首要地位,其不仅是立法技术的产物,更是体现立法价值取向的窗口,因此,如何科学地确定和表达我国民法典中的立法目的就显得尤为重要。我们认为,中国《民法典》第1条的文本设计,应坚持统合民法与商法之间关系、彰显私法价值、注重宪法与民法之间关系等基本面向。

2017年施行的《民法总则》第1条规定,为了保护民事主体的合法权益,调整民事关系,维护社会和经济秩序,适应中国特色社会主义的发展要求,弘扬社会主义核心价值观,根据宪法,制定本法。此条内容被2020年颁布的《民法典》所沿袭。与原《民法通则》中的立法目的条款相比,《民法典》第1条有以下三点变化:将“民事主体”代替“公民、法人”,将“适应社会主义现代化建设事业的需要”修订为“适应中国特色社会主义发展要求”,并新增“弘扬社会主义核心价值观”。当前《民法典》第 1 条的内容,为新时代立法目的条款的解释带来新的课题。

第三章　国家政策的历史贡献与法典回应*

一、问题的提出

私法自治是民法的基本原则之一。自《法国民法典》以来，大陆法系经历了以个人本位的近代民法到社会本位的现代民法的发展，表现之一就是传统的私法自治原则越来越受到限制，国家力量开始干预民事活动。因此，如何调和公私法的接轨问题是现代民法中的重要课题之一。① 而私法与公法的转轴就是用来调和接轨问题的工具。国家政策曾规定于原《民法通则》第 6 条："民事活动必须遵守法律，法律没有规定的，应当遵守国家政策"，具有中国语境下的功能与含义。

---

* 本文原题为《论民法中的国家政策》，发表于《华东政法大学学报》2014 年第 6 期，发表时有删减。本文荣获 2013 年全国博士生学术论坛（法学）一等奖。

① "与公法的接轨的转轴"的相关论述，参见苏永钦：《民事立法与公私法的接轨》，北京大学出版社 2005 年版，第 27～36 页。

因为该条一方面确立了国家政策作为转轴之一，具有调和私法与公法接轨的功能；另一方面又确立了国家政策是民法[①]的非正式法律渊源，具有法律漏洞填补的功用。然而，我国民法理论界对"国家政策"的研究十分不够，甚至有的学者对它产生了误读，[②]法官在司法裁判过程中对它的适用也存有争议。国家政策是怎样成为我国民法的非正式渊源，在法律体系中有何影响力，应怎样界定它的范围？国家政策又通过何种方式影响民事裁判，司法实践中又有哪些类型的国家政策，而且在多大程度上影响了民事活动？国家政策在民法体系中应如何正确定位？基于上述疑惑，有必要对我国语境下的"国家政策"进行深入探讨，本书从历史变迁中的"国家政策"和司法实践中的"国家政策"为研究路径，以全面的角度解剖"国家政策"，并借此对国家政策在民法体系中的定位进行反思与展望。

二、历史流变中的"国家政策"

历史流变中的"国家政策"，主要是指国家政策在历史时期各阶段的作用以及法律文本中的变化。政策，一般是指"国家或政党

---

① 我国采民商合一主义，因此本书所指民法为广义上的民法，包含民事法和商事法。

② 到目前为止，专门研究"国家政策"的文献，只有蔡守秋教授的"国家政策与国家法律、党的政策的关系"一文（《武汉大学学报（社会科学版）》1986 年第 5 期）；张新宝教授在其《民事活动的基本原则》著作中也有涉及"国家政策与法律"之间的讨论，参见张新宝：《民事活动的基本原则》，法律出版社 1986 年版，第 35 ~ 40 页。学术界虽然有人将国家政策认为是"公共政策"，参见宋亚辉：《公共政策如何进入裁判过程》，载《法商研究》2009 年第 6 期；或将"政策"等同于"公共政策"，参见李友根：《司法裁判中政策运用的调查报告》，载《南京大学学报（哲学·人文科学·社会科学）》2011 年第 1 期；还有一些论文以"经济政策""民事政策"为研究主题的文献，但这些论述不仅没有注意到这些概念均与"国家政策"有一定的差异，也忽视了《民法通则》第 6 条的地位和作用。

为实现一定历史时期的政治、经济、文化等任务而制定的统一的行动准则和依据”。[①] 现分别从国家政策成为非正式法律渊源的历史变迁、法律文本中“国家政策”的变迁等方面进行考察。

（一）国家政策成为非正式法律渊源的历史变迁

国家政策作为我国民法的非正式法律渊源，有着特定的历史背景和渊源。追根溯源，国家政策作为法律渊源应从解放战争后期中共中央废除《六法全书》开始，循其变迁的过程，大致经历了三个阶段。

1. 以国家政策为主导阶段（1949～1985 年）

此阶段始于废除《六法全书》之时，结束于《民法通则》通过之时。在这一阶段的国家政策主要是指党的政策，党的政策代替民事法律在民事活动司法裁判中起着主导作用。

（1）民事活动司法裁判以国家政策为主导源于对政策的定位。1949 年 2 月 22 日《中央关于废除国民党〈六法全书〉和确定解放区司法原则的指示》的文件在近代中国法制史上产生了深远影响，同时也对我国民事法律与国家政策之间关系进行了定位。如“在无产阶级领导的以工农联盟为主体的人民民主专政的政权下，国民党的《六法全书》应该废除，人民的司法工作不能再以国民党的《六法全书》作依据，而应该以人民的新的法律作依据，在人民的新的法律还没系统地发布以前，则应该根据以共产党的政策以及人民政府与人民解放军所已发布的各种纲领、法律、法令、条例、决议作依据”。[②] 由此，该指示将政策定位于我国法律的非正式法律渊源，也为此后政策在司法裁判中起主导性作用留

① 张光博主编：《简明法学大辞典》，吉林人民出版社 1991 年版，第 1192 页。

② 中央档案馆编：《中共中央文件选集》第 18 册，中共中央党校出版社 1992 年版，第 152 页。

下了可能。[①] “无论是《指示》还是《训令》,皆要求司法机关办案有纲领、法律、条例、命令、决议等规定的从规定,无规定者从政策。可见,在无法律规定情形下,政策即是法律,可司法律之职。”[②]应注意的是,此时的国家政策主要指共产党的政策。

(2)民事立法的缺失是国家政策成为主导的原因之一。新中国成立以后,各方面立法工作进展缓慢。民事立法方面,在 1950 年就颁布了《婚姻法》,虽然此后多次提及《民法典》的制定,也有多稿《民法典》(草案),但民法典的立法工作一直跌宕起伏。此外,这时的国务院(政务院)为恢复和发展国民经济还相继颁布了一些民事法规,[③]但民事活动的规制基本上以国家政策为主导。[④]如最高人民法院于 1963 年 8 月 28 日、1979 年 2 月 2 日、1984 年 8 月 30 日分别发布了《关于贯彻执行民事政策几个问题的意见》《关于贯彻执行民事政策法律的意见》《关于贯彻执行民事政策法律若干问题的意见》,这三份“意见”在民法通则未颁布之前一直是法院在不同时期民事裁判活动中最重要的依据。20 世纪 80 年代初期,随着经济开放、政治氛围宽松之后,我国民事立法工作才逐步得到恢复,表现为 1980 年《婚姻法》的修订、1981 年《经济合同法》的颁布、1982 年的《商标法》、1985 年《继承法》和《涉外经济合同法》的通过,等等,这些单行民事法律法规填补了民事法律的空白。但是,在《民

---

① 其实在此之前,在局部范围内也有类似的规定。中央书记处于 1949 年 1 月 20 日通过的《关于接管平津国民党司法机关的建议》也提到“宣布国民党政府一切法律无效,禁止在任何刑事民事案件中,援引任何国民党法律。法院一切审判,均依据军管会公布之法令及人民政府之政策处理”。参见中央档案馆编:《中共中央文件选集》第 18 册,中共中央党校出版社 1992 年版,第 62 页。

② 范进学:《废除南京国民政府“六法全书”之思考》,载《法律科学》2003 年第 4 期。

③ 参见王作堂等编:《民法教程》,北京大学出版社 1983 年版,第 15 ~ 24 页。

④ 参见何勤华、李秀清、陈颐主编:《新中国民法典草案总览》(下卷),法律出版社 2003 年版,第 320 ~ 348 页。

法通则》未颁布之前,我国三十多年来一直处于没有民事基本法的状态,民事立法的缺位和滞后导致在民事活动和裁判过程中仍然需要大量运用国家政策进行指引。

(3)关于法律与国家政策之间关系的法学思潮从侧面反映了国家政策的主导地位。国家政策的主导地位不仅反映在立法、司法上,还体现在思想(法学思潮)上,此时关于法律与国家政策之间的法学思潮主流观点为"由于法律和政策都是同一经济基础的产物,都是体现着统治阶级的意志和为其政治目的而服务,因而它们的互相关系是非常密切的。所区别的是法律具有特殊强制力,并且不包括全部政策,它仅是政策的主要表现形式和最有效的形式。因此,政策是法律的灵魂,法律是政策的定型化;法律是随着政策的变化而变化的"。[①] 这些思潮从侧面上反映了国家政策作为主导地位的观念深入人心。

2. 国家政策和法律混合规制阶段(1986 ~ 2010 年)

此阶段起于《民法通则》施行之时,完结于 2011 年中国特色社会主义法律体系基本建成时期。政策和法律的混合规制阶段,主要是指国家政策和法律共同在民事活动中发挥作用。

(1)国家政策和法律的混合规制源于对政策的重新定位。1986 年通过的《民法通则》是新中国第一部民事通则性规定,是民事立法的重大进步,"它具有'准民法典'的性质。因而它在中国民商法发展史上占据极其重要的地位。它标志着中国民商法向法典化、体系化方向迈出了关键性的一步……《民法通则》第一次较为全面地规定了民法的基本问题,确立了有中国特色的民法的基

① 朱恩霖:《法律和政策的关系》,载《法学》1957 年第 6 期;何勤华主编:《法学的历史》(第 1 卷),法律出版社 2012 年版,第 1033 页。

本框架”。[①] 其中,《民法通则》第 6 条确立了国家政策和法律的混合规制的地位。

(2)民事立法的逐步完善是国家政策和法律混合规制的原因。自 1986 年《民法通则》颁布以后,全国人大和国务院加大了立法工作力度,民事法律法规逐渐增多。如《公司法》(1993 年、2005 年修正)、《保险法》(1995 年、2009 年修正)、《证券法》(1998 年)、《票据法》(1995 年、2004 年修正)、《合同法》(1999 年)、《物权法》(2007 年)、《侵权责任法》(2009 年)等民事单行法律法规,随着经济的发展和社会的进步,在法律层面逐步完善了民事法律体系。国家政策的适用空间也渐渐地被法律挤占,形成了国家政策和法律混合规制作用的局面。

(3)关于法律与国家政策之间关系的法学新思潮反映了国家政策与法律混合规制状态。20 世纪 80 年代中期,随着经济体制改革的不断深入,民事立法也逐步完善,学术界对法律与政策之间关系的认识掀起了一股新的思潮。其一,开始认识到国家政策和党的政策有所区分。国家政策是指党的政策通过国家立法机关或者国家行政机关的规范性文件表现出来。[②] 其二,开始认识到国家政策已经成为我国社会生活中的一个重要因素,是作为一种客观存在,我们对其不能采取回避的态度,而应进行认真主动的研究。[③] 其三,正确认识了法律与国家政策之间的关系,认为法律是

---

① 余能斌、侯向磊、余立力:《世纪之交看新中国民商法的发展》,载《法学评论》1998 年第 5 期。

② 参见最高人民法院《民法通则》培训班:《民法通则讲座》,北京市文化局出版处 1986 年版,第 87 ~ 88 页。

③ 参见蔡守秋:《国家政策与国家法律、党的政策的关系》,载《武汉大学学报(社会科学版)》1986 年第 5 期。

上升为法的形式的国家政策,国家政策是法律的必要补充。[①] 同时摒弃了"国家政策是创制法律的依据,法律是政策的工具"的落后观点。

3. 以法律为主导阶段(2011 ~)

随着社会主义民主与法制的不断健全,大多数社会关系应过渡到由法律进行调整,民事活动也主要遵循法律,[②]也就是民事活动要回归到以法律为主导的阶段,中国特色社会主义法律体系的基本建立为此提供了重要契机。"截至 2011 年 8 月底,中国已制定民法商法方面的法律 33 部和一大批规范商事活动的行政法规、地方性法规。"[③]至此,我国形成了比较完善的民事法律体系,改变了过去民事立法严重不完备的状况。这一改变对我国民事活动有双重影响,一方面极大地挤压了国家政策在民事活动中的生存空间;另一方面民事活动开始形成以法律为主导规制的局面。

(二)法律文本中的"国家政策"的变迁

在我国法律体系中,以法律的形式将"国家政策"确定在法律文本中的做法,并不是原《民法通则》的特例。"国家政策"不仅出现在民法体系内,还散见于民法体系之外;不仅存在于立法史上,

---

① 参见张新宝:《民事活动的基本原则》,法律出版社 1986 年版,第 37 ~ 38 页。

② 参见张新宝:《民事活动的基本原则》,法律出版社 1986 年版,第 38 页。

③ "随着市场经济的发展,中国陆续制定了合同法、物权法、农村土地承包法等法律,建立健全了债权制度和包括所有权、用益物权、担保物权的物权制度;制定了侵权责任法,完善了侵权责任制度;制定了婚姻法、收养法、继承法等法律,建立和完善了婚姻家庭制度;制定了涉外民事关系法律适用法,健全了涉外民事关系法律适用制度;制定了公司法、合伙企业法、个人独资企业法、商业银行法、证券投资基金法、农民专业合作社法等法律,建立健全了商事主体制度;制定了证券法、海商法、票据法、保险法等法律,建立健全了商事行为制度,中国的海上贸易、票据、保险、证券等市场经济活动制度逐步建立并迅速发展。"参见《〈中国特色社会主义法律体系〉白皮书》,载中央政府门户网 2013 年 4 月 20 日,http://www.gov.cn/jrzg/2011 ~ 10/27/content_1979498.htm。

还存于现行法之中。可见,“国家政策”不仅在我国民法上有一定影响,还在整个法律体系内有重要作用;它的存在既有特定的历史背景和因素,也有现行法因素的考虑。现就法律文本中的“国家政策”的变迁进行考察。

1. 民法体系外的“国家政策”

民法体系外的“国家政策”(见表 3.1),可以看到“国家政策”除在原《民法通则》之外,还广泛存在于其他单行法之中并分别产生不同程度的影响。国家政策虽然在各单行法中承担不同的角色发挥不同的作用,但它们都有一个共同点,那就是都将“国家政策”与法律并列。特别应注意的是,第一,国家政策和法律一样,都是农村土地承包经营纠纷仲裁直接适用的依据;也就是说,在农村土地承包经营纠纷仲裁中既要遵守法律,也要遵守国家政策,这与原《民法通则》第 6 条将“国家政策”作为填补法律漏洞的工具稍有不同。第二,2001 年旧《律师法》中还提到“国家政策”,但在 2012 年新《律师法》中却将该条删除,似乎顺应了律师事务所脱离国有制、逐渐融入市场化的趋势。可以肯定的是,国家政策在律师事务所日常工作中的影响力趋于减弱。第三,除《律师法》之外,其余单行法都在不同程度上有组织法的色彩,即规定各种机制的组成或运行程序,含有一定公法的性质,这就能合理地解释“国家政策”为什么出现在这些单行法条文中。

表 3.1 民法体系外的“国家政策”

法律名称	与“国家政策”有关的条文
《中华人民共和国全国人民代表大会组织法》(1954 年)	第 32 条提到“人大代表主动地协助宪法、法律和国家政策的实施”。

续表

法律名称	与"国家政策"有关的条文
《中华人民共和国宪法》(1982 年 12 月)	第 115 条中"贯彻执行国家的法律、政策"。
《中华人民共和国民族区域自治法》(1984 年 5 月)	在序言和第 4 条中两次提到"贯彻执行国家的法律和政策",在第 26 条、第 66 条等条中政府行政机关的角度提到"政策"。
旧《中华人民共和国律师法》(1996 年 5 月)	第 22 条提到"按照章程组织律师开展业务工作,学习法律和国家政策,总结、交流工作经验",但此条内容在 2012 年《中华人民共和国律师法》中被删除。
《中华人民共和国农村土地承包经营纠纷调解仲裁法》(2009 年 6 月)	第 9 条提到"讲解有关法律以及国家政策",第 15 条提到仲裁员应当是"在当地威信高,并熟悉农村土地承包以及国家政策的居民",第 16 条提到"对仲裁员进行农村土地承包法律以及国家政策的培训",第 44 条还提到"应当依据认定的事实和法律以及国家政策作出裁判并制作裁决书"。
《中华人民共和国行政监察法》(2010 年 6 月)	第 23 条提到"决定、命令、指示违反法律、法规或者国家政策,应当予以纠正或者撤销的"。
《中华人民共和国人民调解法》(2010 年 8 月)	第 3 条提到"不违背法律、法规和国家政策",第 22 条提到"讲解有关法律、法规和国家政策"。

2. 民法体系内的"国家政策"

原民法体系内的"国家政策"主要表现在我国原《民法通则》第 6 条,在此之前的民事法律文本中唯有在《经济合同法》(1981 年 12 月)出现过,如第 4 条提到"订立经济合同,必须遵守国家的法律,必须符合国家政策和计划的要求",第 7 条提到"违反法律和国家政策、计划的合同为无效经济合同"。除此之外,"国家政策"并没有规定在任何其他民事法律中。

此外,我们还发现在 20 世纪 60 年代初起草的多部《民法典》

(草稿)中也有类似原《民法通则》第 6 条关于“国家政策”的规定,如 1963 年 4 月的《中华人民共和国民法》(草稿)第 5 条中规定“一切单位和公民个人的经济活动,必须遵守国家统一的政策、法令和规章制度,不得违反”。[①] 在此后 1963 年 6 月 8 日、7 月 9 日、1964 年 7 月 1 日、11 月 1 日的各个版本《民法》(草案)中都有相似的规定。[②] 但是,在 20 世纪 80 年代各个版本的《民法》(草案)中却都没有出现“国家政策”,而是强调“任何组织和公民行使民事权利和承担民事义务,都必须遵守国家法律和社会主义道德”,[③] 即使在最后版本的《中华人民共和国民法总则(讨论稿)》(1985 年 7 月 10 日)中,第 5 条仍为“民事活动必须遵守国家法律,尊重公共生活准则和优良的社会风尚”[④]。无论是“社会主义道德”还是“公共生活准则和优良的社会风尚”,两者本质上相差并不大。很明显,1985 年版的《民法总则(讨论稿)》的第 5 条前款与原《民法通则》第 6 条前款一模一样,只是后款内容有所变化,将“国家政策”代替了“公共生活准则和优良的社会风尚”。无论是哪个草案的版本,立法者注意到了法律囿于各种因素的影响必然会存在法律漏洞,应规定法律漏洞的填补方法。因此,最后立法者只是在填补工具的选择问题上摇摆不定。

为何 20 世纪 80 年代各个版本的《民法》(草案)均没有提及

---

① 参见何勤华、李秀清、陈颐主编:《新中国民法典草案总览》(下卷),法律出版社 2003 年版,第 16 页。

② 参见何勤华、李秀清、陈颐主编:《新中国民法典草案总览》(下卷),法律出版社 2003 年版,第 28、49、100、163 页。

③ 参见何勤华、李秀清、陈颐主编:《新中国民法典草案总览》(下卷),法律出版社 2003 年版,第 372 页。

④ 参见何勤华、李秀清、陈颐主编:《新中国民法典草案总览》(下卷),法律出版社 2003 年版,第 624 页。

"国家政策",而最后通过的《民法通则》却将"国家政策"与"法律"相并列呢?究其原因,我们认为大致有以下三个因素的考量。首先,从民法体系上与《经济合同法》保持一致性。因为1981年颁布《经济合同法》中,在其第4条和第7条都提及"经济合同应遵守国家政策",立法者在制定《民法通则》时,可能是从保持体系一致的角度出发,选择了"国家政策",舍弃了"公共生活准则和优良的社会风尚"。其次,与当时的经济体制保持一致性。20世纪80年代中期,我国正处于经济体制从计划经济逐步向有计划市场经济的转型时期,从政策和法律上都尚未承认市场经济体制。[①]"民事活动应遵守法律和国家政策"的提法,符合当时特定的历史背景,也与当时的经济体制保持了一致性。最后,受民法与经济法之争的影响。20世纪80年代初期,我国学术界进行了一场"民法与经济法之争"的大讨论,并形成了"大民法观点"和"大经济法观点"两大阵营,前者主张"凡是横向的经济关系包括社会主义组织之间、社会主义组织与个人之间以及个人与个人之间的财产关系,均由民法调整。经济法仅调整纵向的经济管理关系,并认为经济法不构成独立的法律部门";后者主张"经济法是调整国家机关、企业、事业单位和其他社会组织内部及其相互之间,以及它们与公民之间,在经济活动中所发生的社会关系的法律规范的总称。经济法是国家领导、组织和管理经济的重要工具,是社会主义法律体系中的一个崭新的独立法律部门"。[②] 虽然最终"大民法观点"阵

---

① 直到1993年第八届全国人大一次会议将《宪法》第15条修改为:"国家实行社会主义市场经济",我国才从法律上正式承认市场经济体制。

② 参见梁慧星:《难忘的1979~1986——为祝贺导师王家福先生八十大寿而作》,载孙宪忠主编:《王家福法学研究与法学教育六十年暨八十寿诞庆贺文集》,法律出版社2010年版,第14~15页。

营以《民法通则》的颁布而宣告胜利。

(三)民法中的"国家政策"之辨析

有些学者在一定程度上对"国家政策"的认识存在误读,因此,有必要将"国家政策"与公共政策、民事政策、经济政策、行政法规和部门规章相区分。

1. 国家政策与公共政策

国家政策不能等同于公共政策,两者之间有所差别。我国学术界以"公共政策"作为研究对象或视角的成果不在少数,但是,似乎都对"公共政策"产生了误解,甚至有的将公共政策等同于国家政策。[①]

应该认识到公共政策并非一个法律概念,没有体现在法律文本上,它只是一个政策学的概念。公共政策在政策学上认为是公共权力机关经由政治过程所选择和制定的为解决公共问题,达成公共目标以实现公共利益的方案,其主体是公共权力机关和其他政治团体,其形态有法律、规章、法令、措施、办法、方法、通知、条例等多种形态。[②] 可见,政策学上的公共政策含义十分广泛,几乎容纳了所有对政策对象提出的行为规范、准则。法学界学者们对公共政策的理解也莫衷一是。[③] 有学者认为,它是指"政府(或执政

---

① 有人将"公共政策"直接理解成"国家政策",参见宋亚辉:《公共政策如何进入裁判过程》,载《法商研究》2009 年第 6 期;也有人将"公共政策"直接理解成"政策",参见李友根:《司法裁判中政策运用的调查报告》,载《南京大学学报(哲学·人文科学·社会科学)》2011 年第 1 期。

② 参见尹贻林、陈伟珂、王亦虹:《公共政策的风险评估》,科学出版社 2012 年版,第 18 ~21 页。

③ 英美法系和大陆法系对"公共政策"的理解不一样,"公共政策"系指英美法院有时诉诸的一种很不确切的道德价值用以证明其判决,据说它是一种基于社会现实需要的立法或法律解释原则。在大陆法系国家,与"公共政策"相对应的概念是"公序良俗"或类似的概念。参见袁文全:《论公共政策对契约自由原则的矫正》,载《法学评论》2009 年第 5 期。

党)为实现一定目的而制定的,在一定时期内指导公共事务管理与公共活动的目标或者行为准则",[①]其实不管政策学意义上的公共政策,还是法学层面上的公共政策,公共性都是公共政策的核心,即其出发点和目的是维护社会公共利益。同时,国家政策根据不同的制定任务可分为不同类型的国家政策,国家组织作为公权力机构,也承担了制定维护公共利益的政策。因而,从这个角度理解,公共政策不能直接等同于国家政策,两者仅在一定范围(国家为公共利益制定的政策)存在交集而已。

2. 国家政策与民事政策

国家政策与民事政策有一定的联系与区别,国家政策如果按照在不同部门法的作用,可分为民事政策、刑事政策。在原《民法通则》颁布前的司法实践中,最高人民法院曾分别在不同时期就民事案件的审判颁布了一系列"贯彻执行民事政策的意见",[②]这里的民事政策与国家政策有否区别?民事政策是指"国家对民事活动进行导引和规范的法政策,是国家对民事立场所表达的观点和态度,是国家处理其民事领域事务的一系列路线、方针、原则和指示的总和。民事政策分为宏观民事政策和微观民事政策,与刑事政策、行政政策应属于同一位阶"。[③] 从学者的定义中可以看出,民事政策强调的是国家在民事领域的指引和规范作用,并作为国家政策的下位概念存在。

3. 国家政策与经济政策

从上文可知,经济政策是国家政策按照制定的任务不同而划

---

① 袁明圣:《公共政策在司法裁判中的定位与适用》,载《法律科学》2005 年第 1 期。

② 见前文"以国家政策为主导阶段"部分论述。

③ 齐恩平:《"民事政策"的困境与反思》,载《中国法学》2009 年第 2 期。

分的类型,具体是指国家为实现一定历史时期的经济任务而制定的统一的行动准则和依据。有人认为,经济政策包括金融政策、房地产政策、环保政策、企业改制政策等领域,按作用可分为宏观经济政策与微观经济政策。① 从这个意义上说,经济政策也是国家政策的下位概念。

4. 国家政策与行政法规、部门规章

行政法规和部门规章都是国务院或其各部委颁布的规范性法律文件,是一种正式的法律渊源形式。在许多民事单行法没有制定以前,相关的民事活动基本上是先颁布行政法规或部门规章进行规制,因此行政法规和部门规章在民事活动中也曾发挥着重要的作用。国家政策与行政法规、部门规章有一定的相似之处,如制定主体基本上为国家行政机关,二者比较容易混淆,因此有澄清的必要。

首先,性质上不同。行政法规和部门规章作为规范性法律文件,是我国民事法律的正式法律渊源之一,属于广义上的"法律"。而国家政策性质上属于其他规范性文件,②还没有法律的效力和规范作用,只是处于政策层面,尚未上升到法律形式。

其次,表现形式上不同。行政法规和部门规章的表现形式自《行政法规制定程序条例》(2002 年)和《规章制定程序条例》(2002 年)实施后得以规范统一,行政法规表现形式为"条例"、"规定"、"办法"、"暂行条例"或"暂行规定",③部门规章一般称为

---

① 参见潘军锋:《论经济政策的司法融入》,载《法制与社会发展》2012 年第 1 期。

② 详见后文"司法实践中的'国家政策'"中的小结部分论述。

③ 《行政法规制定程序条例》第 4 条:行政法规的名称一般称"条例",也可以称"规定""办法"等。国务院根据全国人民代表大会及其常务委员会的授权决定制定的行政法规,称"暂行条例"或者"暂行规定"。

“办法”“规定”；[①]而国家政策作为规范性文件，其表现形式一般为“通知”“意见”等，如《国务院办公厅关于继续做好房地产市场调控工作的通知》（国办发〔2013〕17号）就是关于房地产市场调控的政策措施（以下简称为“国五条”），国家政策的发文字号一般为“国发[××××]×号”或“国办发[××××]×号”等。

最后，制定主体和程序有所不同。行政法规是由国务院制定并由总理签署国务院令公布；部门规章则是国务院各部、委员会、中国人民银行、审计署和具有行政管理职能的直属机构，可以根据法律和国务院的行政法规、决定、命令，在本部门的权限范围内，制定规章；而国家政策一般由国务院及其各部委、国务院办公厅发布。

因而，国家政策和行政法规、部门规章在性质上、表现形式上以及制定主体和程序上均有所不同，各自的制定有其相应的规范程序以及相应的规制意旨，因而不能简单地混淆它们的关系。

（四）小结

综上所述，原《民法通则》第6条的“国家政策”具有一定的模糊性，或许其用意就是为了模糊性。但是，国家政策作为私法与公法之间的转轴，概念的模糊性使国家政策具有弹性空间。因而，需要对“国家政策”重新认识。

特定的经济基础和历史因素是国家政策作为非正式法律渊源存在的重要依据，“我国长期实行高度集权的计划经济或有计划的商品经济体制，民事关系主要由国家政策和指令性计划调节，截至《民法通则》制定时，民事活动和民事审判无法可依的局面也未完全改观，不得不借助政策的力量调整民事生活，则是产生这一规定

---

① 《规章制定程序条例》第6条：规章的名称一般称“规定”“办法”，但不得称“条例”。

的客观条件”,[1]我国的经济基础也经历了从“计划经济”到“有计划的市场经济”再到“市场经济”的变迁。通过梳理近60年的“国家政策与法律”之间的关系,我们大致可得出如下规律:国家政策在民事活动中的重要程度与计划经济发达与否呈正相关,而民法在民事活动中的活跃程度与市场经济作用大小成正比例关系。也就是“商品经济越发达,就越需要民法;反之,商品经济作用越被限制,民法也就越受忽视。民法是商品经济的法律表现。”[2]

从国家政策在法律文本上的反映,揭示了国家政策在我国立法和社会关系中均发挥着十分重要的作用。但是,“国家政策”一般在公法体系内的法律文本中比较发达,而在私法体系的法律文本中仅见于原《民法通则》第6条,因为该条的制定,有在体系上保持一致性、与当时经济体制保持一致性以及受“大民法”与“大经济法”之争等诸因素的影响。

国家政策与公共政策、民事政策、经济政策、行政法规与部门规章等概念之间有一定的联系也有区别,因而不能互相混淆更不能简单地等同。

故而对“国家政策”进行清晰界定,才能正确认识和理解原《民法通则》第6条的含义。原《民法通则》第6条所指的“法律”不是狭义上的法律,是指广义上的法律[3];中国语境下的国家政

① 李双元、温世扬:《比较民法学》,武汉大学出版社1998年版,第22页。

② 江平:《〈中华人民共和国民法通则〉剖析》,载《政法论坛》1986年第1期。

③ “法律有狭义和广义之分,狭义的法律仅指全国人民代表大会及其常务委员会制定的法律,广义上的法律是指法律的整体,包括宪法、全国人民代表大会及其常务委员会制定的法律,国务院制定的行政法规,地方国家权力机关制定的地方性法规,民族自治地方的人民代表大会制定的自治条例和单行条例等。”参见张文显主编:《法理学》(第4版),高等教育出版社、北京大学出版社2011年版,第39~40页。

策，是国家在一定时期内为实现一定任务而规定的行为准则，[①]性质上属于除行政法规、部门规章之外的其他规范性文件，其表现形式一般为"通知""意见"，制定主体只能在国家层面，因为"国家政策不应该包括地方政策，而且地方政策往往从固守本地的利益、维护本地的稳定和发展出发考虑问题，因而从更宏观的层面上看，不免带有浓厚的地域性甚至某种程度的狭隘的地方保护。所以如果执行地方政策，势必破坏法制的权威性、统一性，导致司法割据"。[②]"只有国家机关制定的政策才称为国家政策"，[③]即由国务院及其各部委、国务院办公厅等发布。可见，该条所指的"法律"与"国家政策"在外延范围上能够进行衔接。以上对法律和国家政策进行厘清之后，笔者发现"国家政策"在民事活动中有两大功能，一方面是作为法律漏洞补充的工具存在；另一方面是作为私法与公法之间的转轴，国家力量可以借助这根转轴指导民事活动。

三、司法实践中的"国家政策"

通过对历史变迁中"国家政策"的梳理，清晰地理解了国家政策的历史变迁过程和界定了国家政策的外延与内涵。前文侧重于探讨静态中的国家政策，因此还需关注动态中的国家政策，即民事裁判活动中的国家政策。下面将从国家政策在司法裁判适用中的定位、国家政策作为民事裁判中的考虑因素和国家政策在民事司法实践中的类型化等方面进行考察。

（一）国家政策在司法裁判适用中的定位

国家政策在民事司法裁判适用中的定位，主要体现在原《民法

① 参见穆生秦主编：《民法通则释义》，法律出版社1987年版，第7页。
② 参见黄明耀：《民法适用基本问题研究》，中国法制出版社2004年版，第191页。
③ 参见刘凯湘主编：《民法学》，中国法制出版社2004年版，第46页。

通则》和《最高人民法院关于裁判文书引用法律、法规等规范性法律文件的规定》(法释〔2009〕14号)。

1. 1986年《民法通则》第6条将"国家政策"的角色定位成私法与公法之间的转轴,该条也为其适用于司法裁判中提供了法律依据。但应注意的是,国家政策在适用过程中受到一定的条件限制。因为国家政策只是非正式法律渊源,即指它只有在法律没有规定的条件下才能得以适用,具有弥补法律漏洞的功能。

2. 2009年7月13日最高人民法院颁布的法释〔2009〕14号中第6条规定:"对于本规定第三条、第四条、第五条规定之外的规范性文件,根据审理案件的需要,经审查认定为合法有效的,可以作为裁判说理的依据。"从前后条文逻辑分析,该条"本规定第三条、第四条、第五条规定之外的规范性文件"指法律及法律解释、行政法规、地方性法规、自治条例或者单行条例、司法解释之外的其他规范性文件,而其他规范性文件"指一切国家机关制定的除法律、法规、规章之外的具有普遍约束力的决定、命令和措施"。[①] 因此,国家政策是属于其他规范性文件范围之内,也可以作为裁判说理的依据。

(二)国家政策作为民事裁判中的考虑因素

国家政策除了依据原《民法通则》第6条和法释〔2009〕14号中第6条规定直接适用于司法裁判外,还通过其他方式影响着民事活动,如以融入最高人民法院司法解释和最高人民法院工作指导意见两种方式成为民事裁判中的考虑因素。第一种方式即国家政策融入司法解释,是以显性途径进入民事裁判过程,这种方式在

---

① 湛中乐:《论行政法规、行政规章以外的其他规范性文件》,载《中国法学》1992年第2期。

法律地位上具有一定的合法性,因为它是通过司法解释这件“合法的外衣”影响着民事案件的审理;而第二种方式即国家政策融入工作指导意见,是以隐性途径进入民事裁判之中,其法律地位具有模糊性,因为它是通过法院内部工作指导意见这件“隐形衣”无形地影响着民事案件的审理。

1. 第一种方式:国家政策融入司法解释成为民事裁判中的考虑因素

司法解释是指我国最高司法机关根据法律赋予的职权,在实施法律过程中对如何具体应用法律问题作出的具有普遍司法效力的解释,具有保证法律和政策的适用、弥补立法的不足等作用。[①]静态中的国家政策表明其在各个时期的民事活动中起到了非常重要的作用。此外,国家政策的重要性还可表现在国家政策一直作为民事裁判过程中的考虑因素。因为,长期以来最高人民法院针对民事活动作出的司法解释,一部分是根据法律所作的解释,其余很大部分是根据国家政策所作的解释。[②] 以司法解释涉及案件的类型不同,国家政策融入司法解释之中又有两种类型的司法解释,即国家政策作为类型化案件中司法解释和作为个案中的司法解释的考虑因素。

(1)国家政策作为类型化案件中司法解释的考虑因素

此类型是指国家政策从宏观角度意义上针对某一具体类型案件的司法裁判产生影响。具体有:其一,最高人民法院《关于审理劳动争议案件适用法律若干问题的解释(四)》(法释〔2013〕4 号)

---

① 参见周道鸾:《论司法解释及其规范化》,载《中国法学》1994 年第 1 期。

② 新中国成立以来,最高人民法院的司法解释文件和名称并不统一,有“解释”“解答”“批复”“答复”“电话答复”“口头答复”“复函”等多种形式。参见刘思萱:《论政策回应型司法解释》,载《法学评论》2013 年第 1 期。

第 11 条规定:“变更劳动合同未采用书面形式,但已经实际履行了口头变更的劳动合同超过一个月,且变更后的劳动合同内容不违反法律、行政法规、国家政策以及公序良俗,当事人以未采用书面形式为由主张劳动合同变更无效的,人民法院不予支持。”其二,最高人民法院《关于贯彻执行〈经济合同法〉若干问题的意见》(1984 年 9 月 17 日)中认为“属于违反法律和国家政策的,主要是违反工商企业登记和市场、财政、税务、金融、商标以及劳动管理等法规,妨害了国家对企业正常的经济管理秩序”。

(2)国家政策作为个案中的司法解释的考虑因素

此类型是指国家政策在微观上针对某一个案的司法裁判产生影响。具体如:第一,最高人民法院《关于解放前劳动人民之间宅基地租赁契约是否承认和保护问题的批复》(1985 年 11 月 21 日)将“国家政策”理解成中共中央 1962 年公布的《农村人民公社工作条例修正草案》并予以适用。第二,1988 年 7 月 12 日最高人民法院《关于原孙兆骧购置的房产应如何确认产权和继承的批复》([1988]民他字第 27 号)将“1983 年国家落实私房政策”作为裁判的依据。第三,1989 年 7 月 18 日最高人民法院《关于孙嵩群诉甘棠供销社入股房屋应如何处理的复函》([1988]民他字第 46 号),将“有关政策的规定”作为案件适用的依据。第四,1990 年 4 月 9 日最高人民法院《关于公私合营中典权入股的房屋应如何处理的函》([1989]民他字第 48 号),认为“此案不适用国家房产管理局(65)国房局字 105 号,可以依据有关政策规定,向南阳市副食品公司进行房屋回赎”。第五,1990 年 10 月 9 日最高人民法院《关于军队单位作为经济纠纷案件的当事人可否对其银行账户上的存款采取诉讼保全和军队费用能否强行划拨偿还债务问题的批复》(法[经]复[1990]15 号)“人民法院在审理经济纠纷案件过程中,如果发现军队机关或所属单位以不准用于从事经营性业务往来结算的账户从事经营性业务往来结算和经营性借贷或者担保等违反国家政策、法律的,人民法院有权依法对其账户动用的资金采取诉讼保全措施和执行措施。军队一方当事人的上级领导机关,应当协助人民法院共同查清其账户的情况,依法予以冻结或者扣划”。第六,最高人民法院《关于沈阳市兴科典当行有限公司对沈阳市恒通物业发展有限责任公司诉李忠义、许晓东房屋买卖纠纷案提出再审申请请示一案的复函》([2003]民立他字第33号),将“1996年10月27日《国务院办公厅秘书二局关于典当业管理整顿协调的三点建议》”确认为国家政策并以此为依据裁判。

2.第二种方式:国家政策融入工作指导意见成为民事裁判中的考虑因素

最高人民法院的工作指导意见,只是具有对各级法院的审判工作进行指引的作用。严格意义上说,工作指导意见只是内部行政文件,不能成为司法裁判过程的适用依据。但实际上,工作指导意见通过隐性的方式在一定程度上影响着各级法院民事裁判的思路,国家政策融入工作指导意见之中,对民事审判产生影响。具体如:(1)最高人民法院《召开审理证券回购纠纷案件座谈会》(1996年11月29日)中,将“有关法律、司法解释及国家政策的规定”作为确定当事人应承担的民事责任的依据。(2)最高人民法院《关于为推进农村改革发展提供司法保障和法律服务的若干意见》(法发[2008]36号)中,把“国家政策与法律、行政法规违反与否,作为宅基地转让以及其他变相导致农民丧失宅基地使用权行为有效与否”的判断依据。(3)最高人民法院在《关于当前形势下进一步做好涉农民事案件审判工作的指导意见》(法发[2009]37号)中,将“国家政策、法律作为维护土地承包经营权与促进土地承包经营权流转之间关系”的依据之一。(4)在最高人民法院《关于当前形势下进一步做好房地产纠纷案件审判工作的指导意见》(法发[2009]42号)中,认为“在房地产纠纷案件审判工作中,应在法律和国家政策规定框架内妥善审理房地产案件”。(5)在最高人民法院《关于进一步做好2009年人民法庭工作的通知》(法[2009]94号)中提到“严格执行法律、国家政策规定,规范和保护土地承包经营权流转”。(6)最高人民法院《关于在审判执行工作中切实规范自由裁量权行使保障法律统一适用的指导意见》的通知(法发[2012]7号)中“正确运用法律解释方法。行使自由裁量权,要结合立法宗旨和立法原意、法律原则、国家政策、司法政策等因素,综合运用各种解释方法,对法律条文作出最能实现社会公平正义、最具现实合理性的解释”。

综上所述,国家政策通过上述两种方式,分别从显性和隐性两种途径影响着民事裁判活动。归结起来,国家政策在司法解释和法院工作指导意见发挥作用的考虑大致有:(1)因为当时民事立法的不足,在具体案件中需要依据国家政策进行判决;如各种批复、复函的司法解释即为此种情形。(2)在相关民事法律比较完备的情况下为追求社会效果和法律效果的统一,而突出国家政策与法律并列的地位;如劳动争议司法解释和各种指导意见,为追求相关案件的社会效果和法律效果的统一而注重国家政策在司法裁判中的作用。

(三)国家政策在民事司法实践中的类型化

考察司法实践中的“国家政策”,还有必要探讨法院在具体适用原《民法通则》第6条的情形。我们在“北大法宝”搜索平台,以“《民法通则》第六条”“国家政策”为关键词,共搜索到了65个案例,其中剔除适用原《民法通则》第6条前款(“民事活动必须遵守法律”)的56个案例,法院实际直接运用原《民法通则》第6条后款进行民事裁判的有 9 个案例。[①] 在北京法院网“裁判文书”栏目中以“《民法通则》第 6 条”为关键词搜索，我们共获得了 44 份适用原《民法通则》第 6 条后款的判决，[②]此外，还在上海法院法律文书检索中心，以同样的关键词进行搜索共获得 710 份判决书，根据筛选后共有 67 个适用该条后款的案例。[③] 由于各种因素的限制，[④]虽然所获得的案例的覆盖地区不是最全面的，但也为我们研究国家政策在案件中的具体运用提供了珍贵的样本。下文就以上述搜索到的 120 个案例进行类型化(见表 3.2)，以分析法院是如何理解《民法通则》第 6 条中的“国家政策”。

表 3.2 国家政策的总体情况

国家政策的类型	案件数量
经济政策	54
社会政策	60
军事政策	1
其他政策	5

① 最后搜索时间为 2013 年 4 月 20 日。

② 这些案件均发生在昌平区南邵镇南邵村、张各庄村两村的承包经营权纠纷案，通过比较分析，44 份判决书除当事人信息不同外，其余内容和结果大致相同，因此 44 份判决可列为同一类型分析。载北京法院网 2013 年 5 月 3 日，http://bjgy.chinacourt.org/paper.shtml，最后访问日期。

③ 参见上海法院法律文书检索中心 2013 年 5 月 4 日，http://www.hshfy.sh.cn:8081/flws/index.jsp。

④ 由于各地法院裁判文书的开放度不够，因此导致无法搜索全部案例。如在深圳市中级人民法院网(http://www.szcourt.gov.cn/shenwu/cpws.aspx)中以“《民法通则》第 6 条”为关键词搜索，并无相关案例。在河南法院裁判文书网(http://ws.hncourt.org/index.php?cat2_id=1.0000)同样以“《民法通则》第 6 条”为关键词搜索，但无法使用搜索功能。厦门法院网(http://www.xmcourt.gov.cn/Pages/CPWS.aspx)也以上述为关键词搜索，并无相关案件。而浙江、江苏、辽宁等省份的案例库只能进行标题检索，不能进行全文检索，故无法获取“国家政策”的案例。

国家政策根据不同的制定任务,可以分为不同的类型。如表3.2示,根据这种分类标准,我们将120个案件涉及不同的国家政策分为经济政策、社会政策、军事政策和其他政策四大类型,并以经济政策和社会政策为主。

1. 经济政策可涵盖物价政策、土地政策、利率政策、出口退税政策和企业改制政策(见表3.3)。(1)关于物价政策的适用。如在“武汉交通管理干部学院等诉武汉市武昌区住宅建设开发公司房屋买卖案”[①]中,一审法院认为“由于国家政策的变动,使开发公司所开发的商品房价格成本提高,依据合同关于‘价格如遇国家政策性调整即随之调增’的约定,其价格应根据鉴定部门的结论进行调整”。该案的“国家政策性调整”依据是国家物价局、建设部、财政部、中国人民建设银行印发的《商品住宅价格管理暂行办法》([1992]价费字382号),也就是将《商品住宅价格管理暂行办法》认定为国家政策。同时,一审法院将国家政策作为民法上“情势变更”原则的情形之一,并适用《经济合同法》第26条作出判决。(2)关于土地政策的适用。如在最高人民法院2007年第3期刊登的“崂山国土局与南太置业公司国有土地使用权出让合同纠纷案”[②]中,裁判摘要指出“国务院下发的有关规范整顿土地出让市场秩序的通知以及国务院有关部委颁发的贯彻配套规定等规范性文件,属于国家政策”。该案中,将国务院的《关于整顿和规范市场经济秩序的决定》和《国土资源部关于整顿和规范土地市场秩序的通知》确认为国家政策加以适用。二审法院还认为“这一政

① 【法宝引证码】CLI. C. 236166,湖北省高级人民法院民事调解书,(1993)鄂(民)终字第9号。

② 【法宝引证码】CLI. C. 80392,最高人民法院(2004)民一终字第106号,载《最高人民法院公报》2007年第3期。

策方面的程序要求虽不导致本案所涉《国有土地使用权出让合同》无效，但却影响该合同在客观上无法继续履行”，即认为国家政策不影响合同效力问题，仅涉及履行能力问题，该案最后认定为违反政策性规定属于客观上履行不能。(3)关于利率政策的适用。“梅州市梅江区农村信用合作联社江南信用社诉罗苑玲储蓄合同纠纷案”①中，二审法院将“中央人民银行《关于降低金融机构存、贷款利率的通知》(银发[1996]434 号)”认定为利率政策，该案也认为利率政策“不能导致双方签订的合同条款无效”。(4)关于出口退税政策的适用。在“上海国际服务贸易公司诉柏宁顿国际贸易(上海)公司购销合同案”②中，法院以“中华人民共和国财政部、国家税务局财税字[1995]92 号及上海市国家税务局沪国税退[1996]25 号等文件的规定”认定上诉人不符合主体资格。在本案中确认为出口退税政策的是“中华人民共和国财政部、国家税务局财税字([1995]92 号)及上海市国家税务局沪国税退([1996]25 号)等文件的规定”，即《财政部、国家税务总局关于印发〈出口货物退(免)税若干问题规定〉的通知》和《上海市国家税务局转发〈财政部、国家税务总局关于印发〈出口货物退(免)税若干问题规定〉的通知〉和本市补充意见的通知》。(5)关于企业改制政策的适用。如在“原告步某诉被告上海某公司某路分公司股东权纠纷案”③中，法院将“国家体制改革委员会《关于发展城市股份合作制企业的指导意见》和《上海市股份合作制企业暂行办法》”认定为

---

① 【法宝引证码】CLI. C. 327994，广东省梅州市中级人民法院判决书，(2009)梅中法民二终字第 75 号，载《最高人民法院公报》2011 年第 1 期。

② 【法宝引证码】CLI. C. 243570，上海第一中级人民法院民事判决书，(1997)沪一中(经)终字第 59 号。

③ 上海市静安区人民法院民事判决书，(2006)静民二(商)重字第 6 号。

国家政策,并参照适用相关规定确定股东身份。

表 3.3 经济政策及其文件依据

国家政策的类型		案件数量	该类型案件判决理由中涉及的国家政策文件
经济政策	物价政策	3	《关于进一步放开第三产业价格和收费标准的有关规定》 《商品住宅价格管理暂行办法》
	土地政策	45	《关于整顿和规范市场经济秩序的决定》 《国土资源部关于整顿和规范土地市场秩序的通知》 1995年《确定土地所有权和使用权的若干规定》 1989年《关于确定土地权属问题的若干意见》
	利率政策	2	《关于降低金融机构存、贷款利率的通知》
	出口退税政策	1	《出口货物退(免)税若干问题规定》 《上海市国家税务局转发〈财政部、国家税务总局关于印发〈出口货物退(免)税若干问题规定〉的通知〉和本市补充意见的通知》
	企业改制政策	3	《关于发展城市股份合作制企业的指导意见》 《上海市股份合作制企业暂行办法》

2. 社会政策包括房改政策、农民工政策、动迁政策、公有住房政策和限购政策(见表3.4)。(1)关于房改政策的适用。如在"原告赵甲与被告赵乙、赵丙、第三人赵丁共有权确认纠纷案"①中,法院适用《国务院关于深化城镇住房制度改革的决定》(国发[1994]43号)的规定确认当事人公有住房的购房资格。(2)关于农民工政策的适用。在"王喜林等73人诉程金才、林州市红旗渠公路工程有限公司、北京城建集团有限责任公司追索劳动报

① 上海市闸北区人民法院民事判决书,(2011)闸民三(民)初字第1715号。

酬纠纷再审案”[①]中，再审法院认为民事活动应遵守“遵守国家政策”，并认为2004年10月29日国务院办公厅转发建设部等部门《关于进一步解决建设领域拖欠工程款问题意见》为国家政策，并依此确定农民工工资支付问题。(3)关于动迁政策的适用。如在“原告甲与被告乙、丙、丁房屋买卖合同纠纷案”[②]中，法院认为“根据本市关于动迁安置房上市交易的相关政策，动迁安置房在取得房地产权证后的三年内，不得转让、抵押”，即认定《关于动迁安置房提前上市交易有关问题的通知》(沪房管[2010]375号)为国家政策，该案中认为“动迁房一定期限内限制交易，是对物权转移的限制，不影响房屋买卖合同的效力”，并将有关动迁安置房上市交易的政策规定确认为过户条件处理。(4)关于公有住房政策的适用。公有住房政策的适用主要涉及公房的交易、物业费和维修基金的使用等问题，此类型的适用在样本中占有相当多的数量，并集中于上海地区。如“原告周一与被告上海某公司、被告周二、被告周三买卖合同纠纷案”[③]中，法院认为“根据有关政策规定，购买公有住房产权需征得该房屋同住成年人的同意”，该“有关政策”即指《一九九五年出售公有住房方案实施细则》(沪房地改[1995]767号)，法院即依据该政策的规定作出判决。(5)关于限购政策的适用。在“原告甲、乙诉被告丙、丁、戊定金合同纠纷一案”[④]中，法院认为“由于之前国家相关部门发布了相关限购政策，原告因在本市已经拥有了2套住房，客观上无法再购买房屋”，国家相关限

---

① 【法宝引证码】CLI. C. 979943，河南省安阳市中级人民法院民事判决书，(2011)安民(再)终字第137号。

② 上海市宝山区人民法院民事判决书，(2011)宝民三(民)初字第1167号。

③ 上海市闸北区人民法院民事判决书，(2009)闸民三(民)初字第194号。

④ 上海市杨浦区人民法院民事判决书，(2011)杨民四(民)初字第2035号。

购政策即指《国务院办公厅关于进一步做好房地产市场调控工作有关问题的通知》(国办发[2011]1号)，此处将国家政策认定履行不能的一种情形。

表3.4　社会政策及其文件依据

<table>
<tr><th colspan="2">国家政策的类型</th><th>案件数量</th><th>该类型案件判决理由中涉及的国家政策文件</th></tr>
<tr><td rowspan="4">社会政策</td><td>房改政策</td><td>3</td><td>《关于转发国务院住房制度改革领导小组鼓励职工购买公有旧住房意见的通知》
《上海市落实华侨私房政策实施办法》
《国务院关于深化城镇住房制度改革的决定》</td></tr>
<tr><td>农民工政策</td><td>1</td><td>《关于进一步解决建设领域拖欠工程款问题意见》</td></tr>
<tr><td>动迁政策</td><td>5</td><td>《关于进一步加强本市房地产市场调控加快推进住房保障工作的若干意见》
《关于动迁安置房提前上市交易有关问题的通知》
《城市房屋拆迁管理条例》
《关于发布本市征用集体所有土地居住房屋拆迁补助费标准的通知》
《上海市城市房屋拆迁面积标准房屋调换应安置人口认定办法》</td></tr>
<tr><td>公有住房政策</td><td>9</td><td>《上海市房屋土地资源管理局关于贯彻实施〈上海市房屋租赁条例〉的意见(二)》
《城市公有房屋管理规定》
《上海市城镇公有房屋管理条例实施细则》
《上海市住宅物业管理规定》
《关于出售公有住房的暂行规定》
《关于本市以职工住宅立项建造的小区内已售公房上市交易后的物业管理服务收费问题的通知》
《关于调整公有住房售后管理费和房屋修缮人工费等收费标准的通知》
《关于公有居住房屋变更、分列租赁户名的若干规定》
《一九九五年出售公有住房方案实施细则》</td></tr>
</table>

续表

国家政策的类型		案件数量	该类型案件判决理由中涉及的国家政策文件
社会政策	限购政策	2	《关于本市贯彻〈国务院办公厅关于进一步做好房地产市场调控工作有关问题的通知〉实施意见的通知》 《国务院办公厅关于进一步做好房地产市场调控工作有关问题的通知》

3. 军事政策也是国家政策的一种类型(见表3.5)。如在"原告魏某、阮某、魏某、郑某诉被告魏某、徐某、黄某财产损害赔偿纠纷一案"①中,法院认为"系争房屋为军产,户主及拥有同住人资格的家庭成员应按照部队的相关规定合理、妥善地处理房屋居住和使用问题",并认为"根据解放军总后勤部军队公寓住房管理的有关规定,系争房屋在未取得上海警备区同意的情况下,原告虽经家庭协商一致,其对外出租系争房屋的行为仍属违法","解放军总后勤部军队公寓住房管理的有关规定"就是指解放军总后勤部颁发的《军队公寓住房管理规定》。

表3.5　军事政策及其文件依据

国家政策的类型		案件数量	该类型案件判决理由中涉及的国家政策文件
军事政策	军人住房政策	1	《军队公寓住房管理规定》

4. 其他政策(见表3.6)。其他政策大致包括航空政策、劳动政策和法律服务政策。在这些类型的案件中,法院分别将

① 上海市徐汇区人民法院民事判决书,(2011)徐民三(民)初字第47号。

《中国民用航空电子客票暂行规定》①《关于特殊劳动关系有关问题的通知》②《关于公民个人未经批准不得从事有偿法律服务的批复》③等规范性文件确定为国家政策适用。

表 3.6　军事政策及其文件依据

国家政策的类型		案件数量	该类型案件判决理由中涉及的国家政策文件
其他政策	航空政策	1	《中国民用航空电子客票暂行规定》
	劳动政策	1	《关于特殊劳动关系有关问题的通知》
	法律服务政策	1	《关于公民个人未经批准不得从事有偿法律服务的批复》

根据上述案件表明国家政策可以在下列民事活动中产生影响：(1)国家政策作为民事主体资格确认的依据。在“李初阳与昌平区南邵镇张各庄村村民委员会承包经营权纠纷案”中，法院认为主体资格为农业户口的才具备土地承包确权条件，这是国家土地确权政策的规定，并认为被告作出对居民身份的人员不分配土地的决定不违反法律及政策的规定，适用原《民法通则》第 6 条驳回原告诉讼请求。该案中，法院将土地确权的国家政策作为特殊民事主体资格的确认依据。(2)国家政策作为客观履行不能的一种情形。如在“原告朱某某诉被告赵某某定金合同纠纷案”④中，法院首先认定双方签订的《房屋买卖居间协议》合法有效，但又认为由于相关限购政策的发布，朱某某因在本市已经拥有了 2 套住房，客观上无法再购买房屋，因此依据原《民法通则》第 6 条规定判决

① 上海市浦东新区人民法院民事判决书，(2009)浦民一(民)初字第 6547 号。

② 上海市闸北区人民法院民事判决书，(2011)闸民四(民)初字第 231 号。

③ 上海市虹口区人民法院民事判决书，(2012)虹民一(民)初字第 2970 号。

④ 上海市杨浦区人民法院民事判决书，(2011)杨民四(民)初字第 1643 号。

被告返还原告定金。在本案中,法院的裁判路径,一方面将相关限购政策(“国家政策”)作为客观上履行不能的情形,原告朱某某对于合同未能履行并无过错,因而可以返还定金。另一方面又依据原《民法通则》第6条关于“应遵守国家政策”的规定作出判决。(3)国家政策作为法律漏洞补充的工具。在“上诉人钱志伟与被上述人上海陆家嘴物业管理有限公司”①案中,该案涉及的是公有住房售后的物业管理费纠纷,由于公有住房相关的问题属于历史遗留问题,在现行法律法规上未作调整,一般是各地有相应的政策性文件进行规制,因此二审法院认为“根据现行的政策法规规定,被上诉人应当按照售后公房的标准向上诉人收取物业管理费”,并适用《民法通则》第6条驳回被上诉人主张以商品住宅的标准收取物业管理费的请求。该判决书中提及的现行的政策法规规定就是指《关于调整公有住房售后管理费和房屋修缮人工费等收费标准的通知》(沪价房[1996]第219号),以填补法律漏洞。

同时,通过对上述对国家政策的类型化,发现国家政策在民事活动中的运用受到大致以下因素的影响:(1)历史因素。由于我国经济体制经历了计划经济向市场经济的转变,导致在社会生活的一些领域产生了历史遗留问题,如公有住房问题、国有企业改制问题等。这些问题在改制过程中基本上以政策为指引,立法层面较少加以规定。因此,这些领域出现的民事纠纷只能寻求相关政策的规定。(2)追求法律效果与社会效果统一的价值取向。“法律效果更多地侧重于对法律规范的常规适用,反映法律适用的一贯性和恒定性;而社会效果更多地侧重于特殊情形下的政策考量,

---

① 上海市第一中级人民法院民事判决书,(2009)沪一中民二(民)终字第1239号。

反映法律适用的灵活性和应变性。”[①]换言之,法律追求的是法律效果,国家政策追求的是社会效果,实现法律效果与社会效果的统一,实质是在司法裁判过程中依据国家政策对新出现的社会问题进行解决。“当前城乡改革政制深入进行,随时都会出现各种新情况、新问题,同时,社会现象错综复杂,立法也不可能包罗万象。因此,当法律没有规定时,就应当遵守国家政策。”[②]如法院依据动迁政策、限购政策、农民工政策,就是为了实现构建和谐社会的语境下的社会效果。(3)一些特殊领域的适用。民事法律有其自身的调整范围,对一些特殊领域的调整不便介入,因此就需要借助国家政策如军事政策和航空政策予以规制。

(四)适用原《民法通则》第6条的几个误区

各类型案件的判决书里涉及了诸多国家政策的文件(见表3至表6),这些文件的制定主体既有国家层面,也包括地方层面;既有行政法规、政府规章,又有地方政策。因此,法院在适用原《民法通则》第6条的“国家政策”时似乎存在误区。

1.将政府规章认定为“国家政策”。如在“原告上海市闸北区灵广业委会与被告上海久远房产、上海市城镇联社、上海久远公司业主共有权纠纷案”[③]中,法院认为“本市出台了《办法》及《解释》,对维修基金的交纳、使用等作了一系列规定……”并适用原《民法通则》第6条予以判决。该法院将《上海市商品住宅维修基金管理办法》认定为“国家政策”,但是“办法”是属于政府规章,因此,该法院将“国家政策”的范围不妥当地扩大到了“地方政府规章”。

---

① 宋亚辉:《公共政策如何进入裁判过程》,载《法商研究》2009年第6期。

② 周元伯主编:《〈中华人民共和国民法通则〉释义》,南京大学出版社1986年版,第8~9页。

③ 上海市闸北区人民法院民事判决书,(2011)闸民三(民)初字第1028号。

2. 将地方性政策认定为“国家政策”。如在“原告甲与被告乙、丙、丁房屋买卖合同纠纷案”①中，法院依据“本市关于动迁安置房上市交易的相关政策”认定为“国家政策”，该案中的“本市关于动迁安置房上市交易的相关政策”主要是指《关于进一步加强本市房地产市场调控加快推进住房保障工作的若干意见》（沪府发[2010]34号）和《关于动迁安置房提前上市交易有关问题的通知》（沪房管[2010]375号）两个规范性文件。这两个规范性文件只是地方性政策性文件，不是国家层面上的政策，该法院错误地理解了国家政策。又如在“郭春圃等诉沈阳市和平区城建房屋开发公司预售商品房案”②中，两审法院均认为“在协议履行期间，因物价政策调整，双方就房价问题发生争执，考虑市场因素和本案的实际情况，应根据有关政策规定，对房价予以适当调整”。该案中将“沈阳市物价局《关于进一步放开第三产业价格和收费标准的有关规定》（沈价发[1993]6号）”认定为物价政策。由于沈阳市物价局发布的物价政策性质上属于地方性政策，该法院将地方性政策认定为国家政策，此种做法也是错误的。

3. 将行政法规认定为“国家政策”。如在“原告许某诉被告莊甲、莊乙所有权确认纠纷案”③中，法院认为“根据当时施行的政策（1998年），拆迁人应当对被拆除党务及其附属物的所有人，依照规定给予补偿……”该案中法院将《城市房屋拆迁管理条例》认定为“国家政策”。但是该条例由1991年1月18日国务院第七十六次常务会议通过，并经国务院令第78号发布，性质上属于行政法规。该法院将行政法规理解成“国家政策”，是对“国家政策”的理

① 上海市宝山区人民法院民事判决书，(2011)宝民三(民)初字第1167号。
② 辽宁省高级人民法院民事调解书，(1994)辽民终字第40号。
③ 上海市杨浦区人民法院民事判决书，(2011)杨民四(民)初字第425号。

解不到位的结果。

4. 对原《民法通则》第6条整体理解有偏差,第6条本作为一般性条款,具有补充漏洞的功能。有些案件将该条作为判定合同有效与否的标准,如在"上海市地方税务局黄浦分局与上海大华机电设备有限公司租赁合同案"①中,二审法院认为"该协议的内容违反了有关法规、政策,损害了国家利益,应认定该协议无效",此种做法有待商榷。因为原《合同法》于1999年颁布实施以后,应根据原《合同法》第52条认定合同效力,而且在最高人民法院《关于适用〈中华人民共和国合同法〉若干问题的解释(一)》(法释[1999]19号)第4条规定"合同法实施以后,人民法院确认合同无效,应当以全国人大及其常委会制定的法律和国务院制定的行政法规为依据,不得以地方性法规、行政规章为依据"。因此,依据政策来判定合同有效与否,有向"一般条款逃逸"的嫌疑。不仅如此,理论上也不存在原《民法通则》第6条可以涵盖原《合同法》第52条的可能。因为两个条文之间的关系应该是独立的,合同效力应不受国家政策的影响。

(五)小结

大量的司法解释和案例的数据表明,作为私法与公法之间转轴之一的国家政策通过直接和间接两种渠道对我国民事活动产生了重要影响。就直接来看,法院径直适用原《民法通则》第6条关于"国家政策"的规定从而影响民事活动;就间接而言,国家政策主要是通过融入司法解释和工作指导意见之中,左右着民事案件的审理思路。可见,国家力量借助国家政策介入民事活动中发挥

① 上海市第二中级人民法院民事判决书,(2004)沪二中民二(民)终字第136号。

着重要作用，如将国家政策作为民事主体资格确认的依据、作为履行不能的一种情形、作为法律漏洞补充的工具等。当然，国家政策在民事活动中发挥如此重要的作用是受一定因素的牵制，如历史遗留因素、法院追求社会效果和法律效果统一以及一些特殊领域的适用等。但是，我们还应该看到法院在适用原《民法通则》第6条时存在一定的误区，如有的法院将政府规章认为是国家政策，有的法院将地方政策认为是国家政策，有的法院甚至还将行政法规当作国家政策；出现这些误区的根源是人们对国家政策的认识不到位，理解上也有偏差。

因此，正确定位国家政策就显得极其重要。从历史变迁中的"国家政策"分析，国家政策是国家在一定时期内为实现一定任务而规定的行为准则，性质上属于"其他规范性文件"，[①]其表现形式一般为"通知""意见"，制定主体只能在国家层面，即由国务院及其各部委、国务院办公厅等国家机关发布。而且，最高人民法院公报案例也给予了我们清晰的指引，即在前引的"崂山国土局与南太置业公司国有土地使用权出让合同纠纷案"中，明确指出"国务院下发的有关规范整顿土地出让市场秩序的通知以及国务院有关部委颁发的贯彻配套规定等规范性文件，属于国家政策"，该案将国家政策的制定主体限定于国务院以及有关部委颁发的规范性文件。综上所述，可以这样界定中国语境下的"国家政策"：它是指国务院以及有关部委颁发的关于在一定时期内为实现一定任务而

① 关于被称为"红头文件"的规范性文件，无论是在学理上还是在我国立法上，虽然使用者如云，但是名称各异，界定也不相同。在理论上，有的称这些规定为"规范性文件"，有的则称为"行政规范性文件"，有的还称为"其他规范性文件"。参见应松年主编：《当代中国行政法》，中国方正出版社2005年版，第596页。关于这些称谓的争论，不在本书讨论范围之内，为行文方便，采"其他规范性文件"。

制定的规范性文件。

四、国家政策在民法体系中的地位思考

“我国民法是从计划经济时代发展而来,它的一些极为重要的内容,打上了计划经济体制的烙印。这个问题集中地反映在作为民法基本法律的《民法通则》身上。”①国家政策规定在原《民法通则》第6条就是其中一例,因为国家力量可以通过这根私法与公法之间的转轴介入于各项民事活动之中。不可否认,国家政策相对于法律而言具有一定的优势。因为法律不可能事无巨细,特别是对某些新情况、新问题,尚没有积累丰富的经验,没有找到行之有效的措施,不可能制定法律,因此在民事活动中,如果法律没有规定,应当遵守国家政策。② 通过对历史变迁中的“国家政策”和司法实践中的“国家政策”的整理与分析,发现在过去60多年的法制发展中,国家政策不仅在我国法律体系中具有重要的地位,还在民事司法实践中十分具有影响力。

但是,随着我国社会主义市场经济体制的确立和社会主义法律体系的基本建成,国家政策是否还有必要作为私法与公法之间的转轴存在,即国家力量通过这根转轴干涉民事(包括商事)活动是否有必要? 于是,在此需要重新反思国家政策作为民法非正式法律渊源的地位。

我们认为,《民法典》应取消国家政策在民法体系中的地位,*

---

① 孙宪忠:《我国民法立法的体系化与科学化问题》,载《清华法学》2012年第6期。

② 参见穆生秦主编:《民法通则释义》,法律出版社1987年版,第7页。

* 2017年颁布的《民法总则》即删除了“国家政策”作为法源,取而代之的是“习惯”,《民法典》沿袭此做法(《民法典》第10条,处理民事纠纷,应当依照法律;法律没有规定的,可以适用习惯,但是不得违背公序良俗)。——作者注

即不承认其为民法的非正式法律渊源。理由如下:1.基于现实中因素的考量。(1)司法解释制定已经趋于规范化、完备化,在一定程度上补充了法律漏洞。而且,社会主义法律体系基本建成,民事法律体系日臻完善,法官在裁判过程中完全可以通过法律解释方法在法律框架之内进行解释适用。(2)国家政策作为非正式法律渊源有特定的历史背景,但是随着市场经济的深入和民事立法的完善,其已经丧失了存在的依据,应丢弃历史包袱。(3)我国民法采民商合一模式,现行民商事立法中已经大量具体地规定了强行性规范(强制性规范),"强制性规范最明显地表现了对私人秩序的干预。其中,这种干预又最突出地表现在规定当事人的义务上。"[①]以《公司法》为例,其在公司设立登记、控股股东和高管人员的责任承担、公司人格滥用之避免、公司社会责任之承担、公司工会的组织建设等方面设定了大量的强制性条款。[②] 又如原《物权法》的物权法定原则,"物权法具有强行法规的性质,就是全部物权法规范均属于强行性规范。物权法实行物权法定主义,关于物权的种类和内容均由法律作出强行性规定,不容许当事人自由创设物权或者变更其内容"。[③] 原《合同法》、《证券法》、《保险法》等关于强制性规范不一而足。换言之,国家力量需要介入的地方已通过强行性规范干涉,无须再为国家力量任意干预民事活动开方便之门。因为,民法之所以为私法,是因为私法自治为其基本原则,若国家力量过度地介入,那么民法与公法的区分就无意义。2.基于法理上因素的衡量。法律至上是法治国家的理性原则,在

---

① 王保树:《从法条的公司法到实践的公司法》,载《法学研究》2006年第6期。

② 参见罗培新:《公司法强制性与任意性边界之厘定:一个法理分析框架》,载《中国法学》2007年第4期。

③ 梁上上:《物权法定主义:在自由与强制之间》,载《法学研究》2003年第3期。

依法治国的今天,[1]应坚持法律至上原则,限制政策在司法实践中的影响力。3. 比较法因素的考虑。其他大陆法系民法典的通行做法是采习惯、法理作为民法的非正式法律渊源,“民事习惯在现代民法中地位有所增进,最为显著的表现即为现代民法对民事习惯的效力多作了一般性规定。1911 年的瑞士民法典首先规定了民事习惯具有补充法律的效力。其后,意大利民法典、泰国民法典均作了相似的规定”。[2]

① 参见何勤华:《法学观念本土化考——从新中国 60 余年立宪史之视角》,载《中外法学》2013 年第 2 期。

② 谢鸿飞:《论民事习惯在近现代民法中的地位》,载《法学》1998 年第 3 期。

第四章　要物合同的变迁趋势及其现代结构*

一、问题的提出

要物合同肇始于罗马法，大陆法系国家在制定民法典时都在不同程度上沿袭了罗马法要物契约的规定。因此有学者称要物合同是“罗马法传统的一项遗产”。① 在我国大陆民法学说理论中，学者在进行合同分类时无一例外地将诺成合同与要物合同相对应，一致认为要物合同是除当事人双方意思表示一致外，还应具备一定要件才能成立的合同。但是，在区分诺成合同与要物合同时却出现了两种不同的观点，大致以“完成其他给付行为”是否纳入要物合同成立要件为分野。有的学者认为，实践合同，指除当事人意思

* 本文原题为《论要物合同的衰落》，载《浙江社会科学》2013 年第 7 期，发表时有删减。

① ［葡］平托：《民法总论》（中译本），法律翻译办公室译，澳门大学法学院 1999 年版，第 222 页。

表示一致之外尚需交付合同标的物才能成立的合同。[①] 有的学者却认为,要物合同指除当事人意思表示一致之外,尚需交付标的物或完成其他给付行为才能成立的合同。[②] 我国台湾地区“民法”学术界就该问题亦存在同样的分歧,大体也可分为两种观点:有的学者认为要物契约是除当事人间意思表示一致之外,尚须以“物之交付”作为特别成立要件之契约。[③] 有的学者认为要物契约,是意思表示一致之外,因物之交付或完毕其他给付而成立之契约。[④] 但是,就要物合同的要物性尤其在“完成其他给付”的问题上,我国大陆学者与我国台湾地区学者未能进行深入的阐述和研究。因为

---

① 参见王利明:《合同法研究》(第1卷)(修订版),中国人民大学出版社2011年版,第28页;朱广新:《合同法总则》,中国人民大学出版社2008年版,第12页;郭明瑞、房绍坤主编:《合同法学》(第2版),复旦大学出版社2009年版,第6页;王利明、房绍坤、王轶:《合同法》(第3版),中国人民大学出版社2009年版,第9页;隋彭生:《合同法要义》(第3版),中国人民大学出版社2011年版,第24页;杨立新:《合同法专论》,高等教育出版社2006年版,第48页;马俊驹、余延满:《民法原论》(下册),法律出版社1998年版,第545页。

② 参见韩世远:《合同法总论》(第3版),法律出版社2011年版,第58页;陈小君主编:《合同法学》(第2版),高等教育出版社2009年版,第50页;苏号朋:《合同法教程》(第2版),中国人民大学出版社2011年版,第9页;崔健远:《合同法总论》(上卷)(第2版),中国人民大学出版社2011年版,第64页;魏振瀛主编:《民法》(第3版),北京大学出版社2007年版,第397页;柳经纬主编:《债权法》(第2版),厦门大学出版社2005年版,第97页;周林彬主编:《比较合同法》,兰州大学出版社1989年版,第125页;王家福主编:《中国民法学·民法债权》,法律出版社1991年版,第274页。

③ 参见林诚二:《债法总论新解:体系化解说(上)》,台北,瑞兴图书股份有限公司2010年版,第104~105页;邱聪智:《新订民法债编通则(上)》,台北,瑞明彩色印刷有限公司2003年版,第38页;邱猷龙:《民法债编新论》(增订第3版),台北,五南图书出版股份有限公司2003年版,第21页;孙森焱:《民法债编总论(上册)》,法律出版社2006年版,第44页;曾隆兴:《民法债编总论》,台北,三民书局1999年版,第17页。

④ 参见史尚宽:《债法总论》,中国政法大学出版社2000年版,第9页。无独有偶,王泽鉴先生主张要物契约是于意思表示之外,尚需其他现实成分(尤其物之交付)而成立的契约。参见王泽鉴:《债法原理》(第1册),台北,三民书局1999年版,第136页。两种观点在性质上应为相同。

教科书上的要物合同仅为了与诺成合同相区分,蜻蜓点水式地介绍二者之间的区别;即使在研究要物合同的论文和著作中也很少提及这点,学术界似乎忽略了此问题的研究。[①] 有趣的是,日本民法学术界在要物合同的要物性要件上也如出一辙地存在差异。如平井宜雄认为要物契约是除合意之外,须让渡标的物而成立的契约。[②] 而我妻荣先生在其《民法讲义》中却认为"在合意之外,还须具备一方当事人交付标的物或者其他的给付这一成立要件的契约,为要物契约(践成契约、实践契约)。"[③]遗憾的是,韩世远教授、我妻荣教授和史尚宽教授等学者均未就其他给付(完毕其他给付)作进一步论述。民法学术界无意忽略的空白,给我们带来了理论上的困扰。

鉴于此,本书将试着对要物合同的要物性问题进行历史脉络梳理,结合现行合同法和案例,探寻前民法典时代的"完成其他给付"是否存在以及其应否纳入要物合同的要物性的答案。

二、溯源:罗马法上要物契约的要物性

在讨论罗马法要物契约的类型及要物性条件之前,我们应清

---

① 学术界研究要物合同的论文和著作也很少,有学者曾提出要物合同,应仅指以"物之交付"作为成立要件的合同,不应将所谓"完成其他给付"与"物之交付"相并列。参见刘家安:《"要物合同"概念之探究》,载《比较法研究》2011 年第 4 期。但该文没有说明什么是"完成其他给付",也没有注意到近现代合同法中的要物合同与罗马法上的要物契约存有差异,仅是简单地用罗马法上的要物契约概念来否认完成其他给付,这一做法有待商榷。

② 参见[日]平井宜雄:《债权各论 I 上:契约总论》,弘文堂平成 25 年版,第 58 页。山本敬三亦持这个观点,参见山本敬三:《民法讲义 I:总则》(第 3 版),解亘译,北京大学出版社 2012 年版,第 95 页。

③ [日]我妻荣:《我妻荣民法讲义 V1:债权各论》(上卷),徐慧译,中国法制出版社 2008 年版,第 46 页。

楚罗马法上的要物契约的真正含义及其意义。梅因将罗马法契约形态的历史发展顺序分为四个阶段，即口头契约、文书契约、要物契约、诺成契约。[①] 共和国末叶，消费借贷、使用借贷、寄存和质权契约四种契约的成立，只要交付标的物就行了，不一定移转所有权也不须另订信托简约，称为“要物契约”（contrat re）。[②] 要物契约又称践成契约，是指除当事人合意外，还以交付标的物为成立要件的契约。[③] 从性质上看，要物契约和合意契约属于非要式契约，而口头契约和文书契约为要式契约。[④] 要式契约注重口头和文书形式，签订契约必须履行规定的形式才能产生法律效果，具有严格形式主义的特征，而要物契约的发展被认为是罗马法上契约形式主义缓和的产物。随着罗马的对外扩张，商品交易日益频繁，烦琐的契约形式已不能适应经济发展的需要，人们不再拘泥于契约的严格形式，法律承认仅物件之授予，即可作为债之发生原因，于是产生了要物契约。[⑤] 物件之授予就可产生债明显是对罗马契约形式主义的突破。当然，作为形式主义的例外，罗马法上对要物契约实行类型强制主义，即要物契约必须严格由法律规定的类型。

近现代民法上的要物合同与罗马法上的要物契约并不相同。首先，罗马法上的要物契约与合意契约并非相对应的分类，它们之间不是非此即彼、简单黑白之分的关系；而是性质上同属于非要式契约，共同作为罗马法契约形式主义的例外存在，并且与口头契

① 参见［英］梅因：《古代法》，沈景一译，商务印书馆 1959 年版，第 202 ~ 217 页。

② 参见周枏：《罗马法原论》（下册），商务印书馆 1994 年版，第 706 ~ 707 页。

③ 参见周枏：《罗马法原论》（下册），商务印书馆 1994 年版，第 710 页。

④ 参见徐涤宇：《合同概念的历史变迁及其解释》，载《法学研究》2004 年第 2 期。

⑤ 参见李明发：《对传统民法要物契约的反思》，载《法学家》1990 年第 6 期。

约、文书契约一起组成了罗马法上的契约制度。近现代民法中的要物合同是作为诺成合同的例外存在,它们之间为非此即彼的状态。其次,罗马法上的要物契约是在契约的概念之下进行讨论的,而近现代民法中的要物合同在范围上进行了扩张,包括物权要物合同和债权要物合同。因为近现代民法中(源于《德国民法典》)有债权合同和物权合同之分,物权是近现代民法的概念,在罗马法的全部立法文献中,立法者始终未能提出“物权”一词。[①] 而物权合同的概念是19世纪“近代私法学之父”萨维尼在物权与债权之甄别的基础建立的,[②]故罗马法上的契约仅为债权契约。最后,近现代合同观念是17世纪以后自然法学派思考的结果,[③]导致了近现代合同观念与罗马法上的契约概念有所差异。近现代民法中的要物合同概念,可以说是19世纪概念法学过度发展的结果。要物合同作为法律抽象概念,是法律外在体系的构成部分,其通过法律构成理论,某一特定合同如果被定性为要物合同,则非交付标的物合同不成立或无效,这也许可以解决合同是否发生效力的问题。因此我们研究罗马法时不能将近现代民法观念简单地反置于罗马法制度之中,故而在探寻要物合同的发展脉络时也应注意这一问题。

(一)罗马法要物契约的类型以及要物性条件

要物契约在罗马法上确立之后,其类型经历了一个发展变迁的过程。在盖尤斯《法学阶梯》上实物之债的范围非常狭窄,只列举了两种实物之债,一种是通过实物缔结之债,如消费借贷,另一

---

① 参见徐国栋:《罗马法与现代意识形态》,北京大学出版社2008年版,第372页。

② 参见陈华彬:《外国物权法》,法律出版社2004年版,第91~92页。

③ 参见徐涤宇:《合同概念的历史变迁及其解释》,载《法学研究》2004年第2期。

种是错误给付。[①] 盖尤斯的分类只是过渡性的,[②]到了优士丁尼时期,实物契约的范围有所扩大,“在优帝《法学纲要》中,要物契约仅包括消费借贷、使用借贷、寄托、质权契约这四种”,[③]并延至近现代各国民法之中。现我们就消费借贷、使用借贷、寄托和质权契约四种要物契约的类型进行详细阐述,从而分析要物契约在罗马法上的包含哪些要物性具体要件。

首先,就消费借贷而言,消费借贷可能是发轫于“mutare”一词,亦即交换或者交流。“ex meo tuum facere”是消费借贷契约的核心特征,交付基于标的物所有人移转给借用人,一旦完成交付,借用人即负有返还同种类物或同样类型、质量和数量的物,而不是原物的义务。[④] 在消费借贷中,物之交付可以设立债权。起初,标的物只能是略式转移物、不特定物等,如金钱或其他代替物。但消费借贷的适用范围进一步扩大,只要当事人约定只移转标的物的价值,则特定物、要式转移物也可以成立消费借贷。[⑤] 可见,虽然罗马法上的消费借贷适用范围不断扩大,但其成立要件仍然没有溢出标的物之交付的范围。其次,使用借贷,在罗马法上简称借用。使用借贷是指无偿借用某物使用,和消费借贷一样是要物契约,亦即一旦标的物交付,借用人负有归还原物的义务,标的物一

---

① 参见[古罗马]盖尤斯:《盖尤斯法学阶梯》,黄风译,中国政法大学出版社 2008 年版,第 162 页。

② 参见[英]巴里·尼古拉斯:《罗马法概论》,黄风译,法律出版社 2010 年版,第 160 页。

③ 周枏:《罗马法原论》(下册),商务印书馆 1994 年版,第 724 页。

④ See Reinhard Zimmermann, *The law of Obligations: Roman Foundations of the Civilian Tradition*, Oxford University Press, 1996, p. 154.

⑤ 参见周枏:《罗马法原论》(下册),商务印书馆 1994 年版,第 725 页。

般是不可替代物。[①] 物件之交付是指特定物无偿交付,特定物主要是针对消费借贷的种类物相区别,既可以是动产也可以是不动产。因为使用借贷的无偿性,它不是商业生活的基础之一,同时,它一般发生在亲朋好友或邻里之间,因借用引起的诉讼纠纷几乎很少。[②] 再次,寄托与消费借贷在很多方面有相似之处,如都为要物契约,都是无偿交易,以及保管人没有所有人那么多的限制等。然而,标的物的交付不是用于使用,而是予以安全的保管,这是寄托和消费借贷的最大区别。[③] 寄托是指当事人一方向他方交付动产,他方无偿保管并应随时返还原物之契约。寄托契约之要件,主要包括:须寄托人交付物件于受寄人,寄托物为动产,寄托契约须为无偿行为,受寄人之义务,须以物件之保管为限。[④] 寄托契约的成立以动产的交付为要件,其实质亦以物之交付为要件。最后,质权契约也属于要物契约。"第四种要物契约是质权契约,质权契约中某物的交付是用于保证债务,很显然,一旦附属债务履行完毕,质权人必须将原物归还给质押人。"[⑤]质权标的物的交付只移转某物的占有。

综上所述,罗马法上的消费借贷、使用借贷、寄托和质权契约四种要物契约在交付的物的种类和转移内容有所不同,具体言之,有的物之交付仅为移转占有,有的却是移转所有权;有的为种类

---

① See Reinhard Zimmermann, *The law of Obligations*: *Roman Foundations of the Civilian Tradition*, Oxford University Press, 1996, p. 189.

② See Reinhard Zimmermann, *The law of Obligations*: *Roman Foundations of the Civilian Tradition*, Oxford University Press, 1996, p. 190.

③ See Reinhard Zimmermann, *The law of Obligations*: *Roman Foundations of the Civilian Tradition*, Oxford University Press, 1996, p. 206.

④ 参见陈朝璧:《罗马法原理》,法律出版社 2006 年版,第 227 页。

⑤ Reinhard Zimmermann, *The law of Obligations*: *Roman Foundations of the Civilian Tradition*, Oxford University Press, 1996, p. 221.

物，有的为特定物。但它们共同的特点却是相同的，即债不是产生于协议本身，而是产生于对物的交付。由此我们可以推断，罗马法时代要物契约的要物性要件仅限于物之交付。另外，从要物契约的文义上看，罗马法上要物契约的要物性亦仅为物之交付。

除以上四种类型的要物契约，在罗马法中若存在物之交付的事实，应如何处理呢？除此四种之外，纵当事人有授受物件之意思，并有履行之事实，亦只形成“简约”而已，不得发生要物契约或其他有名契约之效力也。[①] 在优帝时代，对于这种有物之交付事实的类似要物契约，而不能使当事人个别独立诉权的，称为无名契约。[②] 罗马法上的无名契约排除了要物契约具有其他要物性要件的可能。因此，我们可以得出物之交付是罗马法上的要物契约唯一的要物性要件的结论。

罗马法上的要物契约以物之交付为其要物性要件，那么近现代民法理论（尤其是在中日民法理论界）中的完成其他给付能否在罗马法上找到理论依据呢？其实物之交付也好，完成其他给付也罢，在罗马法与近现代民法中都无非是债的标的。[③] 罗马人把标的分为三类：给（dare），是指转移所有权或其他物权的义务；做（fare）是一种单纯的行为，它并不暗含权利的转移；履行（prasetare）更多涉及的是保证、责任，而不是直接的目标或债务。[④] 按此标准，物之交付在罗马法上属于“给”（dare）当无疑义。完成其他给付行为不符合“履行”（prasetare）的范围，不可能列为履行

---

① 参见陈朝璧：《罗马法原理》，法律出版社 2006 年版，第 118 页。

② 参见陈朝璧：《罗马法原理》，法律出版社 2006 年版，第 115 页。

③ 因为罗马法上的要物契约是在债之概念范围内进行讨论的已如前述，故在此不再进行赘述。

④ 参见［意］彼德罗·彭梵得：《罗马法教科书》，黄风译，中国政法大学 2005 年版，第 218 页。

也应无争议。假如完成其他给付行为要溯源至罗马法时代,那么有且只有从“做”(fare)中寻找来源依据。“做”(fare)可以是作为,也可以是不作为,如实施某一劳作,允许享用某一物品等。单纯从分类上来看,“做”(fare)似乎给完成其他给付提供了可能存在的空间。实际上是否如此?《法学阶梯》对契约种类列举为四种实物契约和四种合意契约,加上口头契约和文字契约。[①] 在所列举的契约种类中,合意契约产生于单纯的协议,不需要任何的形式或任何的行为即可成立;而要物契约的成立要件仅限于物之交付;故这两种契约完全没有以完成其他给付作为成立要件的可能性空间。至于口头契约,“通过话语缔结的债是以询问和回答的方式达成的”。[②] 简单口头约定(询问和回答的方式)即可达成口头契约,这明显也不是完成其他给付的范畴。文字契约是指通过文字缔结的,可以通过亲笔自居和约据而立,这种契约的表现形式是文字。显然,完成其他给付也无法从文字契约中找到来源依据。

综上所述,物之交付是要物契约在罗马法上的唯一的要物性要件,近现代民法中要物合同的完成其他给付作为要物性要件也无法在罗马法上找到相应的理论支撑。那么只有一个可能,即要物合同是近现代新发展的结果。[③]

(二)罗马法要物契约要物性的理由

要物契约的产生在口头契约和文书契约之后,以物之交付为

---

① 参见[英]巴里·尼古拉斯:《罗马法概论》,黄风译,法律出版社 2010 年版,第 177 页。

② [古罗马]盖尤斯:《盖尤斯法学阶梯》,黄风译,中国政法大学出版社 2008 年版,第 163 页。

③ 由优士丁尼《法学阶梯》所确立的罗马法的实物契约体系,在开始于 11 世纪的罗马法复兴运动中,被注释法学派、评论法学派等忠实地继承下来。参见刘家安:《“要物合同”概念之探究》,载《比较法研究》2011 年第 4 期。

其成立要件。要物契约因具有非要式性，而与口头契约文书契约在性质上截然不同，在契约形态上和前两种契约相比稍显突兀。那么罗马法上的要物契约基于何种理由具有要物性呢？我们认为，要物契约采要物性具有发展趋势的必然性，具体理由如下：

1. 基于伦理上的依据。要物契约的产生，被认为是伦理概念向前跨进了一大步。因为在要物契约中，一方的履行就允许使他方负担法律责任——则显然是基于伦理的根据。梅因进一步认为，要物契约与口头契约、文书契约的不同之处，并不是因为专门形式或遵从罗马家庭习惯而有所不同，而是第一次把道德上的考虑纳入契约法中的要素。道德责任在要物契约中被承认之后，凡是参加或同意一个定约的部分履行的人们，就不许由于形式上的缺陷而否认它。①

2. 要物契约都是无偿的，具有亲友邻居间互相扶助的性质。②罗马法时期的要物契约包含消费借贷、使用借贷、寄托或质权契约，无偿是它们的共同属性。具体言之，消费借贷是将一定的代替物的所有权无偿转移给对方，约定的利息若没有订立口约则属于自然之债，不受法律保护。使用借贷须为无偿将特定物移转交给对方使用，若为有偿，契约的性质就变成了租赁或无名契约。寄托也须无偿，否则就是雇佣契约或无名契约。质权契约亦如是，将物移转给质权人为无偿，质权人无须支付价金。总之，要物契约有非要式和无偿的特征。

3. 要物性赋予了要物契约诉权。在罗马古代，各种契约均须履行规定的方式，否则虽有当事人的合意，不受法律的保护。要物契约若无物件之授受，其合意仅为无诉权的简约，不受法律保护。

---

① 参见[英]梅因：《古代法》，沈景一译，商务印书馆1959年版，第213～217页。
② 参见李明发：《对传统民法要物契约的反思》，载《法学家》1990年第6期。

4. 要物性是罗马法诉讼中举证责任的内在要求。要物契约既脱离不了发生在朋友之间的场景,标的物的返还系于受领人的诚信。其给付人更为关注物之返还与否,一旦受领人不诚信而不返还标的物,那么就会产生返还纠纷。但是要式口约不能为其提供救济,法律为提供保护只好另行考虑既然给付人主张返还,他必须先举证物之交付。①

5. 要物性在形式主义向纯合意主义过渡过程中具有缓和的作用。罗马法上的契约形态,经历了一个形式主义向纯合意主义的过程。罗马古代的契约采严格形式主义,契约只有履行约定(口头形式)或一定的形式(如文书形式)才受法律保护。但随着商品经济的发展和罗马帝国对外扩张,交易越发频繁,因此物之交付有方式替代之意义。即不得以形式的欠缺否定合同的存在,但同时,仅有合意而未有物的交付亦不使合同成立,故物的交付是为法律之强制要求。②

三、发展:后世对罗马法要物合同中要物性的继受

罗马契约法从形式到合意的运动导致了原先根据签订方式对契约进行分类的重要性彻底丧失,契约类型化强制被意思自治原则所取代。虽然后世大陆法系各国的民法典不再采纳罗马法的合同分类标准,但是罗马法所确定的"通过物而产生的契约"和"通过合意而产生的契约"是现代民法要物契约和诺成契约的原型。③

近现代大陆法系民法虽然均以合同自由、意思自治为原则,但

---

① 参见蒋军洲:《罗马法上要物合同的产生原因及其现代启示》,载《前沿》2011年第10期。

② 参见郑永宽:《要物合同之存在现状及其价值反思》,载《现代法学》2009年第1期。

③ 参见方新军:《现代社会中的新合同研究》,中国人民大学出版社2005年版,第6页。

也均在不同程度上沿袭了罗马法关于要物契约的规定,只是继受程度、态度和方式不尽相同。因为在中世纪的欧洲,所有民族都与古代文化不期而遇,无一例外地受到了作为古代文化一部分的罗马法的影响。当然,在不同民族那里,与罗马法的遭遇是在不同的时机下并从不同的出发点发生的。[①] 根据民法典对要物合同的态度及继受程度不同,我们大致将大陆法系民法典可分为要物性固守型、要物性否定型和要物性缓和型三大类型,其中要物性固守型以法国、日本两国民法典为代表;要物性否定型则以《瑞士债法典》为典型;而要物性缓和型以德国民法典为范例。

(一)要物性固守型:以《法国民法典》《日本民法典》为代表

《法国民法典》是第一部近代意义上的民法典,"《法国民法典》的思想和概念虽是18世纪启蒙运动的自然法思想的产儿,但对于历史连续性价值的关注却在法典的实际草拟中占了优势"。[②]《法国民法典》的草拟者对历史连续性价值的关注,使《法国民法典》无论在体系上,还是在内容上都大量继受了罗马法。正因为如此,要物合同在《法国民法典》中有相应的体现,既有保留又有发展。首先,将"消费借贷"和"使用借贷"整合在"借贷"章节之下,如1804年《法国民法典》第1875条、第1892条分别对消费借贷和使用借贷进行了规定,[③]从文义和结构上来看,仍然以物之交付为

---

① 参见[德]茨威格特、克茨:《比较法总论》,潘汉典等译,法律出版社2003年版,第205页。

② 参见[德]茨威格特、克茨:《比较法总论》,潘汉典等译,法律出版社2003年版,第137页。

③ 《拿破仑法典》第1875条:"使用借贷为当事人一方,以物之交付他方使用,他方使用完毕后,负返还其物的义务的契约。"第1892条:"消费借贷为当事人一方交付因使用而消费的物品的一定数量于他方,他方负返还同一种类、同一品质的同数量物品于贷与人的义务的契约。"参见《拿破仑法典》,李浩培等译,商务印书馆1979年版,第261~263页。

其要物性要件,这显然蕴含着罗马法的痕迹。其次,《法国民法典》同样将罗马法上的寄托体现在立法之中,直接将寄托合同规定为要物合同,以寄托物的现实交付或虚拟交付而发生效力。① 最后,关于质权契约。《法国民法典》的质押不仅保留了罗马法的动产质押,还在此基础上发展出了不动产担保质押和不动产抵押。②但是质押契约没有规定必须以物的交付为其成立要件,如第2074条规定动产质权于作成证书或登记时发生效力。③ 现行《法国民法典》虽几经修改,但关于消费借贷、使用借贷、寄托的规定均保持原样,依旧规定为以物之交付为成立要件的要物契约。④

此外,《日本民法典》也是至今仍然保留了要物合同的大陆法系国家。单纯就要物性而言,1898年施行的《日本民法典》完全承袭了罗马法上的四种要物契约,其第587条、第593条、第657和第344条分别把消费借贷、使用借贷、寄存和质权契约明确规定为要物合同,即合同自交付标的物时而生效力。⑤ 在体例

---

① 《拿破仑法典》第1919条:"通常寄托只以寄托物的现实交付或虚拟交付而发生效力。"参见《拿破仑法典》,李浩培等译,商务印书馆1979年版,第266页。

② 《拿破仑法典》第2071条:"质押契约为债务人将作为担保债务的物件交付于其债权人的契约。"第2072条:"动产质押契约成为'动产质权'。不动产质押契约成为'不动产质权'。"参见《拿破仑法典》,李浩培等译,商务印书馆1979年版,第286页。

③ "因为根据法国法,所有权基本上已随着债权行为的完成而移转,因而它既不需要一个特别的——物权法中予以规定的——'物权契约',也不需要一个交付或者某一项代替交付的行为。"参见[德]茨威格特、克茨:《比较法总论》,潘汉典等译,法律出版社2003年版,第143页。

④ 关于最新《法国民法典》第1875条、第1892条、第1919条的规定,参见《法国民法典》,罗结珍译,中国法制出版社1999年版,第439~445页。

⑤ 《日本民法典》第587条:"消费贷借,因当事人一方,约以同一种类及数量之物为返还,自相手方收取金钱或他物,而生其效力。"第593条:"使用贷借,因当事人之一方,约以无偿使用之,及为收益之后返还之,自相手方取某物,而生其效力。"第657条:"寄托,以当事人之一方,为相手方约行保管受取某物,而生效力。"第344条:"质权之设定,因引渡其目的物于债权者而生效力。"参见《新译日本法规大全(点校本)》(第1卷),南洋公学译书馆初译,何佳馨点校,商务印书馆2007年版,第307~351页

上《日本民法典》依《德国民法典》,使用借贷及消费借贷与租赁分别独立,寄存合同仍然单列一章,置于委托合同之后。另外,质权契约是质权设定人将质物交付给质权人而发生效力,其为物权契约,此时要物契约的触角已伸入至物权契约领域。此与法国民法上的要物合同不同,主要是因为《日本民法典》继受德国民法中的债权和物权二分法。同样,《日本民法典》自 1898 年施行起已有百余年时光,亦被修订多次,但在上述四种要物合同的规定上也如《法国民法典》一样未再作任何修改,保持了原有要物契约的规定。①

(二)要物性否定型:以《瑞士债法典》为典型

《瑞士债法典》是瑞士民法典的重要组成部分,于 1912 年 1 月 1 日与瑞士民法典一起施行,其内容包括债的一般规定、侵权之债、不当得利之债、各种合同以及商法等内容。②《瑞士民法典》保留了使用借贷、消费借贷和寄托合同三种类型,体例上沿袭法国民法典将使用借贷和消费借贷统一规定在借贷合同章节之内,寄托合同单列成章。它最大的特色之一在于,完全排斥了罗马法上的要物契约观念,所有合同直接规定为诺成合同。《瑞士债法典》第 305 条、第 312 条和第 472 条分别对使用借贷合同、消费借贷合同

---

① 最新《日本民法典》第 344 条、第 587 条、第 597 条、第 657 条的规定仍然与 1898 年施行的《民法典》一致,参见《最新日本民法》,渠涛编译,法律出版社 2006 年版,第 73 ~ 142 页。

② 1907 年瑞士议会通过了民法典,并规定于 1912 年 1 月 1 日施行。在此期间将 1881 年的债务法予以增补使之与民法典相配合。由于时间紧促,只能对债务法总则部分(包括契约总则、侵权行为法、不当得利法)和各种契约部分加以修改,债务法的修订的部分与民法典同时施行,债务法实际上是民法典的第五编。参见[德]茨威格特、克茨:《瑞士民法典的制定及其特色》,谢怀栻译,载《环球法律评论》1984 年第 3 期。

和寄托合同进行了规定，[①]从文义上就可看出瑞士民法典对上述三种合同撇去了罗马法上的以物之交付为要物性的做法，而是采“同意”即合意主义为成立要件。《瑞士债法典》施行近百年，期间虽然也历经几次修订，但都没有对使用借贷合同、消费借贷合同和寄托合同的规定进行修改，保留了原有诺成合同的面目。

（三）要物性缓和型：以《德国民法典》为范例

《德国民法典》虽然采用了与《法国民法典》完全不同的潘德克顿体系，[②]不失为德国学说汇纂学派及其深邃、精确而抽象的学识的产儿，[③]但本质上也是继受罗马法的产物。1900 年施行的《德意志帝国民法典》关于使用借贷、消费借贷和寄托的规定并没有像法国、日本两国民法典那般明确的规定为须物之交付始生效力，[④]施行以后，其关于使用借贷、消费借贷和寄托等规定未作任何修改、增订或删减，被《德意志联邦共和国民法典》全盘保留下来，[⑤]因此我们可以从《德意志联邦共和国民法典》看到《德国民法典》

---

① 《瑞士债法典》第 305 条：“使用借贷合同是指出借人同意交付财产给借用人无偿使用，借用人同意在使用后返还该财产的合同。”第 312 条：“消费借贷合同是指出借人同意交付一定数额的金钱或其他可代替物于借贷人，借贷人同意返还用数量、金钱或者同质同量的财产的合同。”第 472 条：“寄托合同，是指保管人负责接收寄托人委托给他的财产，并于安全的地方予以保管的合同。”参见《瑞士债法典》，吴兆祥等译，法律出版社 2002 年版，第 75、76、145 页。

② 1804 年的《法国民法典》和 1900 年的《德国民法典》体系上的不同主要是两者的制定蓝本不同，前者以《法学阶梯》为蓝本制定的，后者以《学说汇纂》为蓝本制定的，但都明显具有罗马法的痕迹。

③ 参见［德］茨威格特、克茨：《比较法总论》，潘汉典等译，法律出版社 2003 年版，第 219 页。

④ 德国民法对使用借贷、消费借贷和寄托，有解释为要物契约的，也有解释为诺成契约的。参见史尚宽：《债法各论》（上、下册合订），荣泰印书馆股份有限公司 1981 年版，第 245 ~ 487 页。

⑤ 参见《德意志联邦共和国民法典》，上海社会科学院法学研究所译，法律出版社 1984 年版，第 663 ~ 660 页。

关于使用借贷、消费借贷和寄托的第 598 条、第 607 条和第 688 条规定。[①] 一般认为，《德国民法典》(第 598 条、第 607 条、第 688 条)均以使用借贷、消费借贷及寄托为要物契约。[②] 另外，质权契约在《德国民法典》的债编中消失了，主要是因为法典基于德国民法中物权与债权的二分法，分别独立成编。质押合同被认为创立了担保物权而被德国立法者规定在物权编之中，质押合同逃离至物权契约，与债权契约相离。[③] 其与日本的质权契约不同，德国民法并未将其纳入要物合同之中。此时，德国民法上的要物合同包括消费借贷、使用借贷和寄托合同三种类型，物之交付是它们的唯一要物性要件。但是，德国民法学术界一般认为，随着 2002 年 1 月 1 日的《债法现代化法》正式施行，要物合同走入了德国民法的历史，现行《德国民法典》中要物合同的痕迹消失殆尽。[④] 如梅迪

---

① 《德国联邦共和国民法典》第 598 条："根据使用借贷契约，物的贷与人负有允许借用人无偿使用借用物的义务。"第 607 条："因消费借贷受领金钱或其他代替物的人，对贷与人负有同种类、同品质、同数量来返还受领物的义务。因其他原因对金钱或其他代替物负有债务的人，得与债权人约定，将金钱或物作为消费借贷所负的债务。"第 688 条："因寄托契约，受寄人负有保管寄托人所交付的动产的义务。"参见《德意志联邦共和国民法典》，上海社会科学院法学研究所译，法律出版社 1984 年版，第 152 ~ 184 页。

② 参见史尚宽：《债法总论》，中国政法大学出版社 2000 年版，第 9 页。德国官方也将之认定为要物合同，Canaris, Schuldrechtsmodernisierung, Muchen, 2002, S. 884. 转引自陈自强：《德国消费借贷之修正与债法之现代化》，载《台大法学论丛》2008 年第 37 卷第 1 期。

③ 参见方新军：《现代社会中的新合同研究》，中国人民大学出版社 2005 年版，第 17 页。

④ 自 2002 年《德国债法现代化法》后，《德国民法典》在使用借贷(第 598 条)和寄托合同(第 688 条)方面的规定未作修改，唯一的变化是将消费借贷正式分为物的消费借贷与金钱的消费借贷两种不同的合同，前者仍然保持为第 607 条原有内容，但后者增订为第 488 条。分别参见《德国民法典》，杜景林、卢谌译，中国政法大学出版社 1999 年版，第 148 ~ 175 条；《德国民法典》(第 2 版)，陈卫佐译，法律出版社 2006 年版，第 168 ~ 275 页。

库斯认为:"保管合同与借用或借贷合同一样,一般不是以物的交付为条件的实践合同。但保管人只有在确实受领物后,才负有物的保管和返还的义务。"[①]至于借贷合同,梅迪库斯认为自第607条第1款修订以来,以及自德国债法现代化后确立了第488条第1款以来,借贷肯定是诺成合同,再将借贷理解成要物合同已经不能站得住脚了。[②] 借贷合同的合同典型义务(vertragstypische Pflichten)见于《德国民法典》新债法第488条第1款,非常明确地确立了借贷合同为诺成合同。至此,早就不为任何人所持的认为借贷合同只有通过付出资本始告成立的所谓要物合同说(Realvertagstheorie),在《德国民法典》的法律条文上亦不再具有依据。[③]

从上述比较法考察,我们可得知要物合同的要物性在立法上具有缓和性的趋势,尤其在德国民法的修订上体现得更为明显。即使在要物性固守型的日本民法理论界,很早就出现了对要物合同的检讨。[④] 如民国《法治周报》曾刊登了日本民法学大家石板音四郎的"要物契约否定论"译文,他认为"今当罗马法学渐衰而为社会法学勃兴之际,则要物契约之观念将一并而排斥之,是为自然之趋势。"[⑤]同时,大陆法系民法典中要物合同的类型一直沿袭罗马法,仅限于消费借贷、使用借贷、寄托以及质权契约四种。也就

---

① [德]梅迪库斯:《德国债法分论》,杜景林、卢谌译,法律出版社2007年版,第363页。

② [德]梅迪库斯:《德国债法分论》,杜景林、卢谌译,法律出版社2007年版,第228页。

③ 参见《德国新债法研究》,杜景林、卢谌,中国政法大学出版社2004年版,第301页。

④ 由于笔者法语语言能力的限制,未能收集到与法国民法相关要物合同的著作和论文,而无法判定法国民法学术界对要物合同的态度,故仅以日本叙述为主。

⑤ [日]石板音四郎:《要物契约否定论》,朱治礼译,载《法治周报》1933年第9期。

是说,要物合同的要物性在大陆法系民法中虽然有所缓和之趋势,但其要件从罗马法至今都没有溢出物之交付的范围。

近现代民法中要物合同的要物性要件真的没有溢出物之交付的范围吗?近现代民法以合同自由和意思自治为原则,诺成性是合同的基本特性,[①]使诺成合同在合同领域空间中得到了最大的释放,而与之相对的要物合同受到合同自由和意思自治原则的极大约束,仅保留了非常狭小的生存空间,表现为当今民法典中的有名合同均以诺成合同为主,以要物合同为例外,仅限于使用借贷、消费借贷和保管等合同之中。但我们还应注意到,合同自由和意思自治原则在限制要物合同的生存空间的同时,又为要物合同留下了弹性的生长空间,这表现为合同自由原则赋予了当事人可以自由约定以物之交付为成立或生效要件的可能。[②] 也就是说,除了法律规定为要物合同的有名合同外,还可能有无名要物合同的存在。[③] 因此,近现代民法中关于要物合同的要物性要件是否仅限于物之交付的问题,我们不能简单地予以断定,还应做深入考察。

---

① 参见张鸿兵:《诺成性是合同的基本特性》,载《法律科学》1991 年第 2 期。

② 王利明教授认为,诺成合同是合同的一般形态,并不排除当事人双方特别约定以交付标的物为合同成立的约定,法律也可以规定在特殊情况下,交付标的物可以成为合同成立的特别要件。参见王利明:《合同法研究》(第 1 卷)(修订版),中国人民大学出版社 2011 年版,第 30 页。隋彭生教授持同样观点,认为实践合同由当事人约定并无不可,这正体现了合同自由思想。参见隋彭生:《合同成立法律关系新探——从"法律事实"出发的理论分析》,载《政治与法律》2012 年第 7 期。

③ 产生这一结果仍然可归因于合同自由和意思自治原则,在罗马法上的要物契约采类型强制主义,除消费借贷、使用借贷、寄托和质权契约之外的其他的物之交付情形(如物物交换等归为无名契约)或类似的要物契约并没有诉权,不受法律保护,不属于债的范围。而现在的无名合同是指法律未特别规定,也未赋予一定名称的合同,其仍然发生法律上的效力,属于合同的范围。

四、追问：要物合同中的"完成其他给付"存在与否？

我们通过前文对要物合同历史脉络的梳理，发现"完成其他给付"在罗马法并没有相应的理论来源，在比较法上也找不到相应的法律依据。那么回到主题，要物合同的要物性是否存在"完成其他给付"？在前文已提及民法理论界以"完成其他给付"与"物之交付"并列为要物性要件的，以日本的我妻荣先生、我国史尚宽先生和韩世远教授为代表。循此线索，我们从日本的要物合同的理论学说中考察"完成其他给付"存在与否。我妻荣先生认为典型契约中，消费借贷、使用借贷和寄存为要物契约，其他则为诺成契约。[①] 然而，其在《新订担保物权法》中又认为设立动产的契约为要物契约。[②] 史尚宽先生认为债权契约中的使用借贷、消费借贷、寄托为要物契约，债权以外例如动产质契约、代物清偿契约、提存契约为要物契约。[③] 韩世远教授在其《合同法总论》中仅列举了保管合同与定金合同为要物合同。[④] 虽然他们对要物合同的种类认识不一，但却有一个共同之处，即要物合同概念并不局限于债权合同范围，也存在于物权合同之中。[⑤] 为了寻找"完成其他给付"存在与否的答案，这里以最为广泛的要物合同概念，综合日本的学说判例(案例)中的要物合同，我们大致可将要物合同分为债之发生

---

① 参见[日]我妻荣：《我妻荣民法讲义 V1：债权各论》(上卷)，徐慧译，中国法制出版社 2008 年版，第 46 页。

② 参见[日]我妻荣：《我妻荣民法讲义Ⅲ：新订担保物权法》，申政武等译，中国法制出版社 2008 年版，第 120 页。

③ 参见史尚宽：《债法总论》，中国政法大学出版社 2000 年版，第 9 页。

④ 参见韩世远：《合同法总论》(第 3 版)，法律出版社 2011 年版，第 58～59 页。

⑤ 近现代要物合同的概念较之罗马法要物契约更为广泛已如前述，这是近现代要物合同与罗马法上的要物契约之间的区别之一。

上的要物合同、债之消灭上的要物合同以及物权上的要物合同三类进行考察。

(一)债之发生上的要物合同

债之发生上的要物合同,是以产生债之发生的法律效果的要物合同。此种要物合同的类型包括消费借贷、使用借贷、寄存、押租金合同、定金合同和存款合同。

首先,消费借贷、使用借贷和寄存为要物合同,以物之交付为成立要件当无疑义。应特别指出的是,在我国现行规定中,仅有自然人之间借款合同与保管合同为要物合同,前者为自贷款人提供借款时成立(《民法典》第679条),后者自保管物交付时成立(《民法典》第890条),借用合同在我国规定为无名合同。

其次,押租金合同在我国除1951年10月12日最高人民法院西南分院《关于房屋租赁退押金问题的批复》中略有陈述外,原《民法通则》及其后民事法律均未涉及。押租、行租是新中国成立前以及新中国成立后一段时间内存在的一种特殊的民事法律关系,当时,不动产租赁,尤其是房屋租赁,通常由承租人以一定的金额为押租(亦称为押金或押租金)交付于出租人。押租的主要目的,在于担保承租人租赁债务的履行,在租赁关系终止、承租人返还租赁物前,不发生押租的返还债务,但也有例外,如超过规定的押租,承租人应以超过部分抵付租金。返还租赁物时,因债务不履行而产生的赔偿额,由押租中扣除。承租人的其他债权人,无法就承租人的押租返还请求权,优先于出租人而受清偿。因此,1951年10月12日最高人民法院西南分院《关于房屋租赁退押金问题的批复》指出:(押金)原是房主取得房客负责交租的一种保证,也可以视为租金的预缴。可见,我国押租金合同并不是要物合同。押租金作为附带于租赁契约的契约,在日本也因金钱交付发生效力，而被认为是要物契约。[①] 综上所述，押租金契约以金钱之交付为其成立要件，押金权之移转，自亦须交付金钱，始生效力。

再次，定金合同也被认为是要物合同。我国原《担保法》第 90 条后段关于"定金合同从实际交付定金之日起生效"的规定与法释[2000]44 号第 119 条关于"实际交付定金少于约定数额，视为变更定金合同（《民法典》对此进行了修订，第 586 条第 1 款后句，定金合同自实际交付定金时成立）；收受定金一方提出异议并拒绝接受定金的，定金合同不生效"的规定，可以视为承认定金合同为要物合同。[②] 我国司法实务界也将定金合同认定为要物合同，法院在新疆亚坤商贸有限公司与新疆精河县康瑞棉花加工有限公司买卖合同纠纷案中认为"关于定金问题，定金系实践性合同，定金合同从实际交付定金之日起生效"。

最后，存款合同在我国司法实务界认为是要物合同。[③] 河南省尉氏县人民法院在（2011）尉民初字第 202 号常付举诉尉氏县农村信用合作联社储蓄存款合同纠纷案中认为，"存款合同是一种实践合同，只要存款人与金融机构达成存款合意，并向金融机构交付款项后，存款人与金融机构之间的存款合同关系即告成立。金融机构或其工作人员此后是否入账，如何运作，不影响存款关系的成立与效力，存款凭证只是反映存款关系存在的证据，而不是决定存

---

① 参见[日]我妻荣：《我妻荣民法讲义 V2：债权各论中》（卷一），徐进等译，中国法制出版社 2008 年版，第 236 页。

② 参见崔健远主编：《合同法》（第 5 版），法律出版社 2010 年版，第 197 页。

③ 在理论界亦曾有这方面的观点，认为存款合同为实践合同，自存款人向银行或信用社交付货币时起，合同才成立。参见《法学研究》编辑部：《新中国民法学研究综述》，中国社会科学出版社 1990 年版，第 653 页。

款合同成立的唯一标准”。[①] 存款合同是金融机构接收存款人的存款,存款人可随时支取存款的合同,存款的交付行为是存款合同合法成立并发生法律效力的依据,即存款的交付行为是存款合同的要物性要件。

(二)债之消灭上的要物合同

债之消灭上的要物合同,其法律效果是债之关系的消灭,一般认为包括代物清偿、提存。

第一,代物清偿。我国《民法典》没有直接规定代物清偿为合同消灭的原因,但是基于合同自由原则,只要不违反强制性法律规范,当事人也有对自由变更和终止合同的自由。因此,应当允许代物清偿作为合同终止的原因。代物清偿在我国认为是要物合同,将代物清偿理解为要物合同,从而区分代物清偿与合同变更,否则代物清偿缺乏独立的制度空间。[②] 另外,司法实务界对要物清偿亦采要物合同说。

第二,提存。提存的性质尚有争议,我国大陆民法学术界一般认为提存属于私法上的行为,而非公法上的行为,本质上是一种保管合同,即债务人与提存部分之间缔结的一种向第三人履行的保管合同。[③] 因为法释[2009]5 号第 25 条第 1 款对此作了明确的规定:“债务人将合同标的物或者标的物拍卖、变卖所得价款交付提

---

① 【法宝引证码】CLI. C. 728736。法院将存款合同认定为要物合同的观点,我们通过北大法宝共搜到 12 个案例,文中所引“常付举诉尉氏县农村信用合作联社储蓄存款合同纠纷案”只是其中一例。

② 参见王利明:《合同法研究》(第 2 卷)(修订版),中国人民大学出版社 2011 年版,第 280 页。

③ 参见韩世远:《合同法总论》(第 3 版),法律出版社 2011 年版,第 559 页;王利明:《合同法研究》(第 2 卷)(修订版),中国人民大学出版社 2011 年版,第 280 页。但是张谷教授认为提存关系为公法上的保管关系,且有涉他效力。

存部门时，人民法院应作认定提存成立。”合同标的物或价款交付提存部门时提存成立，显然与要物合同的条件相符，故提存是一种要物合同。我国台湾地区对提存性质亦有争论，但通说认为提存为私法上的契约，并属于第三人利益寄托契约。[①] 提存系将给付物寄托于提存所之行为，故为寄托契约。此契约必须将给付物现实提存，始能成立，故为要物契约。[②] 提存的要物性要件是标的物或价款交付，或者是给付物现实提存，毋庸置疑，都在物之交付范围之内。

（三）物权上的要物合同

物权与债权被称为大陆法系财产权的二元体系，是近代以来大陆法系民法上的两个基本概念。区分财产权为物权和债务，滥觞于德国民法，[③]始有物权行为和债权行为、物权合同与债权合同之分。物权合同，是指以发生物权变动为内容的合意，物权上的要物合同有动产物权让与、质权合同。

第一，动产所有权让与。我国现行法未承认物权行为理论，在动产物权变动场合，需要法律行为生效加上动产的交付才会引起

---

① “关于提存之性质，学说有公法上之法律关系说，与私法上之契约说二种，而在私法上契约说中，学说见解亦不一致，主张系寄托契约者，亦有主张第三人利益契约者，亦有谓系并有此两种性质之特别契约，即第三人利益之寄托契约说者。通说认为提存为私法上之契约，并属第三人利益之寄托契约。”曾隆兴：《民法债编总论》，台北，三民书局1999年版，第643页。邱聪智教授亦采同样观点，参见邱聪智：《新订民法债编通则》（下），台北，瑞明彩色印刷有限公司2003年版，第743页。日本民法学术界也持同样观点，提存的法律性质是为第三人的提存契约。参见[日]我妻荣：《我妻荣民法讲义Ⅳ：新订债权总论》，王燚译，中国法制出版社2008年版，第273页。

② 参见郑玉波：《民法债编总论》（修订第2版），陈荣隆修订，中国政法大学出版社2004年版，第502页。

③ 区分财产权为物权和债务，其实是德国法的产物。法国民法典并不使用物权一词。参见谢哲胜：《民法物权》（增订3版），台北，三民书局2010年版，第28页。

物权变动。[①] 法律行为生效与否和动产交付没有直接关联,从而否定了动产所有权让与的要物性。日本民法同样未将动产所有权让与确认为物权上的要物合同,因为日本民法对物权变动采当事人意思主义,即物权移转仅因当事人的意思表示而发生效力。[②]

第二,质权合同。质权合同在我国也不被认为是要物合同,即质押财产的交付不是质权合同的成立或生效要件。立法理由认为"出质人与质权人订立动产质权合同,该合同自成立时生效,但在移转质物的占有之前,并不发生担保物权的效力。"[③]亦即质权合同的成立与生效应根据合同法的规定进行判断,否定了质权合同的要物性。质权合同在日本称为设定质权契约,并被认定为要物合同。质权通常多依契约的方式设定,因供担保之动产移转于债权人占有而生效力("民法"第 885 条第 1 项),[④]故为要物契约,移转占有亦即交付。[⑤] 设立动产质权的契约是要物契约,亦即要使质权设立的契约生效以动产的交付为必要,但是,不限于现实交付,也可是简易交付或指定移转占有。[⑥]

合同自由与意思自治原则与要物合同之间的关系已如前述,这就为"完成其他给付"纳入要物合同要物性要件中留下了空间。

---

① 参见崔健远:《物权法》(第 2 版),中国人民大学出版社 2011 年版,第 43 ~ 44 页。

② 日本《民法》第 176 条:"物权的设定及移转,仅因当事人的意思表示而发生效力。"参见《最新日本民法》,渠涛编译,法律出版社 2006 年版,第 42 页。

③ 全国人大常委会法制工作委员会民法室编著:《中华人民共和国物权法解读》,中国法制出版社 2007 年版,第 459 页。

④ 第 885 条第 1 项:"质权之设定,因供担保之动产移转于债权人占有而生效力。"参见黄荣坚等编:《月旦简明六法》,台北,元照出版有限公司 2009 年版,第 90 页。

⑤ 参见郑玉波:《民法物权》,黄宗乐修订,台北,三民书局 2011 年版,第 364 页。

⑥ 参见[日]我妻荣:《我妻荣民法讲义Ⅲ:新订担保物权法》,申政武等译,中国法制出版社 2008 年版,第 120 页。

要言之,债之发生上的要物合同和物权上的要物合同的要物性要件均以物之交付为限,如金钱的交付、代替物的交付、动产的交付。唯有债之消灭上的要物合同中的代物清偿以他种给付为其要物性要件,实际上他种给付是包含物之交付和其他给付,其外延大于物之交付,只要与原定给付不同即可。所以,要物合同中的"完成其他给付"要物性条件是存在的。

五、代结论:兼评"完成其他给付"应否纳入要物合同要物性

从前文分析得知,近现代民法中的要物合同与罗马法上的要物契约完全属于两个不同的概念,前者的内涵在后者的基础之上进行了扩张,要物合同的触角从债之发生,延伸至债之消灭、物权合同方面。我们认为,要物合同作为罗马法的遗物,已经从"民法沿袭而作规范,学说附和而作解释",发展成其精华已经遁离原初设计"借尸还魂,于民法规范之外其他行为上活跃运作"。[①] 如在我国,"完成其他给付"的要物性存在即其典型表现之一,[②]关于"完成其他给付"应否纳入要物合同要物性问题,我们认为可以从两条路径进行检讨。一方面,应对要物合同的要物性进行解构与重构,尤其是需要重新审视要物性功能;另一方面,对"完成其他给付"纳入要物性问题进行检讨,也就是对代物清偿的要物合同说重新认识。

第一,要物合同要物性的重新审视。从后世大陆法系民法继

---

① 参见曾世雄:《民法总则之现在与未来》,台北,三民书局1993年版,第196～197页。

② 要物合同于民法规范之外活跃,在我国主要表现为代物清偿和存款合同。但是,我们还应清楚,要物契约在我国台湾地区"民法"是须特别规定而存在,如除消费借贷、使用借贷和寄托有明文规定之外,代物清偿、提存、动产让与和设定动产质权契约都有明文规定。故我国要物合同的要物性进行了扩张。

受罗马法中要物的过程,我们可以发现要物合同在近现代民法中有缓和趋势,以德国表现最为明显。要物合同的缓和之势与其要物性功能在近现代社会发挥的作用有限相关,要言之,首先,随着近现代社会商品经济的发展,使用借贷、消费借贷和寄托已逐渐与罗马法时代的概念和范围不同。无偿只是消费借贷、使用借贷和寄托的一面,但是有偿的另一面在社会生活中大量存在,并且在现代社会起到着越来越重要的作用,也就是说以消费借贷、使用借贷和寄托的无偿性作为要物性的理由已摇摇欲坠。其次,以要物性赋予要物合同诉权在现代社会也无法作为其要物性的理由。因为诺成性是近现代合同的基本特性,双方当事人合意即可成立合同并赋予法律效力即诺成合同成为现代社会的一般形态,而且罗马法上对合同的严格形式主义已成为历史。再次,要物性在诉讼上发挥举证的功能也趋于弱小。究其原因,现代信息科技发展,导致取证手段方式多样性、多元化和电子化,举证较罗马法时代轻易许多,要物性作为举证功能早已被现代科技弱化。最后,近现代民法以合同自由和意思自治为原则,要物性作为形式主义向合意主义过渡时期的缓和功能也不复存在。因此难怪学人认为,现代的要物合同背负了沉重的历史包袱,始终笼罩在罗马法阴影之下。[①]毋庸置疑,要物合同的要物性功能趋于弱化,甚至有人认为坚持要物性有碍交易安全,但是我们还应注意到,"理性的立法者明文规定某契约为要物契约时,事实上,乃透过此一立法技术,表现其价值判断。"亦即要物合同概念的建立有一定的目的性,有其实质理由,故而也不能简单地给予否定。因此,我们认为要物合同的要物性实无盲目扩大之必要,又不能简单地将其否定,而应将要物性予

---

① 参见曾世雄:《民法总则之现在与未来》,台北,三民书局 1993 年版,第 197 页。

以限制,仅以法律特别规定而存在。因为某种合同是否为要物合同应由国家立法根据一定的社会经济条件的要求来确定,合同的内容不能作为这种确定的依据。在同一个国家,为了满足不同时期的需要,法律可能将某一种合同于此时期确定为实践性的,于彼时期将它确定为诺成性的。[①]

第二,"完成其他给付"纳入要物性的检讨。完成其他给付成为要物性要件仅在代物清偿合同中存在,故而完成其他给付应否纳入要物性要件的问题,主要就是重新认识代物清偿是否应确认为要物合同说,或者是否有必要用代物清偿突破要物合同以法律特别规定的要求。其实,代物清偿除了要物合同说之外,还有特殊变更契约说和债务更新说等主张。[②] 我们认为,无论代物清偿采何种主张,都应以能否解决问题为必要,也就是需要考量代物清偿纳入要物合同序列中,是否具有实益。分述之:首先,代物清偿合同采要物契约说,其目的仅在说明债之消灭效果的发生,但特殊变更契约说对此也能圆满说明。[③] 其次,代物清偿为要物契约说时,对于他种给付有瑕疵情形时不能解决,但采特殊变更契约说却能妥善地解决这一问题。"代物清偿是当事人之间约定由债权人受

---

① 参见《法学研究》编辑部:《新中国民法学研究综述》,中国社会科学出版社1990年版,第414页。

② 特殊变更契约说,认为债务人代物清偿系当事人一方变更原定给付为代物清偿之他种给付,债务变更契约成立之同时,立即清偿变更后之给付义务。债务更新说,认为新成立一项债务而消灭旧的债务的契约。该说在法国为通说。要物合同说,必须由清偿受领人现实地受领他种给付,为德国通说。参见王利明:《合同法研究》(第2卷)(修订版),中国人民大学出版社2011年版,第279~280页。

③ 特殊债务契约说认为债权人受领他种给付之同时,债之标的同时变更为他种给付,故清偿系在消灭被变更之债之关系,债之关系消灭之原因,仍为一般之清偿关系,易言之,非有依债务本旨为清偿,无从消灭债之关系。参见陈自强:《无因债权契约论》,中国政法大学出版社2002年版,第319页。

领债务人以他种给付代替原定给付,从而使合同关系消灭。原有债之关系的同一性不因代物清偿而改变,故无论瑕疵问题处理,抑判断他种给付有瑕疵时,原定债务是否消灭,都仍应适用原定给付有瑕疵时所应适用的法律。特殊变更说不仅能圆满解决此问题,并能合理说明法律性质。"[①]可见,将代物清偿纳入要物合同之中,仅能解决债之消灭的法律效果问题,却无法妥善地解决代物清偿有他种给付瑕疵情形的问题。最后,要物合同的要物性不应盲目地扩张,而需通过法律特别规定的手段予以限制。若代物清偿采要物合同说,不仅会扩张要物合同的要物性,还将突破法律特别规定的限制。显然,特殊变更契约说能够弥补这一缺憾。综上所述,代物清偿实无采要物合同说的必要,应解释为特殊变更契约说更为合理。

总之,学术界对于要物合同中"完成其他给付"研究的忽略给处于前民法典时代的我们带来了理论上的困扰。我们发现,"完成其他给付"在罗马法上的要物契约中并没有相应的理论依据,在近现代民法中也仅存在于代物清偿合同之中。我国民法典并无关于代物清偿的明文规定,理论上和实务中都将其解释为要物合同有待商榷,但是我们认为代物清偿合同解释为特殊变更契约说更为合理,因为既可以排除完成其他给付纳入要物性要件而导致要物性要件的无限制扩张,要物合同又可以不用突破法律特别规定而存在。

---

① 参见陈自强:《无因债权契约论》,中国政法大学出版社 2002 年版,第 384 页。

第五章　经营者沉默欺诈认定的现代回归*

一、问题的提起

意思自治是民法的基本原则，意思表示自由是意思自治的具体彰显。为保护行为人意思表示自由不受干扰，民法规定了意思表示瑕疵制度。其中，欺诈是意思表示瑕疵的重要制度，欺诈从理论上分为积极欺诈和沉默欺诈（消极欺诈）。沉默欺诈的构成要件以告知义务为前提。在司法实践中，沉默欺诈一般发生于经营者与消费者之间，对于经营者沉默欺诈的认定尚有争议。最高人民法院公布的指导案例 17 号"张莉诉北京合力华通汽车服务有限公司买卖合同纠纷案"（以下简称指导案例 17 号）对欺诈的认定思路为："销售者不能证明已履行告知义务且得到消费者认可的，构成销售欺诈"，即采用"未履

---

* 本章原题为《经营者沉默欺诈认定的矫正与回归》，载《华东政法大学学报》2020 年第 5 期，发表时有删减。

行告知义务即构成欺诈”的推定认定路径。指导案例 17 号旨在“进一步保护消费者的合法权益，倡导诚信经营，加强社会诚信建设，对维护公平的市场交易秩序具有引领意义”，[①]并希冀以此厘清经营者沉默欺诈的认定问题。但是，该案也遗留了一系列问题，给现有司法实践带来了困扰，主要表现为标的物的瑕疵责任和欺诈行为之间的关系、未履行告知义务与缔约过失的关系、欺诈认定路径等问题。2018 年年底，最高人民法院第五巡回法庭作出了“贵州新贵兴汽车销售服务有限责任公司与杨代宝买卖合同纠纷案”（以下简称“天价豪车赔偿案”）判决[②]，引发了社会的广泛关注和热议。虽然指导案例 17 号与“天价豪车赔偿案”均涉及汽车买卖合同经营者的告知义务和沉默欺诈认定问题，但两案的裁判结论却截然相反。[③]

二、经营者沉默欺诈认定的混乱现象：指导案例 17 号遗留的纷争

最高人民法院指导案例对下级法院具有“应当参照”的效力。据统计，自指导案例 17 号发布以来，截至 2018 年 12 月 31 日，其被应用 71 次，位列指导案例应用次数第 7 位。[④] 可见该指导案例对司法实践产生了重要影响。但不同法院在经营者就瑕疵事项未

---

① 张先明：《最高人民法院发布第五批指导性案例》，载《人民法院报》2013 年 11 月 23 日，第 3 版。

② 参见最高人民法院民事判决书，(2018) 最高法民终 12 号。

③ 须特别注意的是，“天价豪车赔偿案”由贵州省高级人民法院作出一审判决，认为汽车销售商贵州新贵兴公司构成欺诈，支持了杨代宝关于退一赔三的诉讼请求；但最高人民法院在二审时却认为汽车销售商仅构成侵犯消费者知情权，不足以构成欺诈，故予改判。该一审判决与指导案例 17 号的裁判思路一致，但二审判决却持相反观点。

④ 参见《最高人民法院指导性案例司法应用报告(2018)》。

履行告知义务是否构成沉默欺诈的认定问题上,形成了不同的认定路径。

（一）经营者沉默欺诈认定的若干路径

路径1:指导案例17号确立了“未履行告知义务即构成欺诈”的推定认定路径。同样地,在“贾佳莹等与北京德特汽车贸易有限公司买卖合同纠纷案”中,法院认为“锦麟盛泰公司系对车辆的里程进行了修改,使消费者难以辨别车辆的真实情况,相比17号指导案例,本案的行为手段更具有主观故意性和欺骗性,因此应当认为本案的销售者比17号指导案例中的销售者更加不诚信,故应当参照17号指导案例的标准认定欺诈”。[①] 此外,《最高人民法院公报》2018年第11期刊登的“邓美华诉上海永达鑫悦汽车销售服务有限公司买卖合同纠纷案”判决将指导案例17号作为裁判理由进行引述,肯定了后者对沉默欺诈的认定路径。[②]

路径2:经营者未履行告知义务,侵犯消费者知情权,适用《消费者权益保护法》(以下简称为《消保法》)第52条。采该路径的主要观点认为,应区分商品特性和考虑实际情况认定经营者的行为是否构成欺诈;新车的轻微划伤(“两道分别为11cm×0.1cm和7cm×0.3cm”)并不影响车辆外观、安全性能及使用功能,损害极其轻微,该事实并不足以使消费者陷入错误认识并以此作出意思

---

① 该案亦为“天价豪车赔偿案”,涉案车型为劳斯莱斯,最后法院判决经营者“退一赔三”(以发票金额4,605,028.58元为据的三倍,即13,815,085.74元)。详见北京市第三中级人民法院民事判决书,(2018)京03民终3192号。

② 该案的裁判要点为:汽车经销商对于车辆后保险杠外观瑕疵予以“拆装后保、后保整喷”的维修超出了车辆售前正常维护和PDI质量检测的范围,经销商对此未履行告知义务的,侵犯了消费者的知情权、选择权,使其陷入错误认识,属于故意隐瞒真实情况,构成消费欺诈。消费者要求经销商按照消费者权益保护法赔偿损失的,经销商应承担车辆3倍价款的惩罚性赔偿责任。

表示,即使经营者未告知也不构成欺诈;但经营者的瑕疵交付行为致使车辆客观贬值,具有过错,应承担《消保法》第 52 条规定的损害赔偿责任。[①]

路径 3:经营者未履行告知义务构成局部欺诈。采该路径的观点认为,从商品的属性、使用特点和生活常识判断,车辆与车辆油漆等部分瑕疵的价值判断和功能是可以分离的,即使油漆等车辆部分存在瑕疵,并不影响整车的安全性能及使用,仅是影响车辆外观和消费者心理感受,构成部分欺诈。[②]

路径 4:经营者就瑕疵未进行告知不构成欺诈,仅承担违约责任。采该路径的观点认为,车辆的瑕疵为不符合质量标准的一种情形,经营者就瑕疵未履行告知义务将构成买卖合同违约。消费者应依据《合同法》第 60 条第 1 款、第 111 条和第 155 条[现《民法典》第 509 条第 1 款、第 582 条和第 617 条]请求经营者承担违约责任。[③]

---

① 参见"温州之星汽车有限公司与陈镛买卖合同纠纷再审案",浙江省高级人民法院民事裁定书,(2015)浙民申字第 1881 号。有意思的是,该案一审时,法院参照适用指导案例 17 号作出认定欺诈的判决;二审时法院并未支持,再审即为此路径。

② 参见"沈明会、武汉鄂宝汽车销售服务有限公司买卖合同纠纷案",湖北省高级人民法院民事判决书,(2018)鄂民再 90 号。有意思的是,该案经历一审、二审和再审,一审和二审法院均持"局部欺诈"观点,但再审法院以《侵害消费者权益行为处罚办法》中的条件认定欺诈,最后并未支持欺诈赔偿的观点。此外,持"局部欺诈"观点的案例还有:"汪杨与淮安长菱联华汽车销售服务有限公司产品销售者责任纠纷案",参见江苏省淮安市中级人民法院民事判决书,(2017)苏 08 民终 1425 号;"李杨与郑州之星汽车销售服务有限公司买卖合同纠纷上诉案",参见河南省郑州市中级人民法院民事判决书,(2017)豫 01 民终 10624 号;"镇江三联汽车销售服务有限公司与陈瑛修理合同纠纷上诉案",参见江苏省镇江市中级人民法院民事判决书,(2017)苏 11 民终 422 号;"梁冬兰与泰兴市森久汽车销售服务有限公司消费者权益纠纷上诉案",参见江苏省泰州市中级人民法院民事判决书,(2017)苏 12 民终 164 号。

③ 参见"刘建明、贺州市百顺汽车销售有限公司买卖合同纠纷案",广西壮族自治区贺州市中级人民法院民事判决书,(2019)桂 11 民终 30 号。

路径5:经营者未履行告知义务,侵犯知情权,应适用《消保法》第8条和第20条。采该路径的观点认为,《消保法》第8条和第20条规定了经营者的告知义务,经营者负有向消费者客观、详尽、真实地披露商品信息的法定义务。对于新车在流通或存储环节产生的此类轻微瑕疵,经营者通过轻微手段进行消除的行为,属于新车交付前合理的整理行为;此类轻微瑕疵不涉及消费者人身健康和安全,几乎不涉及其实质性财产利益,经营者如未将这类信息告知消费者,不构成对法定告知义务的违反,不构成对消费者知情权的侵犯。但是,涉案车辆系召回备案计划中车型,该类信息对消费者的消费心理和财产利益具有一定的影响,经营者应向消费者如实告知,否则将违反告知义务,构成侵犯消费者知情权。如瑕疵问题不构成缔约根本目的,将不构成欺诈。因此,若存在经营者应予告知但未予告知的瑕疵事项,会对消费者的知情权产生一定程度的影响,经营者应承担相应的赔偿责任。①

路径6:经营者未履行告知义务,应承担缔约过失责任的损害赔偿。采该路径的观点认为,经营者未主动向消费者披露相应信息,但该信息非属对一般消费者抉择购买与否产生重大影响的商品信息范畴,进而不构成欺诈。但未履行告知义务的信息通常对消费者一方确定购车对价略有影响,基于诚实信用原则,经营者应告知相应情况。经营者未进行相应告知,有违先契约义务,因此需承担赔偿责任。②

---

① 参见"许雪雷、深圳市易车会汽车销售服务有限公司买卖合同纠纷案",广东省深圳市中级人民法院民事判决书,(2018)粤03民终1334号。

② 参见"胡锦峰、胡敏玲、佛山市顺德时利和汽车销售服务有限公司、佛山时利和凯迪汽车销售服务有限公司买卖合同纠纷案",广东省佛山市中级人民法院民事判决书,(2017)粤06民终4309号。

（二）经营者沉默欺诈认定路径的理论剖析

通过对上述6种经营者沉默欺诈认定路径的考察，可以发现争议的核心点在于如何厘清沉默欺诈与侵犯知情权之间的关系，沉默欺诈的认定依据是最高人民法院《关于贯彻执行〈中华人民共和国民法通则〉若干问题的意见（试行）》（以下简称《民通意见》）第68条还是国家工商行政管理总局《侵害消费者权益行为处罚办法》的相关规定，以及《消保法》第55条是否应区分整体欺诈和局部欺诈等问题。

1. 关于《消保法》第55条中"欺诈"的界定。有人认为，《消保法》上的"欺诈"认定与民法中的"欺诈"理论不同，只要经营者实施了《侵害消费者权益行为处罚办法》等相关规定中的某一种行为即可，无论消费者是否因欺诈行为产生了错误的意思表示。[①] 也有的观点认为，应适用民法上的欺诈。[②] 学说上关于欺诈如何界定存有争议，也在司法实践中有所体现。如在采路径3所涉的局部欺诈案例中，再审法院以《侵害消费者权益行为处罚办法》中的具体规定为依据认定构成《消保法》第55条中的"欺诈"。[③]

---

① 参见闫科：《消费者的界定及经营者欺诈的认定》，载《人民司法·案例》2014年第8期；王洪亮：《债法总论》，北京大学出版社2016年版，第305～306页。

② 参见梁慧星：《消费者权益保护法第49条的解释与适用》，载《人民法院报》2001年3月29日，第3版；韩世远：《合同法总论》（第4版），法律出版社2018年版，第255～256页；陆青：《论消费者保护法上的告知义务》，载《清华法学》2014年第4期。

③ 其实，指导案例17号对于"欺诈"的认定，并未说明是适用《民通意见》第68条，还是适用《侵害消费者权益处罚办法》的规定。但是，在北京法院网自行刊登的《北京法院参阅案例7号》中，北京市高级人民法院在对该案的解说理由中，认为经营者"以事故车充当新车销售"符合《欺诈消费者行为处罚办法》第2条的规定，经营者违反瑕疵告知义务即构成欺诈。参见《北京法院参阅案例7号》，载北京法院网2019年4月25日，http://bjgy.chinacourt.gov.cn/article/detail/2014/07/id/1329278.shtml。

笔者赞同对此适用“民法欺诈说”。有以下理由:(1)《侵害消费者权益行为处罚办法》是行政机关净化市场、处罚经营者的公法规范,其所关注的是经营者的违法行为本身,并不考虑经营者与消费者具体关系如何。(2)《消保法》以保护消费者的权利与利益为依归,故应采私法而不是行政法、刑法等公法中的“欺诈行为”概念。[①] (3)从体系上看,《消保法》是民事特别法,在其没有特别规定的场合,应当适用民事一般法规定。《民通意见》作为《民法通则》的司法解释,属于一般规定的范围。[②] 此时,《消保法》也采用了“欺诈”一词,其与民法属于同一法律部门,采用了相同术语“欺诈”,从维护法律内部体系的统一性角度来看,对欺诈的解释应当与民法一致。(4)当前对于消费者“知假买假”可否适用《消保法》惩罚性赔偿的认定上,最高人民法院一般持否定态度,原因在于“知假买假”的消费者主观上并未陷入错误的认识。[③] 由此反面推断,《消保法》上的欺诈认定需要考虑主观状态,并不是基于经营者客观行为即可作出认定。

此外,实践中对《消保法》第55条中“欺诈”的认定更多采用的是“民法欺诈说”。例如,《江苏省高级人民法院关于审理消费者权益保护纠纷案件若干问题的讨论纪要》(〔2016〕10号)第1条第2款规定,对于食品以外的普通消费领域,惩罚性赔偿的构成要件是经营者提供商品或者服务有欺诈行为。对欺诈的认定应当符

---

① 参见朱广新:《惩罚性赔偿制度的演进与适用》,载《中国社会科学》2014年第3期。

② 参见陆青:《论消费者保护法上的告知义务》,载《清华法学》2014年第4期。

③ 最高人民法院办公厅《对十二届全国人大五次会议第5990号建议的答复意见》(2017年5月19日,法办函〔2017〕181号)。

合《民通意见》第 68 条的规定。[①]

2. 将《消保法》第 55 条中的“欺诈”区分整体欺诈和部分欺诈的观点并无实证法依据。有学者认为,对于大件商品,如商品房、机动车等,进行局部欺诈,不影响整体效用,不足以构成根本违约的,就局部欺诈部分进行惩罚性赔偿;如果构成商品的整体欺诈,则应当依照整个商品价格进行惩罚性赔偿。[②] 也有学者认为,“立法者在将惩罚性赔偿金由商品价款或服务费用的一倍增至三倍时,对惩罚性赔偿的保护、激励作用明显期待过高,而对惩罚法共同遵循的过罚相当原则重视不够”。[③] 因此,需要考虑局部欺诈和局部 3 倍赔偿的问题。从比较法上看,1996 年美国最高法院在 BMW of North America v. Gore 案中认为,虽然出售的宝马汽车存在部分重新喷漆的情况,但重新喷漆部分的费用(仅约 4000 美元)并未超出宝马新车价款的 3%,因此根据北美汽车的内部政策,该信息无须告知。州法院作出 200 万美元的惩罚性赔偿显然“严重超过必要限度”(grossly excessive)。但美国最高法院认为,重新

---

① 持同样观点的有,《消保法》(2014 年修订)第 55 条第 1 款所称的欺诈,是指故意告知消费者虚假情况,作引人误解的宣传或者故意隐瞒真实情况,诱使消费者作出错误意思表示的行为。《重庆高院关于审理消费者权益保护纠纷案件若干问题的解答》(渝高法〔2016〕77 号)第 6 条规定,该条(《消保法》第 55 条)中欺诈责任的构成应当满足三个条件:一是消费者应当举证证明经营者具有欺诈之故意,故意隐瞒真实情况或者故意告知虚假情况,欺骗消费者,诱使消费者作出错误的意思表示而与之订立合同……二是消费者应当举证证明因该欺诈行为受到损失,包括财产损失和人身损失。三是欺诈行为与损失之间具有因果关系,消费者因欺诈行为而陷于错误,并且作出错误选择。《上海市消费者权益保护条例》第 22 条第 2 款规定,前款所称的欺诈,是指故意告知消费者虚假情况或者故意隐瞒真实情况,诱使消费者作出错误意思表示的行为。

② 参见杨立新:《我国消费者保护惩罚性赔偿的新发展》,载《法学家》2014 年第 2 期。

③ 朱广新:《惩罚性赔偿制度的演进与适用》,载《中国社会科学》2014 年第 3 期。

喷漆并未造成新车的外观、安全性能和行驶状况等实质性损害,因此发回重审。[①]

以上观点虽有一定的可取之处,但在我国并未有实证法为支撑。从文义解释方面,《消保法》第 55 条的“商品的价款或者接受服务的费用”是指商品或服务本身的全部价格而非已经支付的款项,也并非修复部分的价款,无法得出《消保法》第 55 条中的基数计算和欺诈有区分局部与整体的情形。是否需要突破文义解释,须考虑是否有扩张解释或目的性扩张的必要。从目的解释看,《消保法》第 55 条规定的惩罚性赔偿制度,目的系通过惩罚性赔偿的惩戒,制裁违法经营者的欺诈行为,因此应当以消费买卖合意中所确定的价款金额,也就是合同价格作为计算基础。若仅认定经营者在标的物维修范围发生欺诈,而以已维修金额为基础计算,3 倍赔偿金额比较小,无法达到惩戒经营者的目的。因此,局部欺诈适用局部 3 倍赔偿并无实证法依据。

3. 沉默欺诈和侵犯知情权的关系亟待厘清。在传统民法欺诈理论中,“沉默”一般情形下并不构成欺诈。除非有法律规定、契约约定、交易习惯上或依诚实信用原则有告知义务时之沉默,为事实之隐蔽,方构成沉默欺诈。[②] 表意人在缔约阶段未告知标的物瑕疵,致使买受人陷入错误作出意思表示,此为“沉默型欺诈”的典型样态,路径 1 即为此例。

此时,在买卖合同法上,出卖人就瑕疵未履行告知义务,将可能承担瑕疵责任和缔约过失责任,“二者也有其共存的基础,主要

---

① See BMW of North America v. Gore,517 U. S. 559(1996). 联邦最高法院还在此案中确立了审查惩罚性赔偿数额的三个基本要素,即受谴责性程度、惩罚性赔偿与补偿性赔偿的比率、惩罚性赔偿与类似行为的相应处罚的比较。

② 参见史尚宽:《民法总论》,中国政法大学出版社 2000 年版,第 424 页。

体现在告知与瑕疵的关系上”[①]。未告知标的物瑕疵将构成瑕疵责任、缔约过失责任和欺诈的竞合,如前文的路径 4 和路径 6 中的法院认为未告知瑕疵仅承担违约责任和缔约过失责任。另外,经营者的告知义务除受《民法典·合同编》约束外,《消保法》也对此作了更为详细的规定,因此,经营者未履行告知义务可能侵犯消费者知情权,进而构成《消保法》上的欺诈。也有学者认为,经营者违反告知义务并非都构成欺诈,如经营者不具有欺诈故意的情形,此时可能仅承担侵害消费者知情权的侵权责任。[②] 路径 2 和路径 5 似乎采此种观点。可见,经营者违反告知义务的责任承担和法律效果错综复杂,形成了前述沉默欺诈不同的认定路径和适用结果,亟待厘清。

(三)经营者沉默欺诈认定请求权基础的澄清

前述 6 种对于沉默欺诈认定的路径,有着不同的请求权基础。路径 1 和路径 3 的请求权基础为《消保法》第 55 条;[③]路径 2 的请求权基础为《消保法》第 52 条;路径 4 则以《民法典》第 617 条、第 582 条为依据;路径 5 适用的是《消保法》第 8 条和第 20 条;路径 6 的请求权基础为缔约过失责任(《民法典》第 500 条)。

1.《消保法》第 55 条第 1 句并非独立的请求权基础。从请求权基础的构成要件来看,《消保法》第 55 条第 1 句完全具备所有要件,如构成要件有:责任主体是“经营者”,加害行为是“提供商品

① 许德风:《论瑕疵责任与缔约过失责任的竞合》,载《法学》2006 年第 1 期。

② 参见潘俊:《消费者合同中经营者告知义务的法律构造》,载《中南大学学报(社会科学版)》2018 年第 1 期。

③ 路径 1 和路径 3 的请求权基础又有所不同,路径 1 的请求权基础是《消保法》第 55 条与《合同法》第 54 条、第 58 条并存适用,其后果为“撤销合同 + 惩罚性赔偿”;但路径 3 的请求权基础是虽然是《消保法》第 55 条,但其法律后果为不解除合同,只是局部欺诈局部 3 倍赔偿即可。

或者服务有欺诈行为”,法律效果是“应当按照消费者的要求增加赔偿其受到的损失”;对于增加赔偿金额的确定,有两种方法:(1)为消费者购买商品的价款或者接受服务的费用的3倍;(2)增加赔偿的金额不足500元的,为500元。

经营者一旦被认定为“沉默欺诈”,依据《消保法》第55条,其法律后果是“退一赔三”,此处的“退”在《民法典·合同编》上的含义是“返还”或者“恢复原状”,返还是无效和可撤销的法律后果,而恢复原状是合同解除的法律后果。因此,经营者一旦被认定为欺诈,消费合同必然终止(解除和可撤销之后,合同关系终止)。理由如下:

第一,通过《合同法》第113条第2款[①]的规定可知,经营者有欺诈行为的,依据《消保法》的规定承担责任。《消保法》规定的消费合同与《民法典·合同编》之间关系,是特别法和一般法的关系,消费合同都有适用《消保法》和《民法典·合同编》的余地。

第二,惩罚性赔偿和合同之间是并行不悖的关系。[②] 惩罚性赔偿是责任人在承担通常的法律责任之外的额外负担。[③] 惩罚性赔偿是通常合同法中损害赔偿之外的责任,此种思路可在最高人民法院《关于审理商品房买卖合同纠纷案件适用若干问题的解释》第8条和第9条中得到印证。

因此,路径1和路径3的请求权基础并非仅为《消保法》第55

---

① 《合同法》第113条第2款规定,经营者对消费者提供商品或者服务有欺诈行为的,依照《消保法》的规定承担损害赔偿责任。但是,《民法典》第584条仅保留了《合同法》第113条第1款的内容,第2款并未保留。从解释论而言,即使《民法典》第584条删除了《合同法》第113条第2款的规定,也不影响《消保法》中消费合同的特别合同地位,因此在适用上仍然是特别法与一般法的关系。

② 参见韩世远:《合同法总论》(第3版),法律出版社2011年版,第740页。

③ 参见韩世远:《合同法总论》(第3版),法律出版社2011年版,第738页。

条,其实质是在合同的基础上主张惩罚性赔偿。路径 1 的请求基础为依据《民法典》第 148 条①主张撤销合同,依据《民法典》第 157 条主张返还钱款和损害赔偿,同时根据《消保法》第 55 条的规定主张惩罚性赔偿。② 路径 3 的请求基础是根据《民法典》第 577 条、第 595 条、第 621 条主张瑕疵责任的违约责任,同时依据《消保法》第 55 条主张 3 倍的惩罚性赔偿。③

2.《消保法》第 52 条并非请求权基础。路径 2 中经营者沉默欺诈认定案例的判决依据为《消保法》第 52 条。但该条是否属于请求权基础,也有待讨论。

有学者认为,《消保法》第 52 条只是规定了经营者承担民事责任的方式,并非请求权基础。④ 笔者持赞同意见,根据请求权基础理论,法律规范分为请求权规范、辅助性规范和反对性规范。⑤ 即是否构成请求权规范的前提,在于该法律规范是否属于完全法条。第 52 条形式上符合请求权规范的要件,似乎包含了构成要件和法律效果。但该条属于在适用请求权规范时的辅助性规范,因为该条的表述为"……应当依照法律规定或者当事人约定……",此为

---

① 根据《民法典》第 508 条的规定,本编对合同效力没有规定的,适用本法第一编第六章的有关规定。《民法典·合同编》将合同生效、可撤销和无效等规则删除,与《民法典·总则编》保持一致。

② 参见陆青:《论消费者保护法上的告知义务》,载《清华法学》2014 年第 4 期。

③ 路径 3 的案例,两审法院的请求权基础为《合同法》第 107 条、第 130 条、第 158 条(现《民法典》第 577 条、第 595 条、第 621 条),同时根据《消保法》第 55 条。但再审认为并不符合欺诈的要件,仅以《合同法》第 107 条、第 130 条、第 158 条(现《民法典》第 577 条、第 595 条、第 621 条)作出判决。

④ 参见陆青:《论消费者保护法上的告知义务》,载《清华法学》2014 年第 4 期。但是,《最高人民法院公报》2017 年第 5 期刊载的"郑传新诉中国电信股份有限公司连云港分公司电信服务合同纠纷案"即以该条作为请求权基础,颇为费解。

⑤ 参见[德]迪特尔·梅迪库斯:《请求权基础》,陈卫佐等译,法律出版社 2012 年版,第 11 页。

引致的辅助性规范的典型表达。据此,假如经营者提供商品或者服务造成消费者财产损害,民事责任应根据法律规定承担,从解释论上,此处的法律应作广义解释,即包括《民法典·合同编》、《民法典·侵权责任编》等民事基本法,也包括《消保法》、《产品质量法》和《食品安全法》等民事特别法。但具体承担的方式和构成要件,需再依据不同法律规定进行判断。所以,《消保法》第 52 条并非请求权基础。

既然《消保法》第 52 条并非请求权基础,那么路径 2 中案例的请求权依据是什么,法院判决书并未予以说明。从判决书的表述来看,"……消费者权益保护法的立法精神和立法目的、合同法规定的诚实信用原则、市场交易规律……二审法院酌定温州之星赔偿陈镛 20 万元,并无不当",法院的立场似乎采缔约过失责任,[①]该认定路径与路径 6 一致。

3.《消保法》第 8 条和第 20 条的请求权性质是合同请求权,抑或侵权请求权?路径 5 案例的判决依据为《消保法》第 8 条和第 20 条,那么此两条是否为请求权基础规范呢?

首先,从规范本质上,《消保法》第 8 条和第 20 条分别是消费者知情权和经营者告知义务的规定。其次,从请求权基础角度分析,第 8 条和第 20 条明显不是完全法条,只是权利义务规范,并未规定经营者违反的法律效果。在路径 5 的案例中,法院也并未就请求权基础作进一步分析。最后,需要进一步追问:经营者违反告知义务承担的损害赔偿责任,是合同责任,还是侵权责任?如果是合同责任,属于何种性质的合同责任形态;如果是侵权责任,是否

---

① 再审法院认为,"二审法院认为上述故障属质量瑕疵,并不能因此必然得出涉案车辆并非新车的结论,亦无不当。据此,二审法院酌定温州之星赔偿陈镛 20 万元,并无不当"。再审法院似乎又采瑕疵责任,但裁定书并未列明瑕疵责任的相关条文。

符合一般侵权行为的构成要件?

笔者认为,尽管路径 5 案例的判决依据是《消保法》第 8 条和第 20 条,但本案的请求权基础是《民法典·合同编》上的瑕疵履行责任(与路径 4 的请求权基础一致)。同时,该路径中经营者违反告知义务(侵犯消费者知情权)承担的损害赔偿责任为合同责任,而非侵权责任。理由如下:

(1)本案法院虽然在裁判说理时并未明晰请求权基础,但在论证的前提中涉及"许雪雷与易车会公司签订的车辆订购合同系双方真实意思表示,且不违背法律法规的相关规定,依法应为有效。在双方买卖合同关系成立后,许雪雷已按合同约定履行支付购车款的义务,易车会公司在收到车款后,应履行交付新车的义务。出卖人交付的标的物不符合质量要求的,买受人可以要求出卖人承担赔偿责任。"可见,法院论证的出发点是合同法律关系,并非侵权法律关系。

(2)知情权不是我国原《侵权责任法》第 2 条第 2 款①所规定的权利保护范畴。尽管从解释论上原《侵权责任法》第 2 条第 2 款使用了"等人身、财产权益"的表述,但知情权是否可以解释为"等"权益尚存疑问。在消费合同中,消费者的知情权依赖于合同关系,如经营者和消费者之间不存在合同关系,经营者亦无告

---

① 《民法典·侵权责任编》第 1164 条保留了《侵权责任法》第 2 条第 1 款,但删除了第 2 款列举范围。该条规定,本编调整因侵害民事权益产生的民事关系。民法典不采取列举范围的做法有以下两个理由:其一,从形式上看是对于权益范围采取更为开放的姿态,以应对社会经济生活的发展。其二,为了适应《民法典》增加了"人格权编"而作出的调整。因为"人格权编"作为民法典第 4 编,其中规定了各种人格权。为避免法典内部的简洁性,于是删除了《侵权责任法》第 2 条第 2 款列举各项绝对权的规定。但是,此做法并不意味着任何"权利"均受《民法典·侵权责任编》保护,从解释上而言,知情权作为一种相对权,也不是《民法典·侵权责任编》所保护的范围。

知义务，与之相对应的是，消费者亦无知情权。因此，知情权在性质上更像一种相对权，知情权本身欠缺相关利益的归属内容(Zuweisungsgehalt)，对知情权的侵害本身往往不带有直接的损害。只有在缔约的情况下，借助信息欠缺一方的意思表示，契约关系上的不利益才得以产生，故对其救济毋宁仍应回归到对意思表示不自由的救济上。

(3)合同责任和侵权责任并不能同时主张。《民法典》第186条规定，违约责任和侵权责任竞合时，当事人只能择一行使诉权。本案中，当事人根据《消保法》第55条认为经营者构成欺诈，主张“退一赔三”。一般认为，此种欺诈被称为经营欺诈，其与《商品房买卖合同纠纷司法解释》的规定被认为是惩罚性赔偿在违约责任中的应用，即为合同领域的惩罚性赔偿，并不涉及侵权责任。[①] 本条第1款的惩罚性赔偿是违约赔偿责任的特殊形态。[②] 因此，当事人不能在主张侵权(侵犯知情权)的基础上，同时又要求承担合同上(惩罚性赔偿)的责任。故而可推断本案请求权性质为合同请求权。

三、经营者沉默欺诈认定的矫正:“天价豪车赔偿案”的贡献

2018年年底，最高人民法院第五巡回法庭就“天价豪车赔偿案”作出了终审判决，生效判决推翻了贵州省高级人民法院作出

---

① 参见杨立新:《消费欺诈行为及侵权责任承担》，载《清华法学》2016年第4期；朱晓喆:《瑕疵担保、加害给付与请求权竞合》，载《中外法学》2015年第5期；周江洪:《惩罚性赔偿责任的竞合及其适用》，载《法学》2010年第4期；张新宝、李倩:《惩罚性赔偿的立法选择》，载《清华法学》2009年第4期；戴志杰:《两岸〈消保法〉惩罚性赔偿金制度之比较研究》，载《台北大学法学论丛》2003年第53期。

② 参见李宇:《民法总则要义》，法律出版社2017年版，第592页。

“退一赔三”的一审结果。[①] 该案的主要争点在于被告新贵兴公司就维修记录等事项违反告知义务是否构成欺诈,一审认为经销商违反告知义务构成沉默欺诈,并符合《消保法》第55条第1项的构成要件[与指导案例17号(路径1)的思路基本一致];但二审法院认为,经销商违反告知义务侵犯了原告的知情权,但并不足以构成沉默欺诈,要求新贵兴公司予以赔偿(与路径5的思路基本一致)。两审法院根据相同事实却作出完全不同结果的两份判决,表明两审法院对于经销商隐瞒瑕疵事项而违反告知义务,是否构成沉默欺诈的认定上态度有差异,其中缘由值得探究。

(一)天价豪车赔偿案的判决思路

根据二审判决书,可将本案的判决思路归纳如下:(1)个人购买豪车是否属于“为生活而消费”,由此判断是否适用《消保法》。(2)经营者是否构成《消保法》上的“欺诈”。(3)欺诈构成要件中信息告知的时间节点是否以缔约阶段为限。(4)经营者新贵兴公司未将案涉信息告诉消费者是否违反告知义务。(5)新贵兴公司未将案涉信息告知杨代宝是否构成《消保法》中的欺诈。(6)责任承担的问题。(见图5.1)

① 该案事实是,原告杨代宝向被告贵州新贵兴公司购买尊贵版宾利慕尚汽车一台,单价5,500,000元。2014年7月30日,该车辆运抵新贵兴公司,新贵兴公司拟将该车辆交付杨代宝。同日,新贵兴公司进行车辆移交检查时发现车辆左前门下有漆面损伤,通过抛光打蜡清除了漆面损伤,这一处理操作记载于该车辆的维修记录中。2014年10月8日,因汽车右后窗帘存在异响,新贵兴公司更换了窗帘总成,该维修操作亦记载于车辆的维修记录中。车辆的交付时间为2014年10月14日。2016年5月31日,杨代宝通过WWW.CHEJIANDING.COM即车鉴定网查询所购车辆的维修保养记录时,查询到案涉车辆的前述处理、维修记录,遂以新贵兴公司和大众汽车销售公司在车辆交付之时未向其告知前述情形构成欺诈、给其造成巨大损失为由提起本案诉讼。

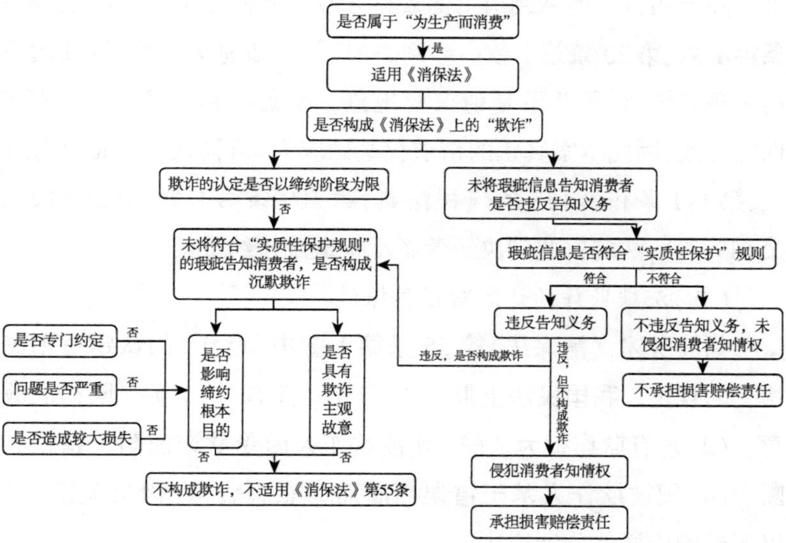

图 5.1　"天价豪车赔偿案"判决思路

据图 5.1 可知，本案有三个核心点：(1)经营者承担损害赔偿的依据在于，经营者违反告知义务、隐瞒瑕疵事项而侵犯了消费者知情权。(2)经营者违反告知义务，并不一定构成《消保法》上的"欺诈"。(3)关于"欺诈"的认定，应从是否影响缔约根本目的和是否具有欺诈的主观故意等方面综合考虑。

但这三个核心点也有以下问题亟待处理：(1)本案中经营者承担损害赔偿责任（酌定新贵兴公司向杨代宝赔偿 110,000 元）的依据在于侵犯了消费者的知情权，那么请求权基础是什么？(2)告知义务的范围，以及侵犯知情权与经营者"沉默欺诈"的关系如何？(3)经营者"沉默欺诈"的构成要件有哪些？以下分别回答上述问题。

(二)天价豪车赔偿案的请求权基础

关于本案的请求权基础，最高人民法院第五巡回法庭在判决书中并未明言。但从判决书的表述来看，“本院依据《消保法》第8条第1款、第20条第1款……判决如下”。如前文分析，《消保法》第8条和第20条并不是请求权规范。本案的判决思路和路径5保持一致，因此本案真正的请求权基础应为《合同法》第60条第1款、第111条和第155条（《民法典》第509条第1款、第582条和第617条），法院据此判决经营者承担瑕疵违约责任。

（三）沉默欺诈的认定路径再探讨

如前所述，《消保法》第55条第1款中“欺诈”的认定适用民法上的规定。我国民法上欺诈的构成要件有：（1）须有欺诈的故意。（2）须有欺诈行为。（3）须被欺诈人因受欺诈而陷于错误判断。（4）须被欺诈人基于错误判断而为意思表示（因果关系）。[①]以下就构成要件分别论述。

1.经营者沉默欺诈的认定并不局限于缔约阶段。在传统民法欺诈理论中，赋予欺诈以撤销的权利，在于欺诈侵害了表意人的表意自由，即干扰了表意人的意思形成自由。但在现代社会，在特定情形下，有必要使欺诈认定的时间节点突破缔约阶段的限制，理由如下：

第一，传统民法保护被欺诈人的理论形成于自由资本主义时期，彼时商品种类不够丰富，亦未形成垄断市场，合同双方在信息获取等地位相对均衡。但在垄断市场的背景下，企业可以利用市场支配地位滥用信息不对称转嫁成本，消费者获取真实信息的渠道和途径受到前所未有的威胁。此时，欺诈已经不仅仅是一个合同表意自由的问题，本质上是一个市场问题。[②] 并且，由于销售者

---

① 参见梁慧星：《民法总论》（第4版），法律出版社2011年版，第180～181页。

② 参见谢晓尧：《欺诈：一种竞争法的理论诠释》，载《现代法学》2003年第2期。

和购买者对消费产品的资源和专门知识的不平等,消费者欺诈(consumer fraud)领域被看作一个比商业契约欺诈(fraud in commercial contract)更为严重的问题。[①] 消费者保护法救济不再是解决"意思瑕疵",而是法律对市场势力的介入和干预。因此,此阶段的欺诈认定不应局限于缔约阶段,须延展至交付前。

第二,在现代买卖中,交付的形式和交易方式也趋于多样与复杂,并非以前简单商品经济时代中"现物交易"的形态。"随着生产运销的分工层次加深,市场规模不断扩张,复杂的交易形态陆续出现,不仅空间加大、时间拉长,交易主体也变得多元,交易内容则往往多层又环环相扣。"[②]

第三,本案标的物为种类物买卖,交付前标的物并未特定化。因此,作为销售者(经营者)在缔约过程中,无法知晓标的物是否存有瑕疵,也无法履行告知义务。但是销售者在履约过程中,需查验已特定的种类标的物是否存有瑕疵,所以需要将欺诈的认定阶段延伸至交付之前。

综上所述,对于履约的制度设计需要回应现实并进行适当的调整。回归本案,法院认为,在经营者和消费者的消费合同之中,为充分保护消费者知情权,欺诈的认定并不局限于缔约阶段,应包括交付之前的阶段。因为"相对于消费者而言,经营者在商品信息的获取上明显处于优势地位,消费者难以知悉经营者获取商品相关信息的具体时间或阶段,难以区分经营者对相关信息的获取是在缔约之前还是缔约之后。"目的性扩张是漏洞补充的方法,主要针对立法者疏忽,对法律文义所未涵盖的某一类型,为贯彻规范意

① 参见[美]理查德·A·波斯纳:《法律的经济分析》(上册),蒋兆康译,中国大百科全书出版社1997年版,第141页。

② 苏永钦:《寻找新民法》,北京大学出版社2012年版,第379页。

旨,将该类型包括在法律适用范围之内。[①] 因此,法院通过目的性扩张的方法,将欺诈的认定阶段从缔约阶段延伸至交付之前,此做法应予赞同。

2. 经营者沉默欺诈故意的判断。在学理上,德国学者吕特斯认为,欺诈人必须首先知道自己所做陈述的不真实性或至少估计到该不真实性。[②] 对此,有学者认为"故意"本身很难证明,若一味将举证责任课以消费者,将造成举证责任过重的情况。[③] 有更为激进的观点认为,在沉默欺诈的情形,一方当事人负有说明义务的前提下,可由说明义务的违反直接推定其具有诈欺的故意。[④] 传统民法上对于欺诈故意认定,有学者认为采"双重故意说",即须有使他人陷入错误的意思(英美法上的 fraud),和须有使他人因错误而为意思表示的表示。[⑤] 弗卢梅也认为,"当欺诈人明知或可以预见到,他所旨在欺诈的人将会因受到欺诈而作出他在未受欺诈的情况下原本不会作出的意思表示或原本不会作出具有该内容的意思表示,他具有欺诈的恶意。"[⑥]此种双重故意说,可以作为故意要件认定的方法。[⑦]

---

① 参见杨仁寿:《法学方法论》,中国政法大学出版社 1999 年版,第 206 ~ 207 页。

② 参见[德]本德·吕特斯:《德国民法总论》,于鑫淼、张姝译,法律出版社 2017 年版,第 417 页。

③ 参见陆青:《论消费者保护法上的告知义务》,载《清华法学》2014 年第 4 期。

④ 参见牟宪魁:《说明义务违反与沉默的民事诈欺构成》,载《法律科学》2007 年第 4 期。

⑤ 参见林诚二:《民法总则新解:体系化解说》(下册),台北,瑞兴图书股份有限公司 2012 年版,第 128 ~ 129 页。

⑥ [德]维尔纳·弗卢梅:《法律行为论》,迟颖译,法律出版社 2013 年版,第 646 页。

⑦ 对于需要进行故意推定的主张,笔者认为在经营者和消费者之间的消费合同中并不需要作特殊处理。因为《消保法》第 23 条第 3 款后句就消费者在 6 个月发现瑕疵争议,须经营者承担瑕疵的举证责任,也是一种举证责任的倒置规则。

本案中,最高人民法院认为,经营者将车辆交付前的操作(维修)如实记录并即时上传至消费者可通过一定途径公开查询的网络,[①]完成了相关信息的一定程度上的披露,可认定经营者并无刻意隐瞒的意图。但是,上传至系统就排除了经营者隐瞒的主观故意吗?有法院认为,经营者将车辆维修记录如实上传登记在自家汽车销售系统中,虽然客户可在4S店查到该信息,但无法自行查看,此时不能认定不存在故意隐瞒。[②]“实务上对‘故意隐瞒真实情况’的认定较为困难,目前我国北京等部分地区法院,逐渐强化对消费者保护,往往依有出卖伪劣商品的事实,直接推定有隐瞒故意。”[③]可见,实践中对于经营者沉默欺诈故意的认定也有分歧。

笔者认为,本案中最高人民法院认定经营者并无刻意隐瞒的意图,尚欠妥当。因为本案中的经营者将维修记录录入系统中但不告知消费者,其目的是使消费者陷于错误,并希望消费者因此而作出购买的意思表示,此时经营者应该认定为具有欺诈的故意。而当事人无论通过内部系统查询还是付费查询标的物是否有维修记录,均需付出高额的信息获取成本;相反,如经营者直接将维修记录告知经营者,既可以降低消费者的信息获取成本,也并未增加经营者自身的额外义务。例如,在“贾佳莹等与北京德特汽车贸易有限公司买卖合同纠纷案”中,法院认为从主观方面上看,锦麟盛泰公司在明知汽车真实里程数的情形下,未告知真实里程数且采用主动掩盖真实里程的手段,故本院对其欺诈的主观故意予以确认。[④]

---

① “车鉴定”网站,可通过付费形式进行查询。并非完全公开。

② 参见“北京东宝金龙经贸发展有限公司上诉王虹买卖合同纠纷案”,北京市第三中级人民法院民事判决书,(2016)京03民终6442号。

③ 龙卫球:《民法总论》,中国法制出版社2002年版,第499页。

④ 参见北京市第三中级人民法院民事判决书,(2018)京03民终3192号。

此外,最高人民法院在认定是否构成欺诈时,将“是否给消费者造成较大不利影响”作为考虑因素的做法也值得商榷。因为,与刑法上的欺诈不同,民法中欺诈故意的判断,“不以财产上利益或令他人损失财产为必要”,[①]也无须欺诈人给自己或者他人谋求非法财产利益(谋利)的故意。[②]

3. 经营者违反告知义务是沉默欺诈行为。“沉默型”欺诈与积极欺诈最主要的区别在于,沉默欺诈的行为表现为隐瞒事实真相。隐瞒事实真相在经营者和消费者之间的消费合同中的表现是经营者违反了告知义务(应告知而未告知)。因此,在沉默欺诈中最核心的判断在于,经营者是否违反了告知义务。

回归到实证法,经营者的告知义务见于《民法典》第 500 条和第 509 条、《消保法》第 8 条和第 20 条等相关规定。[③]《消保法》对于经营者的告知义务采“全面真实”标准,但违反告知义务是否就属于欺诈的客观行为呢?需要进一步讨论。

欺诈的内容是法律行为的要素,即需要与该法律行为的基本属性相关联的事项。[④] 本案中,法院采取了告知义务的“实质性保护”规则,以区分经营者就该信息是否有义务告知消费者。法院将经营者的告知义务范围限缩为“经营者所应提供的商品全面信息,并非指与商品有关的所有信息,而是指可能影响消费者人身健康、

---

① 林诚二:《民法总则新解:体系化解说》(下册),台北,瑞兴图书股份有限公司 2012 年版,第 129 页。

② 参见[德]汉斯·布洛克斯、[德]沃尔夫·迪特里希·瓦尔克:《德国民法总论》(第 33 版),张艳译,中国人民大学出版社 2012 年版,第 275 ~276 页。

③ 参见陆青教授比较梳理了私法体系中的告知义务群,参见陆青:《论消费者保护法上的告知义务》,载《清华法学》2014 年第 4 期。

④ 参见[日]近江幸治:《民法讲义 I:民法总则》,渠涛等译,北京大学出版社 2015 年版,第 205 页。

安全或一定财产利益的全部重要信息”。

因此,本案二审法院认为,“对于新车在流通或存储环节产生的此类轻微瑕疵,经营者通过轻微的手段进行消除的行为,属于新车交付前合理的整理行为。该类问题及相应的整理行为显著轻微,不涉及消费者人身健康和安全,几乎不涉及其实质性财产利益,经营者如未将这类信息告知消费者,不构成对法定告知义务的违反,不构成对消费者知情权的侵犯。”[①]而对于窗帘电动总成的更换问题,法院认为经营者的更换行为已经超出了正常的 PDI 检查范围,该修复行为不能视为厂家的修复行为,也不属于正常的新车瑕疵整理措施。此类信息将对消费者心理和财产利益造成影响,经营者应向消费者如实告知,如违反告知义务将侵犯了消费者的知情权。综上所述,本案中贵州新贵兴公司未告知此类信息,客观上具有欺诈行为。

4. 消费者基于欺诈行为陷入错误的判断。判断经营者沉默欺诈的构成,须考虑被欺诈人(消费者)因受欺诈而陷入错误,此处的“错误”到底所指什么?有学者认为,“欺诈方的欺诈行为影响了人的决策,使行为人产生动机错误或加重了行为人的动机错误”。[②] 通过体系解释,此处的错误应与重大误解中的“错误”作同一理解。一般认为,此处错误主要为动机错误。动机错误,是意思表示内容以外事项的错误,表意人因对此类事项认识错误而作出意思表示。[③] 至于此时其错误是内容错误或动机错误以及错误严

---

① 同样的观点参见“许雪雷、深圳市易车会汽车销售服务有限公司买卖合同纠纷案”,广东省深圳市中级人民法院民事判决书,(2018)粤 03 民终 1334 号。

② 《民法总则专题讲义》编审组:《民法总则专题讲义》,法律出版社 2019 年版,第 438 页。

③ 参见李宇:《民法总则要义》,法律出版社 2017 年版,第 551 页。

重与否，均在所不问。[①] 对于欺诈事项，大多数国家或地区的法律并不要求欺诈是针对一个重要事项。[②] 即使是就微小的错误而言，几乎所有的法律都乐意认可撤销合同的权利。[③]

就本案而言，经营者在车辆车漆修复和窗帘电动总成更换的瑕疵问题上未予告知消费者，致使消费者误认为该豪车是无瑕疵、无修理的新车而购买。因此，消费者误认为标的物是新车而购买，属于动机错误中标的物性质错误，此时符合本构成要件。[④]

当然，相对人陷入错误是否有过失在所不问。判断是否会陷入错误，应为客观标准，非主观标准。弗卢梅认为，“至于受欺诈人的行为是否具有过错，也即他是否在尽到交易中必要谨慎的情况下可以看穿欺诈则在所不问。”[⑤]易言之，受欺诈人本身的过失一般不影响欺诈的构成。[⑥] 在消费合同中，即使消费者在订立消费合同中未尽注意义务而陷入错误，此时也符合本构成要件。

5. 基于错误判断而为意思表示。在学理上，“至于不真实之事实是否重要而有影响意思之形成，应以该事实与表意人自由形成意思之过程有无因果关系为断。”[⑦]因此，基于错误判断而为意思

---

① 参见史尚宽：《民法总论》，中国政法大学出版社 2000 年版，第 426 页。

② 欧洲大多数国家的法律体系中，并不要求欺诈是否为一个重要性欺诈。详细可参见[德]克里斯蒂安·冯·巴尔、[英]埃里克·克莱夫：《欧洲私法的原则、定义与示范规则：欧洲示范民法典：全译本》（第 1 卷、第 2 卷、第 3 卷），付俊伟译，法律出版社 2014 年版，第 434 页。

③ 参见冉克平：《意思表示瑕疵：学说与规范》，法律出版社 2018 年版，第 272 页。

④ 须说明的是，“知假买假”者之所以不能适用《消保法》第 55 条，是因为“知假买假”者在购买商品时，明知是假货而购买，并未基于经营者未告知而陷入错误。

⑤ [德]维尔纳·弗卢梅：《法律行为论》，迟颖译，法律出版社 2013 年版，第 646 页。

⑥ 参见冉克平：《意思表示瑕疵：学说与规范》，法律出版社 2018 年版，第 273 页。

⑦ 林诚二：《民法总则新解：体系化解说》（下册），台北，瑞兴图书股份有限公司 2012 年版，第 130 页。

表示的实质是欺诈行为和意思表示之间具有因果关系。

对于欺诈行为中因果关系的判断，有学者认为采用“若有则无”进行认定。在具体案件中欺诈必须与意思表示的作出是有因果关系的，即若没有欺诈表示可能不会被作出，或者不会以这个内容或不会在这个时间作出。[①] 在比较法上，德国法和法国法对于因果关系判断理论似乎有所差异。德国法上认为，“欺诈必须对受欺诈人意思表示的作出起到决定性作用，也即以欺诈与意思表示之间存在因果关系为必要”。[②] 法国法上区分决定性欺诈和次要性欺诈，[③]决定性欺诈是指欺诈行为对于合同的订立应具有决定性作用，即合同一方当事人的误解为欺诈行为所引起，如无欺诈行为就不会订立合同；而次要性欺诈，是指即使不存在这种欺诈行为，不影响合同的订立，只影响合同的订立条款内容；对于前者主张无效，后者只能主张损害赔偿。[④] 虽然理论上似有所争议，但核心点仍在于“欺诈（错误）对于意思表示形成的决定性作用”。

在我国法，有学者主张“若有则无”的认定方法。[⑤] 也有学者主张不应当将欺诈进行区分主要事项和次要事项，只要欺诈事项

---

① 参见［德］本德·吕特斯：《德国民法总论》，于鑫淼、张姝译，法律出版社2017年版，第417页。

② ［德］维尔纳·弗卢梅：《法律行为论》，迟颖译，法律出版社2013年版，第646页。

③ 相类似的有《魁北克民法典》第1401条规定，“一方当事人以欺诈诱使他方所犯或知悉第三人的欺诈诱使他人所犯的错误，任何时候均使同意无效，但以陷入错误的当事人没有此等错误将不订立合同或订立具有不同条款的合同为限。欺诈可以因沉默或知而不言产生。”参见《魁北克民法典》，孙建江等译，中国人民大学出版社2005年版，第178条。

④ 参见尹田：《法国现代合同法》（第2版），法律出版社2009年版，第105～106页。

⑤ 参见李宇：《民法总则要义》，法律出版社2017年版，第591页；朱庆育：《民法总论》（第2版），北京大学出版社2017年版，第281页。

导致相对人陷于错误,并对其作出意思表示具有决定性影响即可。[①] 但是前述标准比较抽象,如何判断错误对于意思表示有决定性影响呢?最高人民法院在"天价豪车赔偿案"中引入了"是否影响消费者缔约根本目的"规则,以判断消费者在经营者的沉默欺诈行为中陷入错误的状态,以及该错误是否构成意思表示的决定性影响。

但是,"缔约根本目的"并不是现行法律的专用词语。那么,缔约根本目的在现行法中的解读是否为动机错误,或者是合同目的,抑或是根本违约,均有疑义。因此,如何判断是否影响缔约根本目的,以及怎样从民法角度解释缔约根本目的,需要进行论证。

笔者认为,缔约根本目的并不能解释为现行中的"动机错误"、"合同目的"和"根本违约",缔约根本目的所影响的是意思表示中的效果意思。[②] 首先,动机错误不是欺诈构成要件中因果关系的判断要素,只是相对人基于欺诈行为陷入错误的要件。其次,合同目的是合同法中非常重要的概念,[③]主要涉及附随义务、合同内容的确定和履行、合同解除和合同解释等《合同法》总则[现《民法典·合同编》中的通则编]内容,也涉及《合同法》分则[现《民法典·合同编》中的典型合同编]部分。[④] 但合同目的并不涉及欺诈

---

① 参见冉克平:《意思表示瑕疵:学说与规范》,法律出版社 2018 年版,第 272 页。

② 崔建远教授认为,"效果意思和合同目的之间具有一定的关联性",参见崔建远:《论合同目的及其不能实现》,载《吉林大学社会科学学报》2015 年第 3 期。因此本案经营者隐藏案涉瑕疵信息,并没有影响消费者缔约根本目的,所以无法认定欺诈;同时,暗含的另一种思路是,该行为既然没有影响缔约根本目的,那么不构成根本违约,不符合瑕疵责任中的解除规则,该行为仅为一般违约行为,经营者承担损害赔偿责任即可。

③ 关于合同目的在合同法中的梳理,参见崔建远:《论合同目的及其不能实现》,载《吉林大学社会科学学报》2015 年第 3 期。

④ 参见马忠法:《"合同目的"的案例解析》,载《法商研究》2006 年第 3 期。

的认定。最后,缔约根本目的也不是根本违约,根本违约是法定解除(《合同法》第94条第4项[现《民法典》第563条第4项])的事由之一,从性质上看是一种严重的违约行为,并不涉及意思表示的干扰行为。

回归到本案,最高人民法院认为从“合同中是否对此存在专门约定”、“问题是否严重及处理措施是否复杂”和“是否给消费者造成较大不利影响”三个因素判断经营者违反告知义务是否对意思表示的作出有决定性影响,其本质是认为缔约根本目的是意思表示的干扰程度的严重性,并且是基于错误作出意思表示的决定性因素。

(四)“天价豪车赔偿案”的贡献:沉默欺诈认定路径的矫正

与指导案例17号相比,“天价豪车赔偿案”在判断经营者是否构成沉默欺诈的认定上重申了以下规则:[①](1)经营者告知义务的违反并不一定构成欺诈,应严格检讨经营者的行为是否符合欺诈的构成要件。(2)《消保法》上欺诈的认定,应适用《民通意见》第68条的规定。(3)违反告知义务是否影响合同的根本缔约目的,是作为“欺诈”认定的考虑因素,由此判断消费者是否因此陷入错误而作出意思表示;该规则采法国法上区分主要性欺诈和次要性欺诈理论,摒弃了德国法上的欺诈理论。(4)经营者的告知义务应采“实质保护标准”,违反告知义务侵犯了消费者知情权的,需承担损害赔偿责任。

---

① 笔者赞同本案的判决思路,但对判决赔偿的数额持保留态度。因为本案判决认为,为了对经营者即时记载并上传相关信息行为的鼓励和引导,兼顾对消费者认知能力和消费心理的保护,酌定经营者向消费者赔偿11万元。该结果似乎消费者赢得了诉讼,但最终要求消费者承担一审和二审大部分诉讼费用,共计30.6790万元的诉讼费用。此种结果颇令人难以赞同。

上述规则的重申,有利于矫正当前经营者沉默欺诈认定路径的混乱局面。

四、经营者沉默欺诈认定路径的回归

如何妥当地认定经营者是否构成沉默欺诈,笔者认为应从以下四个方面回归:

(一)沉默欺诈的构成要件须以严格认定为原则

学说上对于沉默欺诈的构成要件是否需作特殊处理,有一定分歧。有学者主张对存在说明义务情况下的沉默性诈欺,应缓和其因果关系要件和故意要件。[①] 有学者认为,《消保法》对于经营者的告知义务采用全面真实标准,加大了欺诈认定的可能范围,需通过对欺诈的严格认定加以平衡经营者和消费者的关系。[②] 还有学者主张应承认过失欺诈。[③]

笔者认为,对于沉默欺诈的认定,原则上应严格按照民法上欺诈构成要件予以认定,理由如下:

其一,从比较法上看,《欧洲示范民法典草案》对于欺诈故意的态度也是严格认定,欺诈必须是故意的,即引起对方错误的一方的虚伪陈述或未披露便是欺诈性的。但如果没有有意欺诈,并不构成欺诈。[④]

其二,即使不认定为欺诈,消费者仍可依据瑕疵违约或缔约过

---

① 参见牟宪魁:《说明义务违反与沉默的民事诈欺构成》,载《法律科学》2007 年第 4 期。

② 参见陆青:《论消费者保护法上的告知义务》,载《清华法学》2014 年第 4 期。

③ 参见刘勇:《缔约过失与欺诈的制度竞合》,载《法学研究》2015 年第 5 期。

④ 参见[德]克里斯蒂安·冯·巴尔、[英]埃里克·克莱夫:《欧洲私法的原则、定义与示范规则:欧洲示范民法典:全译本》(第 1 卷、第 2 卷、第 3 卷),付俊伟译,法律出版社 2014 年版,第 432 页。

失责任主张救济。《消保法》上的欺诈认定,本来是属于合同上的例外责任。在其他大陆法系国家,基本上不承认惩罚性赔偿。

但例外情况下,如在药品、食品领域可以区分不同类型经营者进行适当扩张或限制,我国现行实证法承认在食品和药品领域对于欺诈要件采缓和说。具体而言,《食品安全法》第 148 条后句规定了惩罚性赔偿的适用前提为“生产不符合食品安全标准的食品或者经营明知是不符合食品安全标准的食品”,[①]该惩罚性赔偿的适用并不考虑经营者的主观要件。同时,从最高人民法院《关于审理食品药品纠纷案件适用法律若干问题的规定》(法释〔2013〕28 号)第 3 条规定[②]可知,最高人民法院对于认定欺诈的态度上并未要求消费者陷入错误的认识,只要经营者有欺诈的客观行为即可成立惩罚性赔偿。又如“考虑食药安全问题的特殊性及现有司法解释和司法实践中的具体情况,我们认为目前可以考虑在除购买食品、药品之外的情形,逐步限制职业打假人的牟利性打假行为。”[③]

基于上述分析,除食品和药品领域外,我国现行法对于欺诈的认定均严格依据民法上“欺诈”的构成要件予以认定。

---

① 《食品安全法》第 148 条末句规定,“但是,食品的标签、说明书存在不影响食品安全且不会对消费者造成误导的瑕疵的除外。”该但书条款对于食品消费中的惩罚性赔偿进行限制,从反面推论可知,第 148 条的惩罚性赔偿的适用也以“欺诈(误导)”为要件,并摒弃了经营者的主观要件。

② 第 3 条规定,“因食品、药品质量问题发生纠纷,购买者向生产者、销售者主张权利,生产者、销售者以购买者明知食品、药品存在质量问题而仍然购买为由进行抗辩的,人民法院不予支持。”

③ 最高人民法院办公厅《对十二届全国人大五次会议第 5990 号建议的答复意见》(2017 年 5 月 19 日,法办函〔2017〕181 号)。

（二）利益衡量在沉默欺诈认定中的妥当运用

《消保法》第 1 条作为立法目的条款，具有利益衡量的作用。[①]一般认为，《消保法》的制度目的是对消费者予以特别保护，因此强化了消费者知情权的保护，扩大了经营者的告知义务范围，同时规定了经营者欺诈的惩罚性赔偿制度。

但是，通过前述 6 种关于沉默欺诈认定的不同路径可知，惩罚性赔偿制度中沉默欺诈的认定在实践中产生了不少争议。形成上述 6 种不同认定路径，表面上是不同请求权基础的适用，但根源在于如何在沉默欺诈认定中运用利益衡量理论。以路径 3 为例，法院一方面认为经营者就瑕疵信息应告知而未告知，违反了告知义务构成欺诈；另一方面却认为隐瞒的瑕疵比较轻微，并不涉及安全性能等主要问题，假如严格按照“退一赔三”进行赔偿，将课以经营者过重的负担；最终法院判决构成局部欺诈，并基于局部欺诈部分进行惩罚性赔偿。在路径 3 中，法院的做法试图在利益平衡的基础上，通过调和经营者与消费者之间的关系，但判决结果却无实证法的依据，此种路径有“削足适履”的感觉。[②]

那么，应怎样比较科学地平衡经营者和消费者之间的利益？笔者认为，利益衡量方法的妥当适用是经营者和消费者之间利益调和的关键。利益衡量的层次结构可分为当事人具体利益、群体利益、制度利益和社会公共利益。[③] 在经营者和消费者之间的消费合同关系中，如何划分利益的层次呢？《消保法》中立法目的条

---

① 参见刘颖：《民法典中立法目的条款的表达与设计》，载《东方法学》2017 年第 1 期。

② “天价豪车赔偿案”一审和二审法院基于相同事实却作出完全不同的结果，也是基于利益衡量的结果。

③ 参见梁上上：《利益的层次结构与利益衡量的展开》，载《法学研究》2002 年第 1 期。

款体现了利益衡量的层次性，从该法第 1 条的表述来看，群体利益是“消费者的权益”，制度利益是“维护社会经济秩序”，社会公共利益是“促进社会主义市场经济健康发展”。

表 5.1　“天价豪车赔偿案”二审判决的利益衡量过程

选择保护对象	当事人具体利益		群体利益		制度利益	社会公共利益
	杨代宝的利益	经营者（经销商）利益	消费者群体的权益	经营者（经销商）群体的利益	维护社会经济秩序	促进社会主义市场经济健康发展
支持杨代宝的“退一赔三”诉求	√	×	√	×	×	×
不支持杨代宝的“退一赔三”诉求	×	√	×	√	√	√

注：表格中的√表示得到保护，×表示不能得到保护。

以“天价豪车赔偿案”为例，我们通过利益层次结构对其中的利益进行解析（见表 5.1），本案中涉及的问题是经营者所隐瞒的轻微修复的整理行为和窗帘电动总成的更换两处轻微瑕疵，此时是否构成欺诈？假如认定为欺诈，那么就支持了消费者杨代宝的“退一赔三”要求，此时保护了消费者的具体利益，也保护了消费者群体利益，但是否符合制度利益和社会公共利益呢？分析如下：

首先，《消保法》的制度利益在于通过强化消费者权益保护和加大经营者告知义务等系列规则，平衡经营者和消费者不对称的状况，维护社会经济秩序，并以此实现促进社会主义市场经济健康发展的社会公共利益。因此，“虽然消费者权益保护法立法的重心在于保护消费者在信息不对称问题上的弱势地位,但并不是对经营者的所有不当行为或瑕疵行为进行全方位规制,机械地适用消费者权益保护法中的惩罚性规定,过分强调了对经营者的过重惩罚,显然违背了市场正常运作的规律。”①

其次,该法规定的惩罚性赔偿的目的,在于规制经营者利用消费者信息不对称的地位,诱使消费者作出违背本意的意思表示的行为;而非“一刀切”地对所有经营者的不当行为进行惩罚。② 隐瞒瑕疵事项并不一定构成欺诈行为,需根据行为的性质和程度对是否构成欺诈进行具体判断。

最后,惩罚性赔偿制度本身即为合同责任的例外,是违约责任的特殊形态,须严格适用。王泽鉴先生认为,在市场经济,当事人的利益互相影响,惩罚性赔偿的威胁将造成经济活动的不确定及顾虑,甚至惩罚性赔偿将会鼓励不智的契约履行,导致无效率的资源分配。③

基于上述分析,如经营者仅因标的物存有轻微瑕疵未全面告知消费者,就以此判定经营者承担“退一赔三”的惩罚性赔偿(撤销合同+惩罚性赔偿),似乎有过于苛责经营者之嫌。④ 此种严重加大经营者注意义务的做法,不利于保护交易安全和市场经济效益,也不利于社会主义市场经济良性发展,有悖于《消保法》的制度利益和社会公共利益,“所以制度应该进行交易安全与交易效率

---

① 鞠海亭、金晓平:《经营者欺诈行为的要件分析》,载《人民司法·案例》2015年第22期。

② 参见陆青:《论消费者保护法上的告知义务》,载《清华法学》2014年第4期。

③ 参见王泽鉴:《损害赔偿》,北京大学出版社2017年版,第366~367页。

④ 此时,即使不认定经营者欺诈,并不代表消费者权益无法得到救济。如前述几种不同路径,消费者可就经营者违反告知义务从缔约过失损害赔偿或瑕疵履行的违约损害赔偿等获得权益保护。

的权衡，既要保障消费者的交易安全，也要力求使社会总的交易成本最小化”。[1]

但是，利益衡量需要考虑不同的变量。在认定经营者是否构成沉默欺诈时，其变量在于违反告知义务的程度，即沉默欺诈的客观行为是否在意思表示作出中起决定性作用。在传统民法欺诈理论中，相对人基于隐瞒事实陷入错误，对于错误的轻微严重程度并不关注，甚至微小的错误也可成立该要件的错误。从这个方面来看，无论该错误是否属于轻微瑕疵，还是属于 PDI 检测的范围，又或者是超出 PDI 范围，甚至更严重的事故车等问题，均构成相对人的错误认识。

判断经营者构成沉默欺诈与否的核心问题在于，这些不同类型或不同程度的错误是否会对意思表示产生决定性影响。笔者认为，法国民法将欺诈区分为主要性欺诈和次要性欺诈，就是利益衡量的结果。区分主要性欺诈和次要性欺诈，在于欺诈事项是否会对意思表示产生决定性影响；如仅影响交易条件，则为次要性欺诈，该类型仅能通过损害赔偿获得救济，但并不构成合同撤销的原因。[2] 在消费者合同关系中，一方面，假如经营者隐瞒事项比较轻微，不会对消费者意思表示的作出产生决定性影响，违反该告知义务将不构成欺诈，此时消费者可基于经营者侵犯知情权为由获得《民法典·合同编》上的损害赔偿救济。另一方面，假如经营者滥用信息不对称地位，隐瞒了消费合同中的重要事实，影响了消费者的根本缔约目的并基于此作出意思表示，那么经营者将构成欺诈，需要承担《消保法》第 55 条退一赔三的民事责任。

---

① 应飞虎：《经营者信息披露制度研究》，载《经济法论坛》2003 年第 1 期。

② 参见朱广新：《合同法总则研究》（上册），中国人民大学出版社 2018 年版，第 300～301 页。

(三)厘清侵犯知情权与沉默欺诈之间的关系

民法上的各项制度在设计时均有相应的规制范围,但随着民法理论的创新和法律继受等原因,[①]逐渐形成了各项制度竞合的局面。经营者隐瞒标的物瑕疵事项的行为将违反告知义务,如何处理经营者沉默欺诈和侵犯消费者知情权的关系即为典型例证。

具体而言,在传统民法上,沉默欺诈是意思表示瑕疵制度的内容,瑕疵责任主要是买卖合同的履约问题,两者制度功能上各有差异。随着理论发展,德国学者耶林发现了被誉称为“法学上的发现”的缔约过失责任理论;我国民法继受并扩张了该理论,不再强调缔约过失责任与合同效力的关联性,更侧重于在缔约过程中的损害赔偿责任。[②] 经营者告知义务的范围在《消保法》中得以扩张,并规定了经营者欺诈的惩罚性赔偿制度。由此形成了我国现行法关于经营者隐瞒标的物瑕疵违反告知义务,以及沉默欺诈、缔约过失和瑕疵履行的法律效果多重竞合的局面(见表5.2)。

表5.2 隐瞒瑕疵的制度竞合

法律效果	缔约前未告知	缔约时未告知	交付前未告知	责任/主观形态
缔约过失	√	×	×	故意为原则,过失例外
瑕疵责任	×	√	√	违约责任/严格责任
意思表示的欺诈	√	√	√	故意

在存有竞合情况时,消费者如何主张权利的救济呢?如前所

---

① 此为我国民法中层累现象造成的后果。参见刘颖:《中国民法中的“层累现象”初论》,载《东方法学》2014年第6期。

② 相关缔约过失责任理论的梳理,参见谢鸿飞:《合同法学的新发展》,中国社会科学出版社2014年版,第158~163页。

述,《消保法》第55条并非独立的请求权基础,该惩罚性赔偿为合同责任上的额外责任,那么其以此为依托的请求权可能会是《民法典·合同编》中的缔约过失责任,可能会是瑕疵责任,也有可能是基于欺诈撤销合同。对此,当事人是否有任意选择权,抑或需依照请求权的优先与否按次序选择呢?

有观点认为,对于缔约过失和瑕疵责任的适用问题上,原则上瑕疵担保责任规则作为特别法应当优先予以适用,例外是,在出卖人有故意或者恶意行为的情形时,应当适用缔约过失的责任规定。[①] 而在瑕疵担保和撤销规则(基于欺诈的合同撤销)的适用关系上,原则上也是以瑕疵责任规则作为特别法应当优先予以适用,但例外是在恶意诈欺的情形时,由买受人自行决定如何选择。[②] 也有观点认为,瑕疵责任和缔约过失责任在着眼点、请求权基础、证明责任和法律后果等方面有所差异,故应赋予当事人选择权。[③]

笔者认为,应赋予当事人选择权更具合理性。理由如下:(1)民法上的欺诈、瑕疵责任、缔约过失责任和《消保法》的告知义务制度等均是在特定社会背景下演进形成的制度竞合,各项制度均有其相应的制度利益。对于当事人而言,制度竞合下的不同请求权并无优劣之分,因此无须以请求权优先性的方式限制当事人选择不同救济途径。(2)各类制度的期间限制有一定的差异,当事人可通过期间的差异选择最优的请求权基础。具体差异有:基于欺诈事由的合同撤销权有1年除斥期间的限制;[④]而瑕疵责任有除斥期间

---

① 参见卢谌:《现代买卖法瑕疵担保责任制度》,载《东方法学》2011年第1期。许德风教授持相同观点,参见许德风:《论瑕疵责任与缔约过失责任的竞合》,载《法学》2006年第1期。

② 参见卢谌:《现代买卖法瑕疵担保责任制度》,载《东方法学》2011年第1期。

③ 参见陆青:《论消费者保护法上的告知义务》,载《清华法学》2014年第4期。

④ 关于撤销权的除斥期间,详见《民法总则》第152条(现《民法典》第152条)。

(2 年)[①]、质量保证期等期间的限制;缔约过失责任虽无除斥期间,从解释上应受一般诉讼时效(3 年)的约束。(3)各类制度的损害赔偿范围不同。综上所述,请求权优先次序不利于当事人自由选择最优救济方式,在制度竞合的情形下,应该赋予当事人任意选择权。

(四)界定告知义务范围:区分核心范围和边缘范围

关于经营者沉默欺诈认定,以其对当事人负有告知义务为前提。但经营者是否构成欺诈,则以隐瞒瑕疵事项是否违反告知义务范围进行判断。由此引发了系列问题,即告知义务的范围和沉默欺诈的关系如何?违反告知义务一定构成欺诈?抑或违反告知义务仅为欺诈认定的前提,其至于构成欺诈与否以及经营者违反告知义务何种程度与范围是否相关联?

最高人民法院在"天价豪车赔偿案"上对此问题的态度为:违反告知义务仅为欺诈认定的前提,违反告知义务不一定构成欺诈,欺诈应结合经营者违反告知义务的程度予以认定。那么,如何界定经营者告知义务的范围是判断欺诈构成与否的关键。因为,在适用该法条时,对于经营者的告知义务应在内容、程度上有所区分,应加入有悖于诚信原则程度的考量,也就是说在认定消保法中的欺诈行为时,不仅应存在经营者故意隐瞒真实情况的事实,也应当满足诱使消费者做出错误意思表示这一要件。[②]

对此,笔者认为应从以下两个角度界定《消保法》的告知义务范围:

1. 以"实质性保护规则"厘清经营者告知义务范围。我国法上的告知义务范围,《民法典·合同编》《消保法》《食品安全法》等

---

① 《合同法》第 158 条第 2 款(现《民法典》第 621 条第 2 款)。

② 参见鞠海亭、金晓平:《经营者欺诈行为的要件分析》,载《人民司法·案例》2015 年第 22 期。

法律有不同的规定。就《消保法》而言,虽然第8条和第20条规定了经营者真实全面的信息披露义务,但告知义务的边界非常模糊,尤其条文表述的是信息须"全面"告知,全面到何种程度才算履行了告知义务?无限制地扩大告知义务范围不符合经营者和消费者的利益需求,甚至可能导致交易成本的边际递升,"这种成本包括交易前的信息收集成本和交易中的说明成本以及交易后的特定信息的提供成本等,这些成本在边际上是递增的,"[①]从而降低交易快捷和市场效率。一方面,这将课以经营者过重的负担,经营者作为以营利为目的的商事主体,必然不能毫无保留坦诚地全部披露,如商品的真实成本;另一方面,也将消费者置于巨大信息流之中,作为非专业人士的消费者无法区分信息的有效性,实质上并不能达到保护消费者的目的。

因此,须以"实质性保护"规则作为界定告知义务范围的标准,即"经营者所应提供的商品全面信息,并非指与商品有关的所有信息,而是指可能影响消费者人身健康、安全或一定财产利益的全部重要信息",至于告知义务范围的构成,"则应以动态系统论为基础,以'合同的性质'、'当事人的身份'、'合同条款的形式与订立方式'以及'信息的重要性'作为判断要素"。[②] 不符合"实质性保护"规则的信息,不属于经营者告知义务的范围。此时,经营者即使隐瞒不符合"实质性保护"规则的事项或信息,也无须承担《民法典·合同编》上的损害赔偿责任,更不可能构成沉默欺诈。

2. 应将告知义务范围区分为核心范围和次要范围,以"影响根本缔约目的"界定核心范围,其余为边缘范围。经营者就核心范围

---

① 应飞虎:《经营者信息披露制度研究》,载《经济法论坛》2003年第1期。

② 刘勇:《论缔约前的信息提供义务》,南京大学2012年博士学位论文。

的事项未予告知消费者,使消费者接受经营者提供商品或者服务,在品质(质量)、产地、新旧等与真实的商品或者服务以及消费者的真实意思表示之间存在实质性的差别,[①]此时将构成沉默欺诈。

除核心范围外,其余均为边缘范围,如经营者隐瞒虚出库的行为、[②]轻微瑕疵、[③]车辆用户手册的错误记载[④]等不会影响消费者意思表示的作出,即使经营者就此未履行告知义务亦不构成欺诈。理由如下:(1)违反告知义务即构成欺诈,不利于经营者和消费者关系的平衡,也不符合《消保法》的制度利益和社会公共利益。(2)告知义务范围的划定在比较法上也有类似的规则,法国法区分一般信息与特别信息义务,只有遗漏实质信息才构成商业欺诈。[⑤] 类似的,日本《消费者契约法》在第 4 项第 1 款规定了经营者须就"重要事项"进行告知,[⑥]否则消费者可以撤销消费合同。

---

① 参见"浦江国邦新城汽车销售服务有限公司诉官君然等买卖合同纠纷案",山东省青岛市中级人民法院民事判决书,(2017)鲁 02 民终 7160 号。

② 参见"关贺秋与青岛石大汽车销售服务有限公司买卖合同纠纷上诉案",山东省青岛市中级人民法院民事判决书,(2016)鲁 02 民终 5384 号。

③ 参见"陈镛诉温州之星汽车有限公司买卖合同纠纷案",浙江省高级人民法院民事裁定书,(2015)浙民申字第 01881 号。

④ 参见"魏德伟、郭治美与重庆万博汽车有限公司产品销售者责任纠纷案",重庆市高级人民法院民事裁定书,(2017)渝民申 251 号。

⑤ 凌学东:《消费者合同前信息义务研究》,载《北方法学》2016 年第 2 期。

⑥ 我国司法实践中引入的"是否影响合同缔约根本目的"判断规则,与日本法非常相似。日本《消费者契约法》第 4 条第 5 项规定了"重要事项"的范围,第一项第一款以及第二项之中所称"重要事项",即下述有关消费者契约之事项(同项之场合,第三款所列举除外)(1)物品、权利、劳务及其他构成该消费者契约之标的物其性质、用途以及其他内容,通常会影响消费者决定是否缔约消费者契约者。(2)物品、权利、劳务及其他构成该消费者契约之标的物其对价及其他交易条件,通常会影响消费者决定是否缔约消费者契约者。参见日本《消费者契约法》,载 e ~ Gov 法令检索:https://elaws. e ~ gov. go. jp/search/elawsSearch/elaws_search/lsg0500/detail?lawId = 412AC0000000061,最后访问日期:2019 年 5 月 1 日。本注释部分的资料由时在京都大学法学院访问的上海大学法学院王涛老师提供,在此表示感谢!

区分核心范围和次要范围的意义在于，经营者违反告知义务的核心范围，因隐瞒事项“影响根本缔约目的”，对消费者的意思表示作出产生决定性影响，同时在满足其他要件的基础上，可认定为欺诈，适用《消保法》上的惩罚性赔偿；[①]“经营者应当告知消费者的‘实质信息’属于此‘标的物之实质’，消费者受商业欺诈对实质信息产生错误认识，导致同意缔约的意思表示错误，契约归于无效，发生财产返还、损害赔偿等法律后果。”[②]但如果经营者的行为仅违反告知义务的边缘范围，那么不可以认定为欺诈，仅可通过瑕疵责任、缔约过失责任等规则进行救济。

五、结语

沉默在法律上一般不具有意义和约束力。当事人就标的物瑕疵未履行告知义务，在民法上可能须承担缔约过失责任、基于欺诈的合同撤销以及瑕疵责任等法律后果。但在经营者和消费者之间的消费合同关系中，因经营者负有告知义务，如其对于标的物瑕疵保持沉默，除上述责任外，还将承担《消保法》第 55 条第 1 句的惩罚性赔偿责任，此为经营者沉默欺诈的基本认定路径。最高人民法院通过发布指导案例 17 号，试图厘清经营者沉默欺诈的认定路径。但此后不同层级的法院在如何认定沉默欺诈的问题上，却形

---

① 经营者的不当行为或沉默行为是否构成欺诈，在满足其他要件之外，主要是该行为是否对意思表示的作出具有决定性影响。例如《最高人民法院公报》2017 年第 8 期刊载的“陈雪琴诉重庆商社新世纪百货连锁经营有限公司等产品销售者责任纠纷案”，法院认为，该案中的商品虽有产品标注不当的行为，该不当标注行为固然会强化消费者的购买信心，但并不是导致其产生购买意愿的主要原因。因此，不能因涉案产品标注药品生产许可证号而认定经营者构成欺诈。

② 苏号朋、凌学东：《法国消费欺诈行为的法律规制及借鉴》，载《法学杂志》2013 年第 4 期。

成了 6 种认定路径。认定路径如此混乱的背后,一方面可能在于法院就《消保法》法律规范是否可作为请求权基础的认识不足;另一方面在于《消保法》告知义务范围的边界模糊不清,以及该法第 55 条关于欺诈认定构成要件的争议。2018 年年底,最高人民法院在"天价豪车赔偿案"判决中所重申的系列规则,在一定意义上矫正了指导案例 17 号关于"未告知即推定构成欺诈"的认定思路,在保护消费者和加重经营者负担之间保持了利益平衡。关于经营者沉默欺诈的认定,既要防止经营者滥用信息不对称侵害消费者的合法权益,也要考虑不能过于苛责经营者和加重经营者的负担。因此,关于经营者沉默欺诈的认定,应从欺诈构成要件须以严格认定为原则、妥当适用利益衡量的方法、妥善处理侵犯知情权和沉默欺诈的关系以及告知义务范围的界定四个方面回归。

第六章　居间合同的中国印记：变与不变*

一、居间合同的历史视角与法理基础

（一）居间人角色的历史视角

从经济史角度分析，居间行业是商品经济发展的产物，居间行业与商品经济发展密不可分。商品经济越发达，居间行业就越繁荣活跃，居间的法律规范就更为细致，反之亦然。概言之，居间行业的繁荣与否同商品经济的发达与否呈正相关。我国近代以来居间行业的发展正好诠释了这一规律。晚清民国时期，处于简单商品经济时期，居间行业也有一定的发展，于是在中华民国民法债编中也相应地将居间作为有名合同予以规定。但新中国成立以来，计划经济的建立，

---

* 本部分写于 2017 年，为作者主持中国法学会部级课题《民法典视野下的居间合同研究》的成果之一，对于居间（中介）合同相关内容的修改提出了理论论证，为保持作品的完整性和可读性，本章的法条仍采用前《民法典》时代的表述。——作者注

居间行业一度失去了存在和自身的作用。随着1978年改革开放以来,社会主义市场经济逐步形成,在社会经济领域中的居间活动也重新活跃起来。最后在1999年《合同法》中,居间合同以4个法律条文的形式作为最后一章。《民法典》将"居间合同"改为"中介合同",但学说上一般使用"居间合同"的表述,本书采学说上的表述,一般情况下不区分两者差异。

近现代以来,随着商品经济的发展,居间活动在经济交往中的特殊作用更加突出,出现了大量专门从事居间业的社会组织和个人。居间是商品经济的产物,它的产生和发展是与商品经济的产生和发展相适应的。人们从事商品交换,首要的一步就是要了解市场供求情况,选择合适的与对方交换。然而,由于交换者自身在精力、时间、信息掌握等方面的局限,不可能完全依靠自己,必须借助于他人的帮助实现交易。这正是居间应运而生的根本原因。居间人掌握市场信息,通晓流通渠道,通过居间活动,为交换者提供便利,保证交换顺利、及时、圆满地完成。商品交换的范围和规模越大,居间的作用越突出,也就越发需要有完备的法律制度来调整居间关系,从而保证居间在社会经济生活中的作用得以积极、有效的发挥。党的十一届三中全会以来,随着市场的开发和信息的商品化,在我国经济领域中居间活动开始活跃起来。在我国各地相继出现了许多专门从事居间业务或将居间作为业务之一的社会组织,同时,也有为数众多的公民,在商品经济中从事居间活动。这些从事居间活动的社会组织和个人,广泛活跃于城乡市场,对促进商品经济的发展,起到了不可忽视的积极作用。

进入21世纪以来,中国经济的快速发展给居间行业的发展带来了新的契机,居间活动的重要性在发达的市场经济中日益突出。以房地产中介市场为例,我国房地产业在计划经济时代曾经一度销声匿迹,被福利化的单位住房供给制度所取代。自 20 世纪 80 年代房地产业重新兴起,90 年代进入快速发展时期以来,我国住房分配和供给体制都发生了根本性的变化,全国房地产开发投资也得到了迅猛的发展。除房地产开发业外,多年来,还逐步形成了以评估、经纪、咨询为内容的房地产中介业,以及以经营治理楼宇、小区为主的物业治理业,从而形成了较为完整的中国房地产业的产业构架体系。全国各地房地产业蓬勃发展,各地出现了许多成功的房地产经营模式,它们中有成功楼盘的开发,也有成功的中介经纪和成功的物业治理。房地产作为不动产,是一种特殊商品,其交易是产权交易,不仅有一套严格而复杂的规程,涉及众多的法律法规,而且还需要有着相当的专业知识。为委托人提供相对人或第三人的信息是居间人从事任何种类的居间都必须具备的内容,而且委托人是完全信赖居间人的信息而行为的,因此居间人提供的信息必须真实可靠……委托人往往信赖居间人提供的信息才与相对人磋商、谈判甚至达成合同。①

在现代发达国家,居间商在促进商事交易中发挥着极为重要的作用。由于居间商仅仅追求行为结果之报酬,因此,它在充分使用已经形成的市场机会和市场机能的过程中,显示出很强的灵活性和专门性。通常,居间商掌握着对一般人来说难以很好把握的、具有一定特殊性的专门的市场知识,了解市场行情,如船舶居间商、原材料居间商、动产居间商、杂货居间商、牲畜居间商、个人贷款居间商等,都涉及专门领域,都对该领域的市场行情比较熟悉和精通,并且居间商习惯在有利的商事交易地点开业。正是由于居

① 高富平、王连国:《委托合同 · 行纪合同 · 居间合同》,中国法制出版社 1999 年版,第 188 ~ 189 页。

间商特殊的市场技能,因此,对于委托人来说,其委托行为具有相当的经济意义,它可以通过居间委托而充分利用居间商所拥有的专门的市场知识,迅速找到交易伙伴或寻求产品畅销的市场条件,从而使其提高市场竞争力。①

此外,当今居间平台在网络环境下肆意扩张,但居间合同的规范缺失导致互联网居间平台经常出现诸多问题。随着网络技术的发展,分享经济作为新型的企业模式,也成为一种重要的经济形式。其中,分享经济中O2O平台是典型的居间人角色(见分享经济报告2015),例如P2P网贷平台的居间人地位,又如,在互联网金融众筹第一案——“北京诺米多餐饮管理有限责任公司与北京飞度网络科技有限公司居间合同纠纷上诉案”②中,两审法院均将飞度公司与诺米多公司之间的关系认定为居间法律关系,即将众筹平台认定为居间人角色。在网络交易平台C2C模式中,网站是作为互动式计算机服务提供者的。在网络交易中,提供交易平台的网站与交易双方之间构成居间合同关系的,网站负有合同法所规定的居间人的义务,如应当就有关订立合同的事项向合同双方如实报告,不得故意隐瞒与订立合同有关的重要事实或者提供虚假情况等。如果违反这些义务,网站应当承担相应的法律责任。③分享经济的技术特征是基于互联网平台,互联网平台并不直接提供产品或服务,而是将参与者连接起来,提供即时、便捷、高效的技术支持、信息服务和信用保障。移动互联网发展以及智能终端的普及实现了参与者的泛在互联,移动支付和基于位置的服务让分

---

① 参见范健、王建文:《商法学》(第4版),法律出版社2015年版,第40页。

② 北京市第一中级人民法院民事判决书,(2015)一中民(商)终字第09220号。

③ “应娟利诉亿贝易趣网络信息服务(上海)有限公司服务合同纠纷案”,载《最高人民法院公报》2007年第3期。

享变得简单快捷。网络与大数据分析技术实现了资源供需双方的精准高效匹配，极大地降低了个体之间碎片化交易的成本。

综上所述，居间人的角色在经济中扮演了重要的角色，现代信息网络计算的介入，居间人也从传统居间到现代居间转变，为当事人交易提供了便利。

(二)居间合同的法理基础：信息不对称

居间人扮演着市场资源合理配置的角色。在传统社会中，基于信息交流条件的限制，人与人之间的交流在信息渠道的获得上产生一定的隔阂，导致了信息不对称，因此催生了居间行业。

在当今信息大爆炸时代，由于信息流量的无序和无限，互联网可以瞬时、分布式沟通信息，互联网只是提供了降低信息不对称的可能性，现实中却是在制造更大的信息不对称。因为信息不对称能否降低，不在于信息是否更多，而在于信息搜寻与匹配的效率是否更高。互联网不仅传输信息，在传输过程中也生产信息，碰到更多垃圾信息的可能性大幅提高，受到信息源干扰的可能性大幅增加。因此，有了更多的信息之后更容易加剧信息不对称。非专业人士对于专业问题往往缺乏认知，更倾向于接受听上去合理的结论，而非去理解和认同推论过程，使大量真实信息被淹没。故而居间的角色也显得十分重要。

从居间人权利义务观察，委托人与居间人订立居间合同，往往是由于信息不够灵通或不了解对方的情况，才请居间人为自己搜集有关特定当事人的信息或非特定的合适第三人的信息，目的在于通过居间人找到合适的交易相对人。[①] 居间人是为了在信息不

① 参见高富平、王连国：《委托合同 · 行纪合同 · 居间合同》，中国法制出版社 1999 年版，第 189 页。

对称状态下，合理配置市场资源，寻找最合适的当事人。“委托人之所以与居间人订立合同，通常是因为自身信息欠缺，难以独立寻找订立合同的对象与机会，通过居间人为其提供订立合同的相关信息和服务，同时委托人基于对居间人提供信息的信赖，才与相对人进行磋商并达成合同。如果居间人提供的信息不实，不但会使委托人签订合同的目的不能实现，还会给委托人造成难以弥补的损失。”①

总之，信息不对称背后反映的是市场参与主体之间的差异性，信息不对称是居间产生的一个因素。

二、居间合同中居间人的谨慎审查义务

如实报告义务是居间合同中居间人的主要义务。在我国，随着社会经济的发展，居间人在市场经济中的角色日益重要，居间合同案件纠纷日益增多，出现了许多居间人与委托人之间如实报告的纠纷。但在前民法典时代，居间合同作为原《合同法》的有名合同之一，只有 4 个法律条文，居间合同的状况是，条文数目之简陋，规范内容之匮乏。关于居间人的如实报告义务规定于原《合同法》第 425 条。在此类案件中，居间人的如实报告义务是否包含谨慎审查义务，法院是否应当判决居间人承担谨慎审查义务？② 学术界存在争议，不同法院有不同的做法。在实践中也产生了困惑。究竟该如何理解原《合同法》第 425 条。本书结合最高人民法院公

---

① 山东省临沂市中级人民法院民事判决书，(2015)临民再终字第 9 号。

② 有的称为“调查核实义务”，有的称为“积极调查义务”，也有的称为“谨慎审查义务”。谨慎审查义务为如实告知义务的其中一个方面，即对提供信息保证真实性，此种真实性以谨慎审查为限，并不是课以居间人就不知道的情况积极调查的义务，详细分析见本章第二(二)部分。为便于行文，本书称为“谨慎审查义务”。

报案例对这一问题进行分析,提出解决问题的方案。

(一)问题的提出:李彦东案的疑惑

“李彦东诉上海汉宇房地产顾问有限公司居间合同纠纷案”(以下简称李彦东案)是最高人民法院公报案例刊载的关于居间人谨慎审核义务的典型案例,具有一定的代表性。

两审法院查明的事实为:2012 年 3 月 7 日,原告李彦东、被告汉宇地产及案外人周敏签订一份《房地产买卖居间协议》,约定经汉宇地产居间介绍,李彦东向周敏购买位于上海市浦东新区康桥镇上南路 6869 弄 4 号 301 室房屋,房屋总价 118 万元。同日,三方签订一份《房地产买卖协议》,约定定金总额为 20 万元,由周敏委托汉宇地产代为收取并保管。在周敏签约当日将房屋产权证书等文件证明交由汉宇地产保管后,周敏可以取回由汉宇地产代为保管的定金。上述协议另对其他事项作了约定。同日,李彦东通过其配偶刘明明的账户向周敏支付了定金 20 万元。周敏于当日向李彦东出具一份定金收据,确认收到李彦东支付的定金 20 万元。2012 年 3 月 14 日,李彦东向公安机关报案,称 2012 年 3 月 7 日,其通过汉宇地产与周敏签订了房屋买卖协议,并通过银行转账的方式向周敏支付了定金 20 万元,准备购买位于上海市浦东新区上南路 6869 弄 4 号 301 室房屋。后发现周敏提供的公证书系伪造,怀疑对方有欺诈行为。3 月 17 日,上海市公安局浦东分局对周敏涉嫌合同诈骗一案立案侦查。2012 年 10 月 17 日,周敏因犯信用卡诈骗罪、合同诈骗罪被上海市浦东新区人民法院判处有期徒刑八年,罚金人民币六万元并被责令退赔犯罪所得,返还被害银行及被害人(李彦东)。判决后,周敏提出上诉。2012 年 12 月 14 日,上海市第一中级人民法院裁定驳回上诉,维持原判。①

上海第二中级人民法院确认了一审法院关于被告汉宇地产作为专业的房屋中介机构在进行居间服务时应尽到必要的、审慎的审查、核实义务,并认为"本案二审主要争议在于汉宇地产承担补充赔偿责任的范围,对此应综合本案案情予以判定。根据二审查明的事实,伪造的公证书中载明的蔡芳出生日期与其身份证号码记载不一致,该事项无须专业知识即可判断。在公证机构无法提供电话核实真伪的情况下,汉宇地产理应赴公证机构进行现场核实,但汉宇地产未采取前述措施。而根据上诉人李彦东在二审时的陈述,其在付款前已注意到公证书存在的问题并提出异议,李彦东完全有机会主动核实公证书真伪后再行付款。由于李彦东、汉宇地产均未尽到前述审慎义务,致使李彦东本人成为周敏合同诈骗的被害人。汉宇地产作为专门从事居间活动的单位,开展经营业务理应尽职尽力维护好委托人的利益。根据查明的事实,汉宇地产经办本案居间业务的工作人员不具备经纪人资格,未认真核查系争房屋已被出卖情况,未严格按照合同约定履行定金保管义务,使案外人周敏得以实施诈骗,继而造成李彦东损失。综合前述情况,李彦东提出汉宇地产在10万元范围内承担补充赔偿责任,尚属合理,可予支持"。

本案的裁判摘要指出,在房屋买卖居间活动中,中介公司(居间人)对于受托事项及居间服务应承担符合专业主体要求的注意义务,注重审查核实与交易相关的主体身份、房产权属、委托代理、信用资信等证明材料的真实性。中介公司因未尽必要的注意义务

---

① 参见"李彦东诉上海汉宇房地产顾问有限公司居间合同纠纷案",载《最高人民法院公报》2015年第2期。

而未能发现一方提供的相关材料存在重大瑕疵、缺陷，由此使另一方受欺诈遭受损失的，应根据其过错程度在相应的范围内承担赔偿责任。

但存在的疑问是，本案所确认的居间人谨慎审查义务，是否是原《合同法》第425条所规范的义务内容，或者居间人的谨慎审查义务是否具有合法性？其规范主体是否局限于房屋中介机构，对于其他居间人如普通自然人作为居间人或其他专业机构作为居间人时是否同样适用？此时，居间人承担谨慎审查义务的标准为形式审查，抑或是实质审查，民事居间人与商事居间人谨慎审查义务的标准是否相同？假如居间人违反谨慎审查义务，根据原《合同法》第425条第2款规定承担的损害赔偿责任是违约责任，还是侵权责任，其具体构成要件是怎样的呢？以上问题是本书研究的内容。

（二）居间人谨慎审查义务的合法性

"李彦东案"所确立的裁判摘要指出，在房屋买卖居间活动中，中介公司（居间人）对于受托事项及居间服务应承担符合专业主体要求的注意义务，注重审查核实与交易相关的主体身份、房产权属、委托代理、信用资信等证明材料的真实性。由此，本案确立了在房屋买卖居间合同中，中介公司作为居间人的谨慎审查义务。但是，原《合同法》第425条第1款规定的是居间人的如实报告义务，从文义解释上似乎并不能得出居间人的谨慎审查义务。那么，"李彦东案"是否突破了原《合同法》第425条的内容，是否符合其规范意旨？笔者认为，居间人的谨慎审查义务是如实报告义务的应有内容，具有正当性与合法性。

1. 合法性：原《合同法》第425条第1款的解释论

即使居间人谨慎审查义务存有正当性，仍需从实证法上寻求支持。否则,无法证成谨慎审查义务的成立。从实证法来看,居间人的谨慎审查义务来源于《合同法》第 425 条第 1 款“居间人应就所知道”,该款一般认为是居间人的如实报告义务,并作为居间人的主要义务。

关于如实报告义务的具体内涵,全国人大常委会法工委给出的解释是“知道 + 应当知道”的模式。具体是指,对居间人来说,不可能具体了解,只需就其所知道的情况如实报告委托人就可以,但作为居间人应当尽可能掌握更多的情况提供给委托人,以供其选择。[①] 因此居间人就一般对于订约有影响的事项虽不负有积极的调查义务,然就所知事项负有报告于委托人的义务。

首先,从文义解释看,如实报告义务,其核心在于如实报告,与原《合同法》中其他告知义务不同,居间人的告知义务应如实报告,根据现代汉语词典的解释,“如实”是根据实际情况,正确反应事实。可见,如实报告义务,不仅仅需要据实报告,还应正确报告。亦即,除去报告义务之外,还应如实报告。那么如何保证如实报告呢?此时蕴含着居间人的谨慎审查义务,居间人此时针对实际情况,应合理审查情况的真伪。居间人具有核实所介绍人身份及必要证据的义务,比如对自然人应核实其身份证、户口等有关证件,对法人或其他组织应核实其营业执照等有关证件,出租房屋者应该核实其房产证明,如此才能就有关问题向委托人据实报告,否则谈不上真实。[②] “如实”包含这几层意思,一是提供的信息要尽可能详尽全面,即要将所知悉的有关相对人的所有信息都报告给委

① 参见胡康生主编:《中华人民共和国合同法释义》(第 3 版),法律出版社 2013 年版,第 649 页。

② 参见王胜泉、施惠芳:《居间合同若干问题辨析》,载《人民司法》1995 年第 6 期。

托人,其中包括不利的信息。二是提供的信息必须真实不得隐瞒事实真相,更不得弄虚作假欺诈委托人。① 换言之,提供全面而真实的信息是居间人的义务。因此信息必须全面而真实,虽然不要求居间人就有关合同订约事实负有积极调查义务,但要求居间人就相关事实与信息负有谨慎审查义务,辨别信息真伪。其次,从体系解释分析,居间人未履行如实报告义务的情况包括,应向委托人报告而未报告和报告错误,报告错误包括两种情况,一种是故意提供虚假报告导致报告错误,另一种是过失错误报告。再次,从目的解释来看,为委托人提供相对人或第三人的信息是居间人从事任何种类的居间都必须具备的内容,而且委托人完全信赖居间人的信息而行为的,因此居间人提供的信息必须真实可靠。② 委托人与第三人签订合同时的具体认知和风险评估,很大程度上是基于居间人所提供的信息。居间人是否对有关订约合同的事项作如实报告,直接影响到委托人测定和估计签订合同的风险以及是否订约,影响到委托人对于第三人的选择。所以,要求居间人应如实报告。最后,从司法实践来看,在"赵玉诉张美芬、金左芝居间合同纠纷案二审民事判决书"③中,张美芬作为本案居间人依法对赵玉的委托就赵玉与运输赵玉货物的承运人订立货物运输合同具有向赵玉如实报告的义务,如实报告就是要报告真实的情况。

此外,中国期货业协会于 2015 年 8 月起草的《期货公司从事中间介绍业务规则(征求意见稿)》第 18 条:"期货公司应当按照

① 参见高富平、王连国:《委托合同 · 行纪合同 · 居间合同》,中国法制出版社 1999 年版,第 189 页。

② 参见高富平、王连国:《委托合同 · 行纪合同 · 居间合同》,中国法制出版社 1999 年版,第 188 ~ 189 页。

③ 昆明铁路运输中级法院民事判决书,(2015)昆铁中民终字第 13 号。

审慎合作的原则选择委托机构，并对其履行尽职调查义务。期货公司对委托机构的尽职调查应当包括但不限于经营资质、经营情况、财务状况、市场风险、管理风险、合规性等内容。”第 15 条：“期货公司应当建立并有效执行协助开户制度，对客户的开户资料和身份真实性等进行审查，向客户充分揭示交易风险，解释期货公司、客户、委托机构三者之间的权利义务关系。”本规则适用于期货公司接受证券期货经营机构及其他金融机构的委托，为其介绍客户参与证券、股票期权、场外衍生品交易等金融交易，并提供其他相关服务的业务活动。期货公司在不违背现行法律法规的前提下，按照审慎合作的原则选择委托机构，并对其履行尽职调查义务。同时，我国原《合同法》第 60 条第 2 款规定：“当事人应当遵循诚实信用原则，根据合同性质、目的和交易习惯履行通知、协助、保密等义务。”按照我国理论通说和司法实践的看法，该规定乃合同附随义务的一般规定，因此，作为附随义务之一种类型的保护义务亦可准此规定加以判断……合同的性质与目的作为判断合同保护义务的标准。[①]

2. 比较法考察：谨慎审查作为居间人的义务之一

《瑞士债务法》并未明确规定居间合同的如实告知义务，但在第 412 条第 2 款规定“关于单纯委任的规定，一般适用于居间合同”，而其中关于单纯委任的规定中，在第 398 条第 2 款规定[②]了受任人的忠实谨慎义务。在德国法上分为民事居间和商事居间，分

---

① 参见张家勇：《合同法与侵权法中间领域调整模式研究——以制度互动的实证分析为中心》，北京大学出版社 2016 年版，第 239 ~ 240 页。

② 《瑞士债务法》第 398 条第 2 款规定：“受任人对委任人负有忠实、谨慎处理委任事务的义务。”参见《瑞士债务法》，戴永盛译，中国政法大学出版社 2016 年版，第 186 页。

别规定于《德国民法典》和《德国商法典》,其中《德国民法典》在消费者金钱借贷契约及有偿融资协助之居间中对于“金钱借贷居间契约”的居间人负有告知义务。① 而《德国商法典》第 98 条②规定了商事居间人的过错责任。“谨慎责任是居间商从事商事居间经营时必须遵守的一项重要义务。根据《德国商法典》第 98 条规定,如果居间商由于自身责任而未能严格履行谨慎义务,对于由此所造成的中介双方当事人中任何一方的损失,居间商都负有损害赔偿责任。”③

(三)居间人谨慎审查义务的标准与范围

“李彦东案”中的裁判摘要所确立的谨慎审查义务标准为“符合专业主体要求的注意义务”,其范围包括与交易相关的主体身份、房产权属、委托代理、信用资信等证明材料的真实性。本案中的谨慎审查义务标准,采取的是实质审查标准,即对相关证明材料的真实性予以审查。那么,实质审查标准是否仅局限于房屋中介公司作为居间人的情形,还是需要区分不同的居间人主体,如民事居间人与商事居间人的谨慎审查义务标准是否一致,以及不同商事居间人的谨慎审查义务标准是否一致?以及谨慎审查义务的范围是否局限于“与交易相关的主体身份、房产权属、委托代理、信用资信等证明材料”,房屋中介公司外的其他居间人审查的范围具体

---

① 《德国民法典》第 655 条之 1 条第 2 款前段规定:“金钱借贷居间人负有依《民法施行法》第 247 条所定之第 13 条第 2 款及第 13 条之 2 条第 1 款规定标准告知消费者之义务。”参见《德国民法典》,台湾大学法律学院、台大法学基金会编译,北京大学出版社 2017 年版,第 626 页。

② 《德国商法典》第 98 条规定:“对于因自己的过错而发生的损害,商事居间人应当向双方当事人中的一方负责任。”参见《德国商法典》,杜景林、卢谌译,法律出版社 2010 年版,第 45 页。

③ 范健:《德国居间商法律制度评析》,载《中外法学》1993 年第 6 期。

如何?有学者认为,在报告居间,应将相对人的信用、财产状况、货物的质量、数量、销售情况等有关信息如实报告给委托人,对无订约能力的相对人,应不为其与委托人充当中介。在媒介居间,因为相对人已经确定,所以居间人无须就相对人本身的情况再作报告居间,只须就相对人对合同条款的订立和履行的意见,以及其他人与委托人在与相对人订立合同的事项上进行竞争等情况进行报告。① 司法实践中,一般认为除了要审查房地产权利是否真实完整,中介机构还需审慎审查标的物是否存在重大质量瑕疵、交易主体的信用状况与支付能力、交易主体的身份信息及相关文书资料的真实性等方面的信息,以确保房地产买卖合同真实有效并能实际履行,防止因存在恶意欺诈及诈骗等违法犯罪行为造成交易主体财产损失。② 二手房交易流程较长,其中涉及国家限购限贷政策、税费负担、户籍迁移等重要事项,其中任何一项业务的障碍,都会影响房地产交易的顺利进行,并有可能给买卖双方造成一定程度的损失。对上述与合同订立密切相关的信息,中介机构也有义务在认真调查核实后,如实地向买卖双方进行披露,确保买卖双方对后续交易中可能发生的成本和风险产生合理预期,并在此基础上进行理性决策。③

1. 居间合同的二分化:民事居间与商事居间

我国并未采取民商分立的立法例,也没有独立的商事立法,并不要求所有从事商事居间活动的人都得有专门的资格或必须登

---

① 参见江平主编:《中华人民共和国合同法精解》,中国政法大学出版社 1999 年版,第 369 页。

② 参见上海市第二中级人民法院《2011～2015 年房地产居间合同纠纷审判白皮书》。

③ 参见上海市第二中级人民法院《2011～2015 年房地产居间合同纠纷审判白皮书》。

记。因而,符合法律规定要件的法人、自然人或其他经济组织都可以成为居间人。[①] 在比较法上,在大陆法系国家的立法上,采民商分立的国家一般以商法调整媒介居间,以民法调整指示居间(报告居间);在民商合一的国家则不作媒介居间与指示居间的区分。我国采取不作区分的立法体例。[②] 我国虽不属民、商法分立的国家,但不妨将我国的居间关系分为一般民事居间和商业性居间两类。前者指公民之间一般民事活动中的非常业性居间,对于这类居间,只要居间人具备居间所需的行为能力,法律上无加以其他资格限制之必要。后者是指以居间为业所从事的居间,包括以居间为专门业务或部分业务的居间。[③] 故而我国民法采民商合一立法体例,合同法作为基本法亦如此,因此居间合同作为合同法中的有名合同,也应区分民事居间合同与商事居间合同。因为,商事居间以民事居间法律关系为其构成和存在的基础,但两者在主体、客体和内容方面都存在颇为显著的差异。这种差异产生的根本原因在于,作为商行为,商事居间的营利性特征导致其行为的构成、行为有效性以及行为之后果等方面有别于民事居间的特殊性。[④]

需要注意的是,在确定"注意义务"时,首先,应当注意采用恰当的中间尺度。如果过于拔高注意要求,则人的行为自由就将受到限缩,社会交往的动力将会受到阻碍。但是如果把交往中必要的注意要求定得太低,则又会使受保护的法律地位贬值,使合法取

① 参见肖建华、肖建国:《委托、行纪、居间合同》,人民法院出版社 2000 年版,第 344 页。

② 参见胡康生主编:《中华人民共和国合同法释义》(第 3 版),法律出版社 2013 年版,第 647 页。

③ 参见王建明、吴振:《居间合同浅析》,载《当代法学》1988 年第 4 期。

④ 参见范健主编:《商法》(第 4 版),高等教育出版社、北京大学出版社 2011 年版,第 62 页。

得的财产遭受不安全的风险。所以,《德国民法典》第 276 条第 2 款的定义以“必要”之注意而非以“通常”之注意为依据。在这里,具有决定性意义的是交易的方便及安全。客观过失的注意标准意味着按行为应当受到评价的人的交易范围区分。例如,人们必须能够信赖其他的交通参与者能够掌握对自己十分重要的交通规则和警告性标志等。其次,注意义务也会因为社会情境的不同而有所不同。最后,损害人的不同情况也会对注意程度产生影响。例如,在职业领域中,对医生的合理期待就不同于对非医务人员的合理期待。同样,根据《德国商法典》第 347 条第 1 款的规定,商人应尽普通商人的注意。换言之,商人应当知晓商事交易的一般规则。[①]

由于我国并未采取民商分立,也没有独立的商事立法,也并不是要求所有从事商事居间的人都得有专门的资格或必须登记,自然人从事非法律特殊要件行业的居间行为也是商事居间。[②]

区别民事居间与商事居间,在我国法上,一般认为以商行为确定,即以营利与否为标准。对于注意义务的程度,或许可参照委托合同的相关规定。在委托合同之中,受托人的注意义务标准根据有偿委托和无偿委托有所区分(原《合同法》第 406 条)。受托人处理有偿委托合同的委托事务时应尽善良管理人的注意义务,而处理无偿委托合同的委托事务时应尽到“与处理自己的事务为同一注意标准”。[③] 居间合同本质上属于委托合同范畴,其基础关系属于事务委托关系,因此委托合同中对委托人和受托人之间权利

---

① 参见梁上上:《公司担保合同的相对人审查义务》,载《法学》2013 年第 7 期。

② 参见高富平、王连国:《委托合同 · 行纪合同 · 居间合同》,中国法制出版社 1999 年版,第 177 页。

③ 参见马俊驹、余延满:《民法原论》(第 4 版),法律出版社 2010 年版,第 729 页。

与义务的一般性规范可以适用于委托人和居间人之间的关系。[①] "居间既系有偿契约,故此义务之履行,应以善良管理人之注意为之。"[②]居间合同和委托合同是特殊与一般的关系,所以有偿委托合同之中受托人的"善良管理人"注意义务标准也可以适用于居间合同中的居间人。但是,居间合同之中又分为民事居间和商事居间,商事居间是居间合同中的一种特殊形式,其注意义务标准又将高于民事居间。因此,居间合同中的民事居间人在处理居间事务中应尽"善良管理人"注意义务的一种形式标准,在谨慎审查义务中表现为一般人的注意义务的合理审查义务;而在商事居间中居间人作为商人履行义务时课以更高的注意义务标准,在谨慎审查义务中就表现为对于相关信息应审查其真实性的实质标准。

因为,相对于自然人居间人而言,机构居间人掌握着更为广阔的信息资源,具有更强大的市场开发和客户服务能力,在高度分工的金融市场中具有较强的竞争力。尤其在有关法规对机构居间人进行确认和规范的情形下,成熟的机构居间人比自然人居间人在抗风险能力和诚信度上更具优势,也更有利于期货市场的平稳运行。例如,"王志伟与宋敬宇居间合同纠纷再审民事判决书"[③]中,法院认为,"申诉人宋敬宇作为从事一般居间业务的人员,并不参与委托人与第三人之间的关系,其也不具备特定部门或专业人员所具有的识别个人真实身份和车辆真假信息的技术手段和能力"。

---

① 参见高富平、王连国:《委托合同·行纪合同·居间合同》,中国法制出版社1999年版,第16页。

② 林诚二:《民法债编各论》(中册),中国人民大学出版社2007年版,第214页。

③ 山东省临沂市中级人民法院民事判决书,(2015)临民再终字第9号。

2. 居间人谨慎审查义务的标准

(1)民事居间人谨慎审查义务的形式标准

案例1　居间人应尽一般人的注意义务和合理的审查义务

在“单刚与黄黎居间合同纠纷二审民事判决书”①中,被告黄黎作为居间人应当谨慎审查要求代还信用卡透支款客户的身份情况,并向委托人原告单刚如实报告。被告黄黎在向原告单刚介绍代还信用卡的业务时,在不了解客户许北荣真实身份的情况下,并没有对客户的身份情况进行核实,就向原告提供居间服务,其没有尽到一般人的注意义务和合理的审查义务,存在一定过错,应对原告的损失承担相应的赔偿责任。

案例2　居间人应就相关证件的形式审查

在“郭美芳诉梁日清、陈许冰、林旭居间合同纠纷民事判决书”②中,上诉人郭美芳作为货物运输合同的居间人,应谨慎审查承运人的身份证件和货物运输所必需的其他证件,并向托运人如实报告。上诉人在介绍订立本案所涉的货物运输合同时,没有向被上诉人如实报告其未见过该承运人的身份证原件,在其开具的介绍信中也没有说明上述情况。经查实,该承运人所提供的驾驶证、行驶证等证件亦不属实,上诉人在未仔细核实承运人提交的身份证件情况下,即出具介绍信将承运人介绍给被上诉人,其对本案被上诉人的损失应当负一定责任。因此一审判决认定郭美芳未合理履行义务。

案例3　居间人应依据诚实信用原则标准审查

在“卢丽丽诉魏银全等居间合同纠纷案”③中,被告马凌峰和

---

① 四川省宜宾市中级人民法院民事判决书,(2016)川15民终198号。

② 广西壮族自治区柳州市中级人民法院民事判决书,(2010)柳市民二终字第32号。

③ 内蒙古自治区包头市青山区人民法院民事判决书,(2014)包青民初字第1411号。

被告姚兰翠作为原告卢丽丽与杨某某签订《房屋交易合同书》的居间人应当依据公平和诚实信用原则谨慎审查杨某某作为房屋出售者应持有的权属证明等相关材料,然后如实向原告告知,但二被告未尽到谨慎审查并如实告知的义务,导致原告受到损失,因此二被告应当承担主要赔偿责任。

案例4 居间人对相关材料进行基本了解或调查,是否真伪的审核责任以居间人的能力为限

在"原告杨相军诉被告王国锋为居间合同纠纷案"①中,本案中被告从事汽车货运中介服务的,本应尽职尽责,加强对司机的信用状况和履约能力的核查,但被告没有认真审核承运方"王又红"提供的证件真伪及信用状况,致使承运人向原告报告的情况均是虚假的。尽管被告对订约事项并不负有"积极调查"义务,但其至少应该对相对人的真实身份等基本情况作相应了解,作为被告的居间人未尽到最基本的义务。如果居间人作了基本的调查,因能力原因未能审核证件真伪,则属于超出居间人义务范围可不承担责任。②

在"王健等诉耿泥秋等居间合同纠纷案"③中,本案中被告耿泥秋从事汽车货运中介服务的,本应尽职尽责,加强对司机的信用状况和履约能力的核查,但他没有认真审核相对人李俊提供的证件真伪及信用状况,致使向原告报告的情况均是虚假的。尽管被

---

① 河南省镇平县人民法院民事判决书,(2013)镇民初字第465号。

② 本案二审与一审认定一致。二审法院认为,王国峰作为居间人虽不负积极的调查义务,但应审核与订约有直接影响的重大事项,并如实报告委托人。就本案涉及的货物运输合同,王国峰应当对承运人身份及车辆情况进行详细核实,现因承运人与承运车辆的信息均系虚假信息而导致货物丢失,王国峰作为居间人存在过失,应当对委托人杨相军的损失承担一定的赔偿责任。参见"王国峰与杨相军居间合同纠纷案",河南省南阳市中级人民法院民事判决书,(2013)南民三终字第00715号。

③ 河北省辛集市人民法院民事判决书,(2005)辛民一初字第80016号。

告对订约事项并不负有“积极调查”义务，但其至少应对相对人的真实身份等基本情况作相应了解，且本案中李俊提供的情况中留有一固定电话，居间人只需一个电话便可核实真伪，可见居间人未尽到最基本的义务。假设居间人作了基本的调查，因能力原因未能审核证件真伪，则属于超出居间人义务范畴可不承担责任。如果将居间人的报告义务仅局限于其“所知”信息，将纵容居间人的故意不作为，放任虚假情况的存在，不利于居间这种古老的商业行为的生存和发展。

案例5　非营利性网络平台作为居间人应尽形式审查、风险提示等义务

在“李芳等与绿野视界信息技术有限公司等返还原物纠纷案”[①]中，绿野视界作为提供发布活动召集帖网络平台的服务商，未实际参与涉案活动的组织、实施，未收取原告旅行费用，亦未在其中营利，并在 www. lvye. cn 网站中对何为“备案领队”进行说明、制定版规规制“备案领队”在自由结伴板块发布活动的权利义务，同时在活动召集帖中进行出行风险提示，设计“自由通”旅行结算系统，并提示网友使用该系统交纳旅行费以便在旅行不满意时冻结付费有效维权。法院认为，在涉案活动召集帖并未违反法律法规强制性规定的情形下，绿野视界已尽到本案中网络服务提供商应尽的活动形式审查、风险提示、维权提示等义务，原告要求其承担本案法律责任缺乏事实及法律依据，法院不予支持。

(2)商事居间人谨慎审查义务的实质标准

案例1　房屋中介服务机构的审慎审查义务

在“广东中原地产代理有限公司与黎燕球居间合同纠纷案”[②]

① 北京市海淀区人民法院民事判决书，(2014)海民初字第2548号。

② 广东省广州市中级人民法院民事判决书，(2011)穗中法民五终字第3151号。

中,中原地产作为专门从事提供中介服务的法人,更加应当谨慎审查合同,以尽力促成合同成立且能够履行,其过错大于黎燕球。又如,在“杭州五鑫房产代理有限公司朝晖路分公司与沈展秋居间合同纠纷上诉案”①中,五鑫分公司系从事房产中介服务的专业机构,其在为沈展秋提供房屋租赁经纪服务的过程中,未尽到房产中介服务机构应尽的审慎审查义务,对最终造成沈展秋的损失存在一定的过错。

案例 2 对相关信息的真实性负有审查义务

在“河南省西华县金桥配货中心诉孙锁、冯二望居间合同纠纷民事判决书”②中,上诉人河南省西华县金桥配货中心作为居间人对所介绍的车辆信息的真实性负有审查义务,由于其疏于审查,对提供虚假情况存在间接故意,致使被上诉人孙锁、冯二望托运货物丢失后无法查找,对委托人的损失应当承担赔偿责任。被上诉人孙锁、冯二望对自己的货物亦负有看管义务,因其未尽到自己的应尽义务,对造成的损失也应承担相应的责任。又如,在“李平与陈谷冲居间合同纠纷案二审判决书”③中,法院认为,虽然造成本案原告陈谷冲财产损失的直接原因是承运人涉嫌诈骗,但是被告李平作为提供居间信息服务的专业人员,应当尽到忠实和尽力的注意义务,尤其是承运人的信用状况应据实报告给原告陈谷冲。原告之所以通过被告李平寻找承运车辆,主要是基于对被告李平经营的信息部的信任。被告李平作为居间合同的一方当事人,更应当谨慎、小心地为原告寻找合作伙伴。被告作为居间人虽然没有

---

① 浙江省杭州市中级人民法院民事判决书,(2010)浙杭商终字第 1590 号。

② 河南省周口市中级人民法院民事判决书,(2009)周民终字第 696 号。

③ 新疆维吾尔自治区哈密地区中级人民法院民事判决书,(2016)新 22 民终 304 号。

能力对有关证件的真伪进行实质审查，但是其作为提供居间信息服务的专业人员，进行一般性的形式审查是其应当尽到的最低限度的注意义务。被告轻信承运人的陈述，仅仅查看了车牌号、行驶证，未对承运人用以表明其身份的身份证进行必要的形式审查，其完全有机会采取诸如留取承运人身份证复印件及固定电话，向交警部门查询行驶证的真伪等简单方法防范承运人诈骗行为的发生，但其出于自信或者疏忽大意没有尽力加以防范，以致提供的承运人信息虚假，致原告财产被骗，其主观上过错在所难免，应当承担相应的责任。①

案例3　专门服务机构应依公平及诚实信用原则负较高的谨慎审查义务

在“漆道英诉成都闽杰建材有限公司居间合同纠纷民事判决书”②中，漆道英虽已对承运人的基本信息尽到了形式上的审查义务，亦未故意提供虚假信息，但其作为专门从事提供货运信息配载的服务机构，依照公平及诚实信用原则，还应就所提供的货运信息负有较高的谨慎审查义务，漆道英因未对承运人“李崇全”提供的身份及车辆信息进一步谨慎核实，对闽杰公司造成的损失存有过错。

---

① 山东省高级人民法院民二庭《合同纠纷审判实践中的若干疑难问题》第22条，配货站提供承运人不实信息的是否应承担责任的问题规定如下：现实生活中，配货站作为居间人向托运人提供承运人的初步信息，然后由托运人与承运人签订运输合同。有些情形下，在货物交付之后，承运人将货运走下落不明，而承运人提供的有关车辆手续等均是虚假的，导致托运人无法主张损失赔偿。此种情形下，如果配货站在居间过程中存在重大过错，应考虑让配货上站对托运人的损失承担部分责任。主要理由是考虑配货站作为专业的配货中介机构，在当前骗货情况大量存在的情况下，应当对承运人情况做初步核实。如果其在居间过程中根本不审查承运人的相关信息，或者明知承运人有关手续虚假仍积极联系托运人的，应按照其过错大小，对托运人的损失承担相应的责任。

② 四川省成都市中级人民法院民事判决书，(2012)成民终字第4999号。

案例 4　“贾峰诉李莉居间合同纠纷民事裁定书”[①]中，贾峰虽已对承运人的基本信息尽到了形式上的审查义务，亦未故意提供虚假信息，但其作为专门从事提供货运信息配载的服务机构，依照公平及诚实信用原则，还应就所提供的货运信息负有较高的谨慎审查义务，贾峰因未对承运人彭大宁提供的身份及车辆信息进一步谨慎核实，对李莉造成的损失存有过错，应承担赔偿责任。

案例 5　在互联网众筹第一案中，法院也认定居间人的审核义务。

在“飞度公司必须对诺米多公司融资信息的真实性负有审查义务，以此降低投资人的风险”[②]在整个交易过程中，“人人投”平台对项目方融资信息的真实性实际负有相应审查义务，其严格掌握审查标准亦是对投资人利益的保护。

案例 6　在 O2O 平台应承担居间人的审核义务。[③]

在“郭灵迪与北京河狸家信息技术有限公司、韩凯云生命权、健康权、身体权纠纷一审民事判决书”[④]中，法院认为被告河狸家公司系一家营利性企业，其通过在其网络平台上公布相关美甲师信息，由消费者在其网络平台上选择美甲师并订购相关服务，河狸家公司则在该类经营活动中获取一定的利益。根据权利义务相一致原则，被告河狸家在享受其从该平台经营获取的利益的同时，也

---

① 新疆维吾尔自治区高级人民法院民事裁定书，(2015)新民申字第 457 号。

② 北京市第一中级人民法院民事判决书，(2015)一中民(商)终字第 09220 号。

③ 此外，在网络 P2P 中，网络借贷信息中介机构的责任也有审查义务。2015 年 12 月，银监会会同工业和信息化部、公安部、国家互联网信息办公室等部门研究起草并公布了《网络借贷信息中介机构业务活动管理暂行办法(征求意见稿)》，2016 年 8 月 17 日《网络借贷信息中介机构业务活动管理暂行办法》正式实施，其第 9 条第 2 项规定了网络借贷信息中介机构应当履行对出借人与借款人的资格条件、信息的真实性、融资项目的真实性、合法性进行必要审核的义务。

④ 上海市徐汇区人民法院民事判决书，(2015)徐民一(民)初字第 1731 号。

需履行相关的义务。……然而被告河狸家公司在接受被告韩凯云作为美甲师在其网络平台上服务信息之前,仅对被告韩凯云的身份证信息进行了认证,而对其今后提供的服务所可能涉及的相关资质等信息未进行审核。

案例7 房屋中介机构在互联网上核查信息并不能作为履行谨慎审查义务的手段。

在“陈玉珊与黄剑鹰居间合同纠纷二审民事判决书”①中,一审法院认为,陈玉珊作为专业的从事地产代理的中介,在提供居间服务过程中,应对买卖双方提交的资料进行审查核实,但现有资料显示在《房地产买卖合同》签订之前,陈玉珊并到房管部门核实案涉房产的产权情况,互联网上的查询并不能涵盖房管部门档案资料的全部内容,故陈玉珊在提供居间服务过程中未尽到审查义务,存在瑕疵。二审法院进一步认为,陈玉珊作为专业居间从业人,其具有审查核实案涉房产产权情况及与交易相关信息的能力和义务,但从本案查明的事实看,其在促成黄剑鹰与买方陈某祖签订买卖合同过程中,并无向房管部门查册核实案涉房产的产权情况及与交易相关的信息,而是仅在房管部门的互联网站上查询案涉房产的信息,并就此向黄剑鹰出具已查册无查封说明,构成提供虚假情况。

3. 居间人谨慎审查义务的范围

原《合同法》第42条第2项:“当事人在订立合同过程中有下列情形之一,给对方造成损失的,应当承担损害赔偿责任:……(2)故意隐瞒与订立合同有关的重要事实或者提供虚假情况……”一般认为该条规定的是合同缔约过程中的告知义务,告知义务范围

---

① 广东省广州市中级人民法院民事判决书,(2014)穗中法民五终字第1743号。

是“与订立合同有关的重要事实”。原《合同法》第 425 条第 2 款规定的是“居间人故意隐瞒与订立合同有关的重要事实或者提供虚假情况,损害委托人利益的,不得要求支付报酬并应当承担损害赔偿责任”,告知义务范围是“与订立合同有关的重要事实”。

原《合同法》第 425 条第 1 款规定“居间人应当就有关订立合同的事项向委托人如实报告”,告知义务的范围是“有关订立合同的事项”,值得注意的是,此有关订立合同的事项与原《合同法》第 42 条第 2 项中的“与订立合同有关的重要事实”截然不同,前者是指委托人与相对人订立合同的事项,并非委托人与居间人订立合同的有关事项;而后者是就当事人之间订立合同时应披露彼此之间订立合同有关的事实。但是,一般认为原《合同法》第 42 条第 2 项确立的是缔约过失责任条款,违反先合同说明义务的情形。[①]

居间人如实报告的内容,因居间行为的标的不同而有所不同。如果居间人为委托人提供买卖合同的居间服务,相对人的资信状况以及标的物种类、型号、规格、质量和价格等就属于居间人报告的范围。如果居间人为委托人提供劳动合同的居间服务,相对人的招聘范围、所提供的工作的性质、福利待遇等就属于居间人报告的范围。[②]

在“陈敬平诉彭建华居间合同纠纷案”[③]中,法院认为,“这种如实报告义务,体现在居间人应当将相对人的信用、财产状况、工程的真实性、工程规模等有关信息如实报告给委托人,对无订约能

---

① 参见陈信勇、叶增胜:《论因过失违反先合同说明义务的责任适用》,载《浙江大学学报(人文社会科学版)》2018 年第 3 期。

② 参见肖建华、肖建国:《委托、行纪、居间合同》,人民法院出版社 2000 年版,第 376 页。

③ 湖北省武汉市洪山区人民法院民事判决书,(2016)鄂 0111 民初 927 号。

力的相对人,应不为其与委托人充当中介。本案中,被告彭建华作为居间人,在没有核实原告陈敬平有无承包资质、相对人有无具体工程、工程能否进行劳务分包的情况下,将其学生王继立介绍给原告陈敬平,而王继立身为学校教职员工,明显不具备与原告陈敬平订约的能力,故本院认为被告彭建华作为居间人,没有如实履行报告义务”。

在“邓一荣与广州市中联房地产中介服务有限公司居间合同纠纷案”①中,法院认为“中联公司作为中介机构,应按照《广州市房地产中介服务管理条例》第14条第(2)项‘房地产中介服务机构向服务对象提供房地产中介服务时,应当书面说明下列事项:(2)中介服务涉及的房地产的权属、面积、使用年限、用途、抵押、租赁、使用限制等基本情况’的规定,向购房人邓一荣如实反映诉涉房屋的基本状况”。

在“东莞市德实房地产中介有限公司诉梁咏琮居间合同纠纷一案”②中,法院认为,“在原告未向被告‘如实报告’境个人限购政策的情况下,该信息显然足以直接影响被告是否订立合同以及订立合同能否履行,即原告未如实报告的事项属于原《中华人民共和国合同法》第425条规定的‘与订立合同有关的重要事实’。即使推定被告应当知晓境外个人限购政策,原告作为专业的居间机构,其对涉案争议合同无法履行的责任亦应当明显大于被告”。

(1)交易相对方的基本信息

相对方主体的基本信息,包括相对方的身份证、相关资质证书、个人信用情况、贷款资格等,如在“三河市兴达恒远房地产经纪

① 广东省广州市中级人民法院民事判决书,(2015)穗中法民五终字第5899号。

② 广东省东莞市第三人民法院民事判决书,(2016)粤1973民初4799号。

有限公司与关丛英居间合同纠纷二审民事判决书”[①]中，上诉人作为办理商品房交易的专业机构，未能尽到审查核实义务，致使在被上诉人不具备贷款资格情况下签订《存量房买卖合同》，而被上诉人履行不能，双方合同目的不能实现。

买卖意愿的审查。在“北京我爱我家房地产经纪有限公司与郭睿居间合同纠纷二审民事判决书”[②]中，由于房屋交易涉及利益重大，我爱我家公司作为专业的居间服务机构，应当对买卖双方的履行意愿、履行能力状况进行积极全面的审查，并及时向委托人告知，而不应仅以促成双方签约为其唯一目标。否则，长此以往会造成居间方怠于履行合同监督义务而导致委托方合同利益受损的情况不断出现，不利于交易秩序的稳定。本案中，根据郭睿自述以及房屋出卖方的调查内容可知，房屋出卖方在房屋买卖合同签订后不到一周的时间内即提出解除合同，毁约时间之短十分罕见。我爱我家公司在本案审理中，认可其知晓房屋出卖方曾于2014年向其门店表示过卖房意愿但其后反悔的情况，但是不清楚是否将该信息向郭睿予以充分的告知，结合本次出卖方以极短时间提出解约的情况，一审法院认为房屋出卖方的履行意愿明显不足，而我爱我家公司未及时核实房屋出卖方两次卖房的意愿并及时向郭睿予以充分告知，以致郭睿无法正确判断房屋出卖方的履行能力并丧失与他人定约的机会，故一审法院认定我爱我家公司促成签订房屋买卖合同的行为显然过于草率，其在提供居间服务中存在较大过失并无不当。

但应注意的是，法院尚未确权的房屋可能超出了谨慎审查的

---

① 河北省廊坊市中级人民法院民事判决书，(2016)冀10民终76号。

② 北京市第二中级人民法院民事判决书，(2016)京02民终3237号。

范围。在“陈国晖与北京金城阜业房地产经纪有限公司居间合同纠纷二审民事判决书”[①]中，金城阜业公司已经对牛建水提供的证明材料进行了审查，亦对陈国晖履行了告知义务。加之，三方在订立《房屋买卖居间合同》时，该院尚未就（2013）门民初字第1639号案件作出确权判决，且金城阜业公司并不知道该案的诉讼情况，该公司并未故意隐瞒与订立合同有关的重要事实。故该院认为金城阜业公司已经完成了相应的合同义务，并未构成违约。结合2663号案件，该院认为致使陈国晖与牛建水之间的房屋买卖合同无法履行并经该院判决解除的原因在于牛建水并非××号房屋所有权人，其无法确保××号房屋可以办理房屋所有权登记变更手续，该房屋买卖合同目的无法实现，与金城阜业公司的居间合同义务没有直接关系。故，对于陈国晖认为金城阜业公司没有履行相应的审查义务，提供了虚假房屋信息，致使房屋买卖合同根本无法履行的意见，该院不予采纳。

限购状态的审查。在“上海瑞丛投资管理有限公司诉彭薇居间合同纠纷一案二审民事判决书”[②]中，“居间机构实际履行调查义务的具体方式确实受到客观条件的限制，上海市户籍人员名下的房屋状况虽然无法依身份信息在登记机关进行查询，但是居间机构的资格调查义务并不因此而免除。如购房人系上海市户籍，居间机构在告知政策规定的同时，有针对性地询问其名下房屋状态，并将询问结果如实告知卖房人，是必要且可行的业务流程。本案中，即使如瑞丛公司所称，彭薇未在签约时主动告知限购状态，瑞丛公司也未主动询问彭薇名下的房屋状况，更未及时报告、提示

① 北京市第一中级人民法院民事判决书，（2016）京01民终2472号。
② 上海市第一中级人民法院民事判决书，（2016）沪01民终13973号。

风险,显然违反了谨慎服务义务”。

授权协议有无的审查。在“彭志乾与北京链家房地产经纪有限公司居间合同纠纷二审民事判决书”①中,关于本案所涉《居间服务合同》效力的问题,由于三方在签订《居间服务合同》时,卖房人高×1未到场,高×2作为卖房一方的代理人出具的授权委托书在委托人和受托人处均显示为高×1,故高×2当时的授权委托无效,其在无合法授权的情况下签订的《居间服务合同》应属于效力待定合同。在彭志乾对高×2的授权提出质疑的情况下,链家公司仍无有效证据证明高×2的授权有效,链家公司作为一家专业的房屋中介服务机构,有责任认真审查买卖房屋双方当事人的真实身份信息及相关手续,现由于链家公司未认真审查卖房人及代理人的委托手续,引发买卖双方纠纷,致使《买卖合同》最终亦未实际履行。又如,在“武汉汉业兴房地产代理有限公司与邓清、范拓居间合同纠纷一审民事判决书”②中,原告汉业兴公司作为从事房屋买卖经营的经纪公司,在提供中介服务过程中应负有一定的审查义务,在被告范拓未提供被告邓清的授权委托书,也未提供所售房屋的《房屋所有权证》及《土地使用权证》的情况下,原告汉业兴公司提供中介服务的行为明显存在过错。

(2)交易客体的基本信息

交易客体的基本信息包括房屋状况、车辆信息等情况,而房屋状况包括房产的产权人、共有情况、建筑面积、抵押、查封等情况。

房龄是否可以作为房屋状况呢?在“田珍都等居间合同纠纷

---

① 北京市第一中级人民法院民事判决书,(2015)一中民(商)终字第9832号。

② 湖北省武汉市江汉区人民法院民事判决书,(2015)鄂江汉民二初字第00261号。

案”[①]中,两审法院均认为房龄作为订立房屋买卖合同的有关事项,居间人理应如实向买房人报告,披露详细房产信息。李学峰作为济南历下泰鑫居房屋信息咨询中心经营者,理应承担相应权利义务,具有向买房人田珍都如实披露房龄信息、自身经营范围等义务。在房屋买卖合同签订过程中,李学峰提供的房屋房龄不实,应承担没严格审查的责任。

存有争议的是,凶宅是否作为居间人谨慎审查义务的范围存有一定的争议,有人认为凶宅应属于房屋状况的基本信息,是居间人在促成交易时应谨慎审查的范围,否则应承担相应的后果。也有的认为不属于审查的范围,居间人无法知晓。但是,我认为凶宅应作为居间人谨慎审查义务的范围之内。其一,社会观念角度出发,凶宅可能影响房屋的心理使用。其二,凶宅在一定区域之内可能存在,如发生刑事案件时可能会成为当地社区小范围讨论的话题,而房屋中介居间人都有其固定的活动区域范围,比委托人更容易获取这一信息。如在“虞德明等诉杭州华邦房地产代理有限公司居间合同纠纷案”[②]中,作为居间人的被告在何种情况下应该承担责任,这主要取决于被告是否故意隐瞒是凶宅的事实或合同对此有否约定。根据原《合同法》第 425 条之规定,居间人应当就有关订立合同的事项向委托人如实报告。居间人故意隐瞒与订立合同有关的重要事实或者提供虚假情况,损害委托人利益的,不得要求支付报酬并应当承担损害赔偿责任。本案中,二原告必须就被告在签订合同之前或签订合同时是已经知道该房屋是凶宅的事实而未如实告知二原告进行举证,在被告不知情的情况下,被告不应

① 山东省济南市中级人民法院民事判决书,(2016)鲁 01 民终 1742 号。

② 杭州市拱墅区人民法院民事判决书,(2015)杭拱商初字第 4003 号。

承担责任。同时,合同中亦未有对此作相关约定。又如,在“许婉宁与北京我爱我家房地产经纪有限公司居间合同纠纷案”[①]中,关于诉争房屋是否为“凶宅”,被告对此是否负有核实、告知义务的情况,在原告、被告签订的《居间服务合同》中对此并未进行约定,且非被告的法定义务。

银行信贷记录的审查。在“孙炜与刘春蓓居间合同纠纷民事判决书”[②]中,上诉人作为房屋买卖的居间方,应当履行相应的审查义务,为买卖合同双方提供真实、全面的信息。本案中,上诉人虽提供了居间服务,但未将卖房人存在不能按时归还银行按揭贷款以及罚息记录,涉案房屋无法通过“网签”合同,购房资金不能进入监管账户等情况,告知被上诉人,以便被上诉人在交易时作出判断,上诉人提供的居间服务具有瑕疵,导致买卖双方未实际交易,因此上诉人要求被上诉人支付居间费及利息的主张缺乏事实和法律依据,法院不予支持。

房产证是否有瑕疵的审查。在“广州市美寓房地产中介代理有限公司与胡邦立居间合同纠纷二审民事判决书”[③]中,美寓公司作为从事中介业务的房地产中介服务公司,在促成买卖双方达成交易意向并签订买卖合同前,有义务将讼争标的即房屋的真实情况了解清楚。从查明的案情来看,在买卖合同签订之前,美寓公司仅持有房产证复印件,既无房产证原件,也无去房管部门对房屋进行查册。直到签订合同后因胡邦立的要求去查册后才发现房产证号不一致的问题。之后,美寓公司亦没有联系到卖方将此事予以妥善解决,最终导致房屋买卖交易无法履行。因此,美寓公司没有

---

① 北京市西城区人民法院民事判决书,(2013)西民初字第02332号。
② 江苏省南京市中级人民法院民事判决书,(2013)宁民终字第4079号。
③ 广东省广州市中级人民法院民事判决书,(2014)穗中法民五终字第3207号。

尽到居间人应尽的全面审查义务，依据上述法律规定，美寓公司无权获取全部的报酬求偿权，应对其所主张的中介服务费的损失承担主要过错责任。反之，胡邦立作为具有完全民事行为能力的买受人，在未看到房产证原件或查册表的情况下即签订了买卖合同，亦无尽到审慎审查的义务，其行为亦存有过错，因此，胡邦立理应对于美寓公司所主张的中介服务费的损失承担次要过错责任。综合双方当事人的过错大小及本案的具体案情，本院酌定由胡邦立向美寓公司支付中介代理费11,100元。原审判令支付的全部中介服务费用主张欠妥，法院予以纠正。

房屋查封的审查。在“北京链家房地产经纪有限公司与霍艳霞居间合同纠纷二审民事判决书”[①]中，我国法律明确规定居间合同中居间人的法定义务是如实报告义务。在房地产居间过程中，如实报告的前提必须是居间人对与订立合同有关事项的彻底了解和知悉，这也是居间人有效促成交易的保证。此外，原《合同法》亦对当事人应当履行的通知、协助、保密等附随义务予以明确规定。因此，居间人除具有如实报告义务外，还应当根据合同的性质、目的、交易习惯、公序良俗等，负有勤勉尽责、忠实、专业等义务，这自然包括了对委托人提供的各种资料作必要的专业审查，以确保其提供信息的真实性的应有之义。本案中，链家公司作为专业从事房地产中介的机构，应当本着对客户负责，对企业商誉负责的态度，审慎地核实涉诉房屋的产权资料等与交易有关的情况，该院认为，这应该也是链家公司作出“签前查封先行垫付”承诺的初衷。但链家公司未对促成房屋买卖交易前涉诉房屋的相关产权情况予以查询、核实，应属其未能全面、恰当地履行居间服务义务，应

---

① 北京市第一中级人民法院民事判决书，(2016)京01民终3404号。

承担相应的责任。

需要注意的是,但并不是所有的查封都应尽谨慎审查义务,对于促成合同签订之后,相对方将房屋进行抵押或面临查封的后果,居间人对此不负过错。在“毛凤媛与王琦、叶冬青等房屋买卖合同纠纷一审民事判决书”①中,被告王琦、叶冬青在合同签订的次日将涉诉房屋抵押贷款,且抵押权设立的期限超过了与原告约定的过户期限,又未及时涤除抵押,导致在双方约定的时间无法继续履行合同完成房屋过户手续。被告王琦、叶冬青的行为构成违约,应承担违约责任。原告要求继续履行合同的诉讼请求,已经法院生效判决予以驳回。原告要求解除合同,本院准许。关于原告要求双倍返还定金一节,被告王琦虽主张收取原告的费用中仅有 5 万元定金,但无论是被告叶冬青给原告出具的收条,还是原告与被告王琦签订的补充协议中,均明确写明收取原告 24.8 万元款项的性质为定金,故本院对被告王琦的陈述不予采信,被告王琦、叶冬青应依法双倍返还原告定金。关于中介费一节,被告链家宝业为买卖双方提供了居间服务,且在履行合同中并无过错。导致合同无法履行的原因是被告王琦、叶冬青的违约行为。

房屋结构的审查,如房屋坐落情况及朝向等。在“随家洲与天津市我爱我家房地产经纪有限公司居间合同纠纷一审民事判决书”②中,被告作为专业居间服务单位应非常了解案外人房屋的坐落地点及朝向等情况,其应按照原告需求房屋的要求和标准等为原告提供房屋信息,并应如实向原告介绍房屋坐落地点、朝向等有关于订立合同的重要事实,但是被告在明知案外人的房屋不是南

① 天津市南开区人民法院民事判决书,(2015)南民初字第 2494 号。

② 天津市南开区人民法院民事判决书,(2015)南民初字第 1723 号。

北朝向以及实地看完房的前提下仍然在上述经纪服务合同中书写为南北朝向，并继续促成原告与案外人签订房产交易合同，违反了合同约定。

房屋状况的审查，如房屋渗水漏水等情形。在“董宝艳与黄小平、天津链家宝业房地产经纪有限公司房屋买卖合同纠纷一审民事判决书”[①]中，法院认为，其在促成《房产交易合同》的订立时，涉诉房屋内电视墙壁纸处的问题已存在，且原告尚不确定，由于存在此问题，该《房产交易合同》能否履行，其作为专业的房屋中介经营机构，应当充分预见，而不应以买方已明知房屋现状及买卖一方已承诺承担违约责任为由，免除其应尽的善意提示及充分告知的义务。

(3)政策性信息

限购、限售等政策性信息的审查。在“北京联众恒业房地产经纪有限公司与毕军居间合同纠纷二审民事判决书”[②]中，法院认为，联众公司作为专业的房地产经纪服务机构，理应知悉北京市住房限购政策，并应在提供居间服务的过程中，及时且详尽地告知购房人相关的政策内容，对购房人是否具备购房资格做到细致的审核义务，为客户提供符合法律、政策法规的居间服务。又如，在“王林、李科等居间合同纠纷二审民事裁定书”[③]中，华亮公司作为居间方，负有审核买卖双方合同主体资格以保证合同顺利履行的义务，其应当对李科是否具备购房资格进行询问和审查。华亮公司提交的《关于如实陈述交易信息的声明》，经鉴定非李科签署，则华亮公司不能证明其明确告知李科涉案房屋性质及询问李科是否

---

① 天津市南开区人民法院民事判决书，(2015)南民初字第6232号。

② 北京市第二中级人民法院民事判决书，(2015)二中民(商)终字第08772号。

③ 北京市第三中级人民法院民事裁定书，(2014)三中民终字第00625号。

具有购房资格。因此,华亮公司在居间合同履行过程中未尽到告知和审查义务,导致李科与王林签订的房屋买卖合同不能履行,具有明显过错。

同样的案例还有,在"麻利等居间合同纠纷二审民事判决书"①中,麦田公司作为专业房地产经纪公司,具备房地产买卖经纪服务的专业知识和能力,其在提供居间服务过程中,尤其是对于中介费高达22万余元的本案经纪活动,其义务显然不仅仅限于带客户看房、提供合同促成买卖双方签约,而且应负有对客户的购房资格审慎注意和相应审查义务,在能力范围内为客户把关,尽力避免不具有购房资格者签署购房合同的结果出现。②

房屋是否属于国家限售期的审查。在"北京兴远房地产经纪中心与杨云龙居间合同纠纷二审民事判决书"③中,作为专业的房地产经纪机构,兴远经纪中心在向杨云龙提供居间服务时应如实告知与涉案房屋产权有关的事项,但兴远经纪中心在明知涉案拆迁安置房屋属于国家限制销售房屋的情况下,仍向杨云龙提供居间服务,且未提交证据证明其已核实并确认出卖人高爱琪有权处分涉案房屋,对杨云龙与高爱琪之间买卖合同的订立存在重大过错。

(四)居间人谨慎审查义务的法律后果:损害赔偿责任

"李彦东案"中裁判摘要指出,中介公司因未尽必要的注意义务而未能发现一方提供的相关材料存在重大瑕疵、缺陷,由此使另

---

① 北京市第一中级人民法院民事判决书,(2014)一中民(商)终字第8903号。

② 在"北京中原房地产经纪有限公司与徐磊居间合同纠纷案"中,原告作为专业的房屋交易居间服务机构,应当知悉房屋限购政策并有义务在促成当事人签订房屋买卖合同之前审查买受人是否具备购房资格,现原告在被告不具备购房资格的情况下促成被告与出卖人签约,最终房屋买卖合同之目的未能实现。

③ 北京市第二中级人民法院民事判决书,(2016)京02民终4397号。

一方受欺诈遭受损失的,应根据其过错程度在相应的范围内承担赔偿责任。尚有疑问的是,此时中介公司所承担的赔偿责任,是违约责任,还是侵权责任?其构成要件(请求权规范基础)是否依据原《合同法》第425条,还是依据原《侵权责任法》第6条第1款?"李彦东案"主审法官认为,"此处居间人承担的应当是一种不真正的连带责任,应以其过错程度来确定其赔偿责任的范围"。[①] 其判决思路认为,我国原《侵权责任法》的相关规定意涵的不真正连带责任亦突破了传统理论上不可求偿的观点,明确规定在某个责任人承担了全部责任之后,可以依法向其他责任人追偿。这也是我国侵权责任法中不真正连带责任和传统不真正连带责任的重要区别。[②] 此为侵权责任的路径。

1. 谨慎审查义务为居间人的法定义务

原《合同法》第425条第2款规定:"居间人故意隐瞒与订立合同有关的重要事实或者提供虚假情况,损害委托人利益的,不得要求支付报酬并应当承担损害赔偿责任"。从解释论分析,该项的构成要件有两种解释:(1)居间人故意隐瞒与订立合同有关的重要事实+故意提供虚假情况而损害委托人利益的,应承担损害赔偿责任。(2)居间人故意隐瞒与订立合同有关的重要事实+提供虚假情况而损害委托人利益的,应承担损害赔偿责任。第一种解释是无论居间人是隐瞒与订立合同有关的重要事实,还是提供虚假情况,只有在居间人故意的主观状态下造成委托人利益损害的,才承担损害赔偿责任。第二种解释是居间人在隐瞒"与订立合同有

---

① 彭辰、周嫣:《房屋居间机构未尽审慎核查义务之责任认定》,载《法律适用》2014年第10期。

② 参见彭辰、周嫣:《房屋居间机构未尽审慎核查义务之责任认定》,载《法律适用》2014年第10期。

关的重要事实”时主观状态为故意时造成委托人利益损害时应承担责任;同时在“提供虚假情况”时主观状态不限于故意,过失的主观状态造成委托人利益损害时也应承担责任;也就是说居间人告知义务范围分为基本信息、功能信息和关键信息三个层次,作为关键信息的“与订立合同有关的重要事实”造成委托人利益损害的,只有居间人在故意隐瞒的构成要件下才能成立;而对于基本信息和功能信息的范围并不予以限于居间人的故意,只要居间人提供虚假情况(故意或过失在所不问)造成委托人利益损害的,都应承担损害赔偿责任。

相关的案例有:(1)在“林喜盛与被上诉人林学春、原审第三人谢儒芬居间合同纠纷案”[①]中,关于林喜盛不存在“故意提供虚假信息”,不应承担赔偿责任;以及应根据《货物运输介绍单》第5条的规定由林学春自己承担损失的上诉请求。原《合同法》第425条规定,“居间人应当就有关订立合同的事项向委托人如实报告。居间人故意隐瞒与订立合同有关的重要事实或者提供虚假情况,损害委托人利益的,不得要求支付报酬并应当承担损害赔偿责任。”根据本条规定,居间人提供了虚假情况,损害了委托人的利益的,就应当承担损害赔偿责任。本案中林喜盛作为中间人盲目相信第三人谢儒芬的介绍,向林学春提供了虚假的司机信息,导致林学春的货物骗走至今未追回,一审判决其承担赔偿责任符合法律规定。并且《货物运输介绍单》上没有林学春签名,其事前对该介绍单内容很难知晓,故不应受介绍单内容约束。林喜盛认为其没有故意提供虚假信息就不承担责任,以及应根据《货物运输介绍单》第5条的规定由林学春自己承担损失的理由不能成立,法院予

---

① 海南省第二中级人民法院民事判决书,(2015)海南二中民一终字第459号。

以驳回。(2)在“苍南县××交易经纪服务站与方某某居间合同纠纷一案”[①]中,法院认为,“在居间合同中,居间人向委托人如实报告有关订立合同的事项,是居间人的法定义务,否则,仍应依照原《合同法》第107条的规定,承担不履行合同义务或者不适当履行合同义务的相应违约责任,这是我国合同法对违约责任承担的一般性原则。本案中,经纪服务站虽非故意隐瞒与订立合同有关的重要事实或者提供虚假情况,但其对影响合同订立的重大信息事项和标的物,即陈丙提供的两份‘卖尽契’的真实性,在未履行谨慎审查义务的情况下,即向被上诉人报告订立合同的机会和提供订立合同的媒介服务,违反了原《合同法》第425条第1款居间人应当就有关订立合同的事项履行如实报告的义务。”总之,如实报告义务是居间合同中居间人的一项主要合同义务。[②]

2. 损害赔偿责任的性质:违约责任

未履行如实报告义务,属于违约行为,委托人有权要求承担违约责任,赔偿因此而遭受的损失。一般而言,承担违约责任的构成要件有二:一是存在有效的合同,二是存在违约事实或可归责于违约人的事由,主观过错不是承担违约责任的要件。而根据上引条文,拟将损害赔偿作为一种侵权责任,而不是违约责任。这里之所以规定为侵权责任,一种可能的解释是,在像居间一类的提供服务的合同中,提供服务者的行为不符合合同要求(违约)导致权利人受损害的也构成一种侵权行为。另一点理由是,违反如实告知义务的原因可能比较复杂,如果一律规定为违约责任则可能加重居间人的负担。比如,因第三人提供虚假情况引起未能履行如实报

---

① 温州市中级人民法院民事判决书,(2010)浙温民终字第915号。

② 参见肖建华、肖建国:《委托、行纪、居间合同》,人民法院出版社2000年版,第379页。

告义务,让居间人承担责任似嫌不公。因此,合同法按照侵权规制,规定违反如实报告义务,旨在严格这种违约行为,即只有在满足法律规定的侵权要件的情形下,才构成一种违约行为,才可要求赔偿损失。① 居间人违反据实报告义务,致委托人或相对人因此受损害,即构成债务不履行,居间人应负损害赔偿责任,且不得请求报酬及偿还费用。②

从债法原理看,欠缺注意义务之不履行是给付标的物瑕疵的类型之一,在契约履行中违反注意义务,即属于不完全给付之债务不履行。③ 因不完全履行发生损害的赔偿方法有金钱赔偿、适用过失相抵理论等与履行迟延及履行不能相同。④ 因此,居间人承担违反忠实义务的违约责任,不以实际上给委托人造成损失为要件,只要居间人故意隐瞒重要事实或者提供虚假情况的行为,在性质上能够损害委托人的利益,不管事实上损害结果是否发生,居间人都要承担违约责任。⑤ 此外,居间人未履行谨慎审查义务不构成欺诈,因为委托人利用居间人的信息与第三人签订合同,根据合同相对性原理,委托人与第三人签订合同的效力认定应根据他们自行的行为予以认定。假如单纯第三人故意提供虚假情况,居间人未履行谨慎审查义务,不构成欺诈认定的要件,主要看第三人的行为是否构成欺诈。

---

① 参见高富平、王连国:《委托合同·行纪合同·居间合同》,中国法制出版社1999年版,第191页。

② 参见林诚二:《民法债编各论》(中册),中国人民大学出版社2007年版,第214页。

③ 参见孙森森:《民法债编总论》(下册),法律出版社2006年版,第477~478页。

④ 参见[日]我妻荣:《新订债权总论》,王燚译,中国法制出版社2008年版,第139页。

⑤ 参见陈甦:《委托合同·行纪合同·居间合同》,法律出版社1999年版,第204页。

三、居间合同中的准用条款研究*

(一)问题的提出

在我国原《合同法》中,对于类似有名合同的规则适用问题,基于合同性质的相似性,为免于规则烦琐重复,设置准用性条款(也成为准用性法律规范)①进行处理。具体如第175条②、第184条③、第287条(建设工程合同)④、第395条(仓储合同)⑤、第423条(行纪合同)⑥,甚至第124条⑦作了兜底准用性法律规范的适用问题。居间合同是原《合同法》有名合同一种类型,但其只有4条法律规范,相比其他有名合同的法律规范,是法律规范条数最少的有名合同。一般认为,居间合同、行纪合同本质上均为特殊的委托合同,原《合同法》第423条规定,"本章没有规定的,适用委托合

---

* 本部分写于2017年,为作者主持中国法学会部级课题《民法典视野下的居间合同研究》的成果之一。当时《民法典分则编(草案)》(一审稿)规定的居间(中介)合同的准用条款为"本章没有规定的,适用委托合同的有关规定"。但作者在本部分中论证,应将该条表述改为"本章没有规定的,参照委托合同的有关规定"。现《民法典》第966条采用这一表述。因此,为保留作品的完整性和可读性。本部分的条文仍采用《合同法》进行论述。——作者注

① 黄茂荣教授称为"引用性法条",典型如"适用(关于)……之规定",这种语法用于拟处理之案型与拟引用之法条所规范之案型之抽象的法律事实实际上同一,或在规范上被评价为同一的情形。参见黄茂荣:《法学方法与现代民法》(第5版),法律出版社2007年版,第173页。

② 原《合同法》第175条:当事人约定易货交易,转移标的物的所有权的,参照买卖合同的有关规定。

③ 原《合同法》第184条:供用水、供用气、供用热力合同,参照供用电合同的有关规定。

④ 原《合同法》第287条:本章没有规定的,适用承揽合同的有关规定。

⑤ 原《合同法》第395条:本章没有规定的,适用保管合同的有关规定。

⑥ 原《合同法》第423条:本章没有规定的,适用委托合同的有关规定。

⑦ 原《合同法》第124条:本法分则或者其他法律没有明文规定的合同,适用本法总则的规定,并可以参照本法分则或者其他法律最相类似的规定。

同的有关规定。"即行纪合同在第 22 章中没有相应的规定时,可以适用委托合同第 21 章的规定。但在居间合同(第 23 章)的章节规定(原《合同法》第 424 ~ 427 条)中并没有第 423 条的规定。此前,王利明教授在其主持的《中国民法典草案建议稿及说明》中,建议在居间合同章节增设"本章没有规定的,适用委托合同的有关规定"。① 在 2017 年 8 月 27 日全国人大常委会第一次审议的《民法典分则编(草案)》(一审稿)中的第 25 章,将"居间合同"改为"中介合同",并增加了"本章没有规定的,适用委托合同的有关规定"②。因此,居间合同中准用委托合同的问题值得探讨。

(二)理论上的争议与实务的分歧

1. 理论争议

居间合同、委任合同和行纪合同具有相似之处,在于均属提供服务的合同,居间人、受托人或行纪人均是为了委托人的利益而办理事务,均是基于双方当事人信任而成立的合同。③ 对于居间合同可否像行纪合同一样,适用委托合同的规定,学界素有争议。

持赞同说的学者认为,居间以报告或媒介为内容,故属劳务契约。因此,本节规定不足适用时,可类推适用委任之规定。④ 郑玉波先生认为,委任契约为劳务契约的典型,居间又为劳务契约的一种,故民法居间节无规定的事项,自可适用委托的规定。⑤ 居间合

① 原《合同法》第 1706 条:本章没有规定的,适用委托合同的有关规定。参见王利明主编:《中国民法典草案建议稿及说明》,中国法制出版社 2004 年版,第 220 页。

② 《民法典分则编(草案)》(一审稿)第 744 条。值得注意的是,在《民法典分则编(草案)》(征求意见稿)期间,并未有该条。

③ 参见崔建远、韩世远、于敏:《债法》,清华大学出版社 2010 年版,第 608 ~ 609 页。

④ 参见林诚二:《民法债编各论(中)》,中国人民大学出版社 2007 年版,第 209 页。

⑤ 参见郑玉波:《民法债编各论(下)》,台北,三民书局 1981 年版,第 488 页。

同是一种特殊的委托合同,适用委托合同任意解除权的规定。[①] 其理由在于:居间合同是独立于委托合同的有名合同。但在性质上,居间合同是特殊的委托合同,因而委托人得行使原《合同法》第410条关于委托合同任意解除权的规定。[②]

持反对说的学者认为,委托合同中的"任意解除权"和"报酬请求权"不能适用于居间合同。[③] 其原因在于,原《合同法》第410条关于任意解除合同规定的适用范围过宽,应当予以限缩,只适用于无偿或者非等价的委托合同,而不适用于有偿委托合同。[④] 但居间合同为有偿合同,故无适用余地。

持折中说的有史尚宽先生,认为应区分不同权利义务性质,分别类推适用委任合同,或承揽合同的规定。[⑤]

在法学方法论层面,类推适用是法律漏洞补充的方法之一。所谓类推适用,系指将法律明文之规定,适用到该法律规定所未直接加以规定,但其规范上之重要特征与该规定所明文规定者相同之案型。[⑥] 判断案型相同与否,首先应探求某项法律规定之规范目的,其次则在判断是否基于"同一法律理由",依平等原则将该

---

① 参见隋彭生:《居间合同委托人的任意解除权及"跳单"——以最高人民法院〈指导案例1号〉为例》,载《江淮论坛》2012年第4期。

② 参见隋彭生:《居间合同委托人的任意解除权及"跳单"——以最高人民法院〈指导案例1号〉为例》,载《江淮论坛》2012年第4期。

③ 参见其木提:《居间报酬请求权的法理依据》,载《法学》2018年第7期。

④ 参见其木提:《居间报酬请求权的法理依据》,载《法学》2018年第7期。

⑤ 史尚宽:《债法各论》,中国政法大学2000年版,第464页。对此,德国法上认为,《德国民法典》第652条对居间合同进行了非常独特的设计,居间合同既不是一种双务合同(如雇佣合同和承揽合同),也不是一种无偿合同(如委托)。因此不能补充适用雇佣合同或者承揽合同的规范。参见[德]迪特尔·梅迪库斯:《德国债法分论》,杜景林、卢谌译,法律出版社2007年版,第354页。

⑥ 参见黄茂荣:《法学方法与现代民法》(第5版),法律出版社2007年版,第492页。

项法律规定类推及于其他法律所未规定的事项。[①] 因此，对于居间合同未有之规定，基于法律漏洞补充方法，类推适用委托合同规定。

2. 司法实务与理论界的分歧

如前所述，居间合同这一章并无行纪合同第 423 条准用规定。但司法实务中，各地法院在面临居间合同没有相应规定时，直接依据委托合同的规定予以处理。下面以居间合同中当事人可否享有任意撤销权为例，梳理了各地法院的做法。

案例 1　在“李某与四川佳年华置地有限责任公司居间合同纠纷一审民事判决书”一案[②]中，法院认为，居间合同是指由居间人向委托人报告订立合同的机会或者提供订立合同的媒介服务，委托人支付报酬的合同，居间合同与一般的合同不同，需以当事人之间存在一定的相互信任关系为前提，在合同当事人之间的信任关系动摇时，不应强行要求对方当事人履行合同，否则即使勉强维持双方之间的关系，也必然招致不良后果，影响合同目的实现，因此居间合同在性质上属于特殊的委托合同，根据原《合同法》第 410 条规定，委托人或者受托人可以随时解除委托合同。本案中佳年华公司作为委托人主张解除 2012 年 2 月 16 日的《居间服务协议》具有法律依据，法院予以支持。

案例 2　在“贾永红与何明磊居间合同纠纷案”[③]中，法院认为居间合同是特殊的委托合同，依原《合同法》第 410 条[④]的合同任

---

① 参见王泽鉴：《民法总则》，北京大学出版社 2009 年版，第 52 页。

② 成都市金牛区人民法院民事判决书，(2013)金牛民初字第 1153 号。

③ 四川省雅安市中级人民法院民事判决书，(2015)雅民终字第 248 号。

④ “委托人或者受托人可以随时解除委托合同。因解除合同给对方造成损失的，除不可归责于该当事人的事由以外，应当赔偿损失。”

意解除权规定，贾永红在芦山县乌木根雕艺术城南区建设项目开标前提起诉讼，其要求解除双方签订的《聘用合同》的诉讼请求成立，予以支持。

案例3 在“贺州市世华房地产代理有限公司等诉杨爱国等居间合同纠纷案”①中，法院认为，居间合同的本质系委托合同，原《合同法》第410条规定“委托人或者受托人可以随时解除合同。因解除合同给对方造成损失的，除不可归责于当事人的事由外，应当赔偿损失”，虽然法律赋予被告的合同任意解除权，但被告在委托期间明确表示方式不履行合同，其构成违约，依照原《合同法》第107条的规定，应当承担相应的违约责任。

案例4 在“佛山市扬承房地产中介服务有限公司诉陈其琼居间合同纠纷案”②中，法院认为，居间合同是一种特殊的委托合同，原《合同法》中有关委托合同的法律规定应在居间合同没有专门规定时予以适用。因此，原《合同法》第410条规定的委托人解除权，本案中被告作为居间合同的委托人同样享有该法定权利。

案例5 在“佛山市顺德区吉之堡房地产物业代理有限公司诉徐菊芳居间合同纠纷案”③中，法院认为，在原告未促成买卖双方订立合同的情况下，被告已向原告取消委托的意思表示，因居间合同系一种特殊的委托合同，被告行使任意解除权，符合原《合同法》第410条之规定，具有法律依据。基于在房屋买卖合同成立前，被告作为委托人已行使解除权，原告诉求被告支付代理费及违约金缺乏事实及法律依据，法院不予支持。

---

① 广西壮族自治区贺州市八步区人民法院民事判决书，(2017)桂1102民初4002号。

② 广东省佛山市顺德区人民法院民事判决书，(2017)粤0606民初5157号。

③ 广东省佛山市禅城区人民法院民事判决书，(2017)粤0604民初837号。

上述5个案例，对于居间合同当事人可否行使任意解除权，均认为可以适用委托合同关于任意解除权的规定，即原《合同法》第410条。各地法院对于居间合同适用任意解除权的理由和思路基本上也基本一致，认为居间合同是一种特殊的委托合同，遂直接适用委托合同中任意解除权的规定。此种直接适用的做法，实质是与行纪合同中第423条的规定（"本章没有规定的，适用委托合同的有关规定"）并无差异。但我认为，此种做法有待商榷。因为，居间合同章节中并无明确规定"本章没有规定的，适用委托合同的有关规定"，这是居间合同与行纪合同在实证法上最主要的差异。假如并无差异，为什么立法者不在居间合同也同样作出与行纪合同第423条同样的规定呢？显然，立法者可能认为居间合同和行纪合同在适用委托合同方面有所区别，但为什么两类型合同在此处有差异以及具体有哪些不同，现有合同法立法资料中并未予以说明。故而需要对此予以识别。

（三）合同法中的准用条款与类推适用

1. 合同法中准用条款的类型

准用条款，是指法律文本授权法律实施者在解决个案时，将原本针对a事项且有"比照""参照"等外观标识的法条A，适用于与a具有某种程度的类似性但又存有差异的b事项的一种特殊的引用性法条形式。[①] 准用条款具有授权私法机构为法律补充的功能，因此也被称为"授权式类推适用"[②]，为引用性法条的一种，本质上是类推适用。具体而言，准用条款可根据词语的表达而表现其间的引用（准用）关系，主要有"适用……之规定""准

---

① 参见刘风景：《准用性法条设置的理据与方法》，载《法商研究》2015年第5期。

② 参见于飞：《合同法总则替代债法总则立法思路的问题及弥补——从"参照适用"的方法论性质切入》，载《苏州大学学报（法学版）》2018年第2期。

用……之规定”“……亦同”“依……之规定”四种类型。[①] 因此,现有合同法中关于准用条款也依据上述分类进行分别讨论(见表6.1)。

表6.1 原《合同法》中准用条款的类型

类型	具体规定
适用	第89条 权利和义务一并转让的,适用本法第79条、第81条至第83条、第85条至第87条的规定。
	第124条 本法分则或者其他法律没有明文规定的合同,适用本法总则的规定,并可以参照本法分则或者其他法律最相类似的规定。
	第139条 当事人没有约定标的物的交付期限或者约定不明确的,适用本法第61条、第62条第四项的规定。
	第154条 当事人对标的物的质量要求没有约定或者约定不明确,依照本法第61条的规定仍不能确定的,适用本法第62条第1项的规定。
	第159条 买受人应当按照约定的数额支付价款。对价款没有约定或者约定不明确的,适用本法第61条、第62条第2项的规定。
	第287条 本章没有规定的,适用承揽合同的有关规定。
	第303条 在运输过程中旅客自带物品毁损、灭失,承运人有过错的,应当承担损害赔偿责任。旅客托运的行李毁损、灭失的,适用货物运输的有关规定。
	第306条 托运人应当按照约定的方式包装货物。对包装方式没有约定或者约定不明确的,适用本法第156条的规定。托运人违反前款规定的,承运人可以拒绝运输。
	第395条 本章没有规定的,适用保管合同的有关规定。
	第423条 本章没有规定的,适用委托合同的有关规定。

① 参见黄茂荣:《法学方法与现代民法》(第5版),法律出版社2007年版,第173页。

续表

类型	具体规定
依照	第 123 条　其他法律对合同另有规定的,依照其规定。
	第 174 条　法律对其他有偿合同有规定的,依照其规定;没有规定的,参照买卖合同的有关规定。
	第 276 条　建设工程实行监理的,发包人应当与监理人采用书面形式订立委托监理合同。发包人与监理人的权利和义务以及法律责任,应当依照本法委托合同以及其他有关法律、行政法规的规定。
参照	第 124 条　本法分则或者其他法律没有明文规定的合同,适用本法总则的规定,并可以参照本法分则或者其他法律最相类似的规定。
	第 174 条　法律对其他有偿合同有规定的,依照其规定;没有规定的,参照买卖合同的有关规定。
	第 175 条　当事人约定易货交易,转移标的物的所有权的,参照买卖合同的有关规定。
	第 184 条　供用水、供用气、供用热力合同,参照供用电合同的有关规定。
	第 330 条　技术开发合同是指当事人之间就新技术、新产品、新工艺或者新材料及其系统的研究开发所订立的合同。技术开发合同包括委托开发合同和合作开发合同。技术开发合同应当采用书面形式。当事人之间就具有产业应用价值的科技成果实施转化订立的合同,参照技术开发合同的规定。

类型 1:适用……规定。这种类型的主要用于,拟处理的案型与拟引用法条所规范的案型的抽象法律事实实际上具有同一性,或者在规范上被评价为同一性的情形。[①] 基于事实上或评价上的同一性,立法者为了避免烦琐的重复规定,因此引用其他法条既有规定。根据适用规定的具体程度,可分为具体的适用规定和模糊的适用规定,前者如原《合同法》第 89 条、第 139 条、第 154 条、第 159

① 参见黄茂荣:《法学方法与现代民法》(第 5 版),法律出版社 2007 年版,第 173 页。

条和第306条的规定,这类“适用……规定”指向了合同法其他具体法条;后者如原《合同法》第124条、第287条、第303条、第395条和第423条,此种适用仅仅指向了合同法其他类似有名合同的规定,并未指向具体法条,似乎类似有名合同的规定均可适用。行纪合同中的适用规定即为后者。

类型2:依照其规定。此种类型主要作用,在于将同一条文中的共通事项提到项文中加以规定,以避免重复。[①] 我国原《合同法》第123条和第174条前段即为此情形。

类型3:参照……规定。此类型又称为准用,[②]其作用在于,拟处理之案型与拟引用之法条所规范的类型的抽象法律事实虽不同一,但却类似,从而基于平等原则,对它们应作同一处理的情形。[③] 我国原《合同法》第124条、第174条后段、第175条、第184条和第330条均为此类型。

2. 司法实务居间合同的适用不当

通过上述分析可知,合同法中准用条款的不同类型之间,其准用规则和效果均有所不同。根据现有司法案例分析,我国居间合同中对于任意撤销权的适用,是根据类型1的方法进行处理。换言之,法院对于居间合同采用的是与行纪合同第423条规定进行直接适用委托合同的路径。但是,在没有与第423条的明文规定情况下,该做法显然有悖实证法。

---

① 参见黄茂荣:《法学方法与现代民法》(第5版),法律出版社2007年版,第183页。

② 参照即准用,系德文“entsprechende Anwendung”的翻译,乃指“相当的适用”。参见易军:《买卖合同之规定准用于其他有偿合同》,载《法学研究》2016年第1期。

③ 参见黄茂荣:《法学方法与现代民法》(第5版),法律出版社2007年版,第174页。

(四)居间合同与委托合同的关系路径:适用、参照还是类推适用?

如前所述实务案例分析部分,各地法院在居间合同没有相应规定时,直接适用委托合同中任意解除权的规定,采用的是与原《合同法》第423条"适用"的路径。

1. 适用与参照的差异

虽然"适用"和"参照(准用)"都是合同的准用条款,但两者仍旧有差异。郑玉波先生认为:"准用须加以变通而为适用,性质上可用之部分则用,不可用之部分则不用;而适用则径行适用,不必有所变通也。"[①]史尚宽先生对此持赞同观点,他认为,准用非全部照样适用,如其事件有差异时,于性质许可之限度,应基于其差异,加以取舍变更,以变通适用,此点与适用应完全适用者不同。[②] 对于"参照(准用)"而言,"即使法律未明白规定,被参照的法律之适用,亦仅能是'准用'的性质。应避免不合时宜的等量齐观,换言之,不可自始排除事物本身所要求的差别处理。"[③]也就是说,基于不同案型本身的差异性,可能导致参照(准用)上将做差别处理。因此,在"参照"(准用)中,既要考虑类似是否足以导致准用,又要考虑不同是否足以导致限制、修正或排除所准用之规范。[④] 总之,"适用"和"参照"是具体准用方式上有不同,适用并不考虑两类事务的差异性,而参照有可能基于事物性质的不同可能会做差别处理(见表6.2)。

---

① 郑玉波:《法谚(一)》,法律出版社2007年版,第238页。

② 参见史尚宽:《民法总论》,中国政法大学出版社2000年版,第52页。

③ [德]卡尔·拉伦茨:《法学方法论》,陈爱娥译,商务印书馆2003年版,第141页。

④ 参见于飞:《合同法总则替代债法总则立法思路的问题及弥补——从"参照适用"的方法论性质切入》,载《苏州大学学报(法学版)》2018年第2期。

表 6.2 适用、参照和类推适用的差异

关系	性质	类推路径	效果
适用	法定(授权式)类推适用	法律明文规定 + A 案型与 B 案型具有抽象法律事实的同一性或规范上被评价为同一性	直接适用
参照		法律明文规定 + A 案型与 B 案型相类似,基于平等原则,对它们应作同一处理	差别适用
类推适用	意定类推适用	法律漏洞 + A 案型与 B 案型相类似,基于平等原则,对它们应作同一处理	差别适用

2. 适用与类推适用的区别

不同的学者对于居间合同是“适用”,或“类推适用”委托合同,也产生分歧(见前文理论争议部分)。目前学术界对此有所争议,但却没有相应讨论解决的模式。

值得注意的是,在《民法典分则编(草案)》(一审稿)第 744 条中,明文规定了居间合同在本章没有规定时,适用委托合同的规定。似乎立法者也认识到了居间合同准用条款的缺失问题,因此在《民法典分则编(草案)》(一审稿)增加了与行纪合同一样的准用条款,回归到类型 1 的路径。

很有可能,是因为学术界和立法者都没有注意到“适用”“参照”和类推适用之间差异及其具体关系。虽然“参照”也是一个几乎为所有部门法都使用的重要立法技术,但包括法理学界在内的我国整个法学界对之所作的研究却十分薄弱。[①] 我认为,“参照(准用)”与类推适用实质上并无二致,只是形式有所差别(见表 6.2)。“准用与类推适用不同,后者是指关于某种事项,于现行法

① 参见易军:《买卖合同之规定准用于其他有偿合同》,载《法学研究》2016 年第 1 期。

上未设规定,法院援引其性质相类似之事项之法规,移转适用于该法律未规定之事项。在某种意义上可以说,准用是法律明定之类推适用,而类推适用则是判例学说所创设之准用。”[①]换言之,“参照(准用)”是立法者明确授权法官为类推适用,所谓“授权式类推适用”[②];而类推适用则是法律并未规定,由此需要法官进行漏洞补充时的一种方法。或者可以说,前者为法定类推适用,后者为意定类推适用。

3. 我国原《合同法》准用条款路径的选择:参照或类推适用

据上分析,基于我国现行合同法中对于居间合同如何适用委托合同的实证法规定,那么就需要与原《合同法》第423条的“适用”条款予以区分,即居间合同应采类推适用委托合同的路径。详言之,由法院在审理居间合同案件中,首先需要审视争议问题是否属于法律漏洞,此后再从委托合同相类似问题进行类推适用,同时根据居间合同与委托合同的差异性考量是否需要差别适用或如何差别适用相应条款。

基于表6.2“适用”、“参照”和“类推适用”的路径差异,我们认为,居间合同与委托合同的关系应为参照(准用)或类推适用,而非适用的关系。即使在《民法典分则编(草案)》(一审稿)第744条中,明文规定了居间合同的适用规则。此种一体适用的做法,显然无须考虑两者差异性而作出差别适用,有违居间合同和委托合同本身性质不同的本质。因此,假如立法者对居间合同如何适用委托合同的方案上选择“法定(授权式)类推适用”,宜选择

---

① 王泽鉴:《民法学说与判例研究》(第6册),北京大学出版社2009年版,第133页。

② 参见黄茂荣:《法学方法与现代民法》(第5版),法律出版社2007年版,第388页。

"参照"类型的授权式类推适用,即《民法典分则编(草案)》(一审稿)第744条应修改为"本章没有规定的,参照委托合同的有关规定";假如立法者不做规定,那么解释上应为"类推适用"。两种方案而言,为避免类推适用破坏法本身的安定性,宜采立法者作出参照模式的类推适用方案。

(五)居间合同类推适用委托合同的范围

1. 比较法的经验:适用

《瑞士债务法》第412条第2款规定,关于单纯委任的规定,一般适用于居间契约。[①] 居间契约在瑞士民法的体系位置是第13章委任之中,该章分别包括单纯委任、婚姻或同性伴侣关系之媒介委任、信用证券和信用委托、居间契约和商事代理契约5节内容;[②]其中《瑞士债务法》第394~406条规定了单纯委任的系列规则,包括随时撤回和终止委任契约(第404条)、死亡和破产为契约终止的原因(第405条),等等。[③]

2. 国内法的历史经验

在北洋政府《民国民律草案》中明文规定了居间合同中委托人的任意解除权和居间人死亡作为居间契约消灭的情形。[④] 民国学者曹志时认为,民法关于居间的消灭仿照德瑞立法例,对此并未作出特别规定,解释上可认为除适用一般法律行为及债之消灭规

---

① 参见《瑞士债务法》,戴永盛译,中国政法大学出版社2016年版,第192页。

② 参见《瑞士债务法》,戴永盛译,中国政法大学出版社2016年版,第185~200页。

③ 参见《瑞士债务法》,戴永盛译,中国政法大学出版社2016年版,第185~188页。

④ 《民国民律草案》第761条规定,委托人得随时向居间人解除委托。第762条规定,居间人死亡其居间终止。参见修订法律馆编:《法律草案汇编(1)》,修订法律馆司法公报处1926年版,第123页。

定外,还可类推适用委任消灭的规定,因为居间与委任性质上具有相似性。[①]

此外,民国学者宁柏青认为,民法对于居间契约之消灭,并未特设规定,自应就一般契约共通消灭事由之规定而适用之。惟就居间之性质言之,下列两点,亦得解释为属于居间之特别消灭事由:(1)委托人终止契约,如前所述,居间人虽已为报告或媒介而契约成立与否,完全由委托人决定之,委托人既有此种自由决定之权;其在契约未成立以前,自得随时终止居间契约。(2)居间人死亡;居间人死亡亦得解释为居间契约当因之而消灭。[②]

3. 现行法的选择

现有学者对于居间合同参照委托合同的范围并无太多讨论,只是笼统地认为委托合同的规定居间合同当事人权利义务在没有规定时,可准用委托合同。高富平等学者认为,即使居间合同一章中,没有规定准用条款,我们仍然认为居间合同当事人之间权利义务在没有明确规定的情形下,可以准用委托合同的规定。[③] 但也有学者认为,在委托合同中的"任意解除权"和"报酬请求权"不能适用于居间合同。[④]

从国内法历史经验看,清末的《大清民律草案》规定居间合同中委托人的任意解除权和居间人死亡作为居间契约消灭,是立法唯一的明文规定,[⑤]对于委托人随时解除委托的立法理由为:委托

---

① 参见曹志时:《民法债编各论讲义》,朝阳学院1935年版,第215~216页。

② 参见宁柏青:《债编各论》,上海法学书局1934年版,第171~172页。

③ 参见高富平、王连国:《委托合同·行纪合同·居间合同》,中国法制出版社1999年版,第187页。

④ 参见其木提:《居间报酬请求权的法理依据》,载《法学》2018年第7期。

⑤ 《大清民律草案》第761条、第762条。参见杨立新:《中国百年民法典汇编》,中国法制出版社2011年版,第98页。

人于委托居间后,无论如何均得解除居间契约,无须予以报酬,因委托人无必须利用居间人之报告或媒介与人订立契约的义务。①而对于居间人死亡作为居间消灭的情形,立法理由为:居间契约因信任居间人而订立,若其死亡居间契约自应终止,然委托人死亡,居间契约应否终止乃事实问题,应依各项事情而定,不得一概论也。②

综上所述,居间合同在类推适用委托合同范围时,应遵循以下程序:居间合同没有规定的,适用原《合同法》一般规定中的合同解除、消灭等规定;假如委托合同有特别规定的,可参照适用委托合同的规定。

四、结语:居间合同的变与不变

综观历史脉络,居间是一个古老的行业,居间行业的发展与市场经济关系紧密。在人与人的社会关系网络中,人们之间不可能获取最优的信息和资源进行互相匹配,必然催生了居间行业的诞生、发展和成熟。当前信息技术的革新,也为居间行业展现了新的载体,现有共享经济的网络平台以及消费经济中的网络平台(O2O)等,均承担了居间人的角色。当前关于居间合同的法律适用主要矛盾在于,原《合同法》中关于居间合同的规定已经无法满足居间行业的快速发展。

对此,立法者似乎注意到了目前居间合同法律适用的窘境。与原《合同法》相比,《民法典各分编(草案)》(一审稿)有如下的变化:其一,条文数量的增加。从原《合同法》第 424 ~ 427 条的 4

① 参见修订法律馆编:《法律草案汇编(1)》,修订法律馆司法公报处 1926 年版,第 123 页。

② 修订法律馆编:《法律草案汇编(1)》,修订法律馆司法公报处 1926 年版,第 123 ~ 124 页。

个条文，到《民法典各分编（草案）》（一审稿）第745～750条的6个条文，前4个条文与原《合同法》并无实质差别，第749条和第750条为新增规定。其二，居间合同名称的变化。从《合同法》第23章的"居间合同"，修改为《民法典各分编（草案）》（一审稿）第25章的"中介合同"。

我们认为，上述关于居间合同的修订，值得赞赏，但也有不少值得商榷之处。

第一，名称的变化并不可取。理由如下：（1）"居间"已经作为国内法的路径依赖的表达；（2）"居间"有利于在比较法上进行对接，促进居间法律制度的交流；（3）"居间"和"中介"用词本质上有所不同，"中介"更多是经济学使用的词汇。

第二，新增第750条似乎填补了原有居间合同类推适用的规则漏洞。但是表述上使用"适用"的类推适用类型，仍然有讨论的空间。基于"适用"、"参照"和"类推适用"的类推路径差异，居间合同与委托合同的关系应为参照（准用）或类推适用，而非适用的关系。因此，建议立法者应选择"法定（授权式）类推适用"，宜选择"参照"类型的授权式类推适用，即《民法典分则编（草案）》（一审稿）第744条应修改为"本章没有规定的，参照委托合同的有关规定"；此种方案有利于避免类推适用的滥用导致法本身的安定性。退一步的方案为：立法者不做规定，那么解释上应为"类推适用"。①

但是，现有4个条文中并无作出任何修订的做法也有些保守。如《民法典各分编（草案）》（一审稿）第746条与原《合同法》第

① 在《民法典（草案）征求意见稿》（2019年12月28日公布）中第960条修改为"本章没有规定的，参照适用委托合同的有关规定"，此后审议稿和通过稿中均沿袭此表述。

425 条除“中介”替换“居间”外,并无任何差异。《最高人民法院公报》2015 年第 2 期刊登的“李彦东诉上海汉宇房地产顾问有限公司居间合同纠纷案”,确立了居间人谨慎审查义务和范围极具启示意义。因为居间人谨慎审查义务是原《合同法》第 425 条如实报告义务的重要组成部分,不仅在比较法上有先例,在特殊居间类型中也有相应的规章和条例予以规定。并且,经前文认真研究,居间人的谨慎审查义务和范围均可适用所有居间人类型。因此,我们建议《民法典各分编(草案)》(一审稿)第 746 条增加 1 款,即第 3 款:以居间为营业的,居间人关于合同有关的重要事实或情况应承担符合专业主体要求的注意义务,注重审查核实合同有关的重要事实或情况的真实性。居间人因未尽必要的注意义务而未能发现一方提供的相关材料存在重大瑕疵、缺陷,损害委托人利益的,应当承担损害赔偿责任。

第七章 优先股制度的中国路径与当代发展

优先股作为公司融资的工具,在现代公司法中处于重要的地位。由于其为公司财务提供了前所未有的金融灵活性,即帮助企业在困难时期保持稳定以及降低投资者的破产风险,因而优先股是现代公司金融的主要要素之一。[①] 自 1836 年美国首次发行优先股以来,在市场的推动下,历经约 200 年的漫长发展,终于形成了完善的美国优先股制度。相比之下,我国优先股制度起步晚,虽曾于 20 世纪 90 年代短暂试行,但 1993 年《公司法》并未予以规定。2013 年的《国务院关于开展优先股试点的指导意见》(国发〔2013〕46 号)重新开启了我国优先股制度的大门,证监会、上海证券交易所、深圳证券交易所等随之颁布了

① See Ben Walther, "The Peril and Promise of Preferred Stock", *Delaware Journal of Corporate Law*, 2014, Vol. 39, Issue 1, p. 162.

一系列相应配套的规定。此种做法,明显带有法律实验主义进路的痕迹。

一、法律实验主义与优先股制度

(一)何为法律实验主义

由于各国经济水平发展的不平衡性与社会发展阶段的不一致性,世界各国在法制变革进程的时间、路径和方式上产生了差异。根据法制变革的动力因素区分,大致有内源自发型和外源后发型两种模式,内源自发型,或法律自然演进型变迁,一般是指不同行为主体引进一系列规则的结果,也可以是在几种既有法律体制的竞争过程中发生的法律制度。[①] 内源自发型法制变革模式根据立法进路的不同,可区分为建构理性主义和进化理性主义两种进路,前者以法德等法典法系国家为代表,后者以英美等判例法系为典型。

而外源后发型,是指强行从外部改变旧的法律制度,是政治过程所决定,具有强制性,是大部分后发国家所普遍采用的模式。实际上是政府为寻求制度效率而进行的一种既有的国家治理结构的主动调整,包括大规模的变法、立法及其相关支持制度(司法系统)的改革和完善。[②] 转轨经济时期的国家一般采用此种模式,由于文化传统、政治结构和改革策略上的不同,各国改革路径截然不同,并形成不同的经济绩效。法律改革模式也有激进的"先破后立""乱而后治"和试验主义、工具主义、渐进主义两种不同的法律

---

① 参见张建伟:《"变法"模式与政治稳定性——中国经验及其法律经济学含义》,载《中国社会科学》2003 年第 1 期。

② 参见张建伟:《"变法"模式与政治稳定性——中国经验及其法律经济学含义》,载《中国社会科学》2003 年第 1 期。

改革模式。前者的范例为俄罗斯等国家，后者“边立边破”的变法、立法模式以中国为典型。[①] 试验主义、工具主义、渐进主义的法律改革模式即为法律实验主义进路。在某种程度上，中国的经济改革和其他包括印度在内的大多数国家都大相径庭。中国改革的制度基础就是采用地方实验和实行地方竞争。如前所述，在经济活动的众多领域中，由农业改革入手，再到经济特区、乡镇企业、国有企业承包制、私有化等。全新的制度安排首先在地方层面进行尝试，如果成功，再推广到其他区域，并赋予其政治上的合法性。这种实验改革的路径，无疑对当时的中国非常管用，除了不断调整改革推动者对未来的最初想法，一方面还减少了改革的政治阻力；另一方面又能给那些不确定的人以信心。[②] 改革开放以来，我国的法制变革呈现一种法律实验主义进路。[③] 实验立法，即为在稳定的政治秩序和经济发展间求得平衡，立法者采取在时间维度上的“试行立法”和空间维度上的“试点”立法、特别授权立法和特别行政区立法等充满实验精神的立法措施。[④] 我国采取了不同于以

---

① 参见张建伟：《“变法”模式与政治稳定性——中国经验及其法律经济学含义》，载《中国社会科学》2003年第1期。

② See Pranab Bardhan, *Awakening Giants, Feet of Clay: Assessing the Economic Rise of China and India*, Princeton University Press, 2010, p. 37.

③ 关于法律实验主义的其他讨论，如马俊彦博士认为，实验主义的立法模式，是指一种以建构理性为依归的进化理性模式，即在“边破边立”中稳步实现法制的进化及法律模式的转轨。参见马俊彦：《论我国法制发展中的实验主义进路》，载《人大法律评论》（总第15辑），法律出版社2014年版。张玉洁博士认为，就立法进路而言，受不同立法理念和立法传统的影响，一般包括两种路径。具体而言，英美法国家一般遵循“进化（或经验）主义立法进路”，法德等大陆法系国家遵循“建构主义立法进路”。但从我国法制实践的角度看，自改革开放以来我国并未严格遵循前述两种路径，而选择的是第三条进路，即“实验主义”的立法进路。参见张玉洁：《论我国土地制度改革的实验主义进路》，载《时代法学》2014年第2期。

④ 参见张建伟：《“变法”模式与政治稳定性——中国经验及其法律经济学含义》，载《中国社会科学》2003年第1期。

上的方式。中国的政策试验主要通过三种形式[①]进行：试验性法规，即为政策试行而制定的暂行法规；“试点”，即特定政策领域内的示范和试点项目；“试验区”，即被赋予充分自主权的地方行政区。[②] 公司法中的优先股制度试点属于法律实验主义进路中的法制试点形态。

（二）优先股作为公司法变革实验主义进路的优势

1. 现实基础

有限责任公司存在设计优先股制度的可能性，如《公司法》第34条、第42条规定分别规定有限责任公司股东可以就分配利润和表决权行使作另行约定。所以，实践中往往通过投资者与公司或原始股东进行个别的合同约定，以满足投资者和公司各自的利润分配或表决权特殊的偏好。尽管通过合同或股东协议进行特别约定的解决办法具有一定的灵活性和自治性，但这种合同安排还面临需求困境和法律困境。一者，设计空间的有限性与现实需求的矛盾突出；此种合同在优先股制度的设计上，只能在现有框架内作出一种削足适履的妥协，最终设计优先股的种类和内容十分有限。二者，《公司法》第186条第2款规定，有限责任公司按照股东的出资比例分配，股份有限公司按照股东持有的股份比例分配。[③] 在我国现行公司法对剩余财产分配的规定中，无法实现优先股投

① 季卫东教授认为，其基本形态类型具体有法制试点、试行法律、地方法规和审判经验等四种。参见季卫东：《论法律试行的反思机制》，载《社会学研究》1989年第5期。

② See Sebastian Heilmann, “Policy Experimentation in China’s Economic Rise”, *Studies in Comparative International Development*, 2008, Vol. 43, No. 1, p. 5.

③ 《公司法》第186条第2款规定：“公司财产在分别支付清算费用、职工的工资、社会保险费用和法定补偿金，缴纳所欠税款，清偿公司债务后的剩余财产，有限责任公司按照股东的出资比例分配，股份有限公司按照股东持有的股份比例分配。”

资者的优先清算权。如果某些投资者为了享有优先清算权，而对财产权（盈余分配权、剩余财产分配优先权）进行特殊的约定，那么将违反我国公司法关于清算财产分配的强制规定。如被誉为"'对赌协议'第一案"的苏州工业园区海富投资有限公司与甘肃世恒有色资源再利用有限公司之间的投资纠纷案，[①]即凸显了我国实践与公司法矛盾的困境。[②]

对投资机构而言，优先股可为其提供"合法对赌"的新工具。在英美公司法实践中，优先股得到了普遍的应用，特别是在 VC/PE 投资阶段，带有特殊权利的优先股是投资者降低风险、确保收益的保障。而在中国，由于优先股的缺失，使 VC/PE 投资过程中对赌协议被频繁采用，甚至达到了"无对赌、不 PE"的程度。此前，海富投资与甘肃世恒因对赌条款的效力问题产生争议并闹上法庭，尽管最高人民法院原则上认可了对赌协议的相对有效性，但整个案件也引起了 PE 界的广泛关注。如果优先股制度能够真正适用到普通非上市企业，可为 VC/PE 投资机构提供"合法对赌"，成为其捍卫自身权益的有利工具。

可见，我国现行公司法中单一的普通股制度不能满足投资者的差异化需求。普通股将公司的财产利益和表决权进行份额切分和标准化，克服了合同转让的不便利性。但普通股的特征在于将股份中的财产权和投票权进行捆绑。如果法律只提供普通股这种

---

① 甘肃世恒有色资源再利用有限公司等与苏州工业园区海富投资有限公司增资纠纷再审案，最高人民法院（2012）民提字第 11 号民事判决书，载《最高人民法院公报》2014 年第 8 期（总第 214 期）。

② 在国外，私募股权投资者往往会采用优先股之类的特别安排来保护自己，但因中国法律上的障碍，优先股的设计往往只能通过股东协议部分实现，偷懒一些的投资者干脆就借助对赌协议来保护自己。关于该案的详细分析，参见彭冰：《"对赌协议"第一案分析》，载《北京仲裁》（第 81 辑），中国法制出版社 2012 年版，第 187 ~ 199 页。

将财产权与表决权捆绑的融资工具,公司融资将受到束缚,投资者的需求不得不通过“法外空间”来满足。① 此种做法将带来一系列投资风险以及学术争议。普通股将财产权和表决权捆绑在一起,无法满足不同投资者对财产权或表决权的特殊需求,这也是投资者多元化需求和公司法规范处于一种紧张关系的根源;但优先股作为类别股中最主要的类型,其为可以将对财产收益权或表决控制权有不同偏好的投资者容纳到同一公司中的一种法律制度,恰好作为二者的润滑剂,起到缓和此种紧张关系的功用。故而,优先股作为公司法变革的实验主义进路具备了现实基础。

2. 理论基础

传统公司代理理论与公司治理制度,是基于股东“同质化”假定的逻辑基础而展开。② 面对“异质化”投资者的不同偏好,公司法律是该固守传统的千篇一律的股权构造模式,还是可以允许市场自身重新组合股权的不同权能以便创造出多样化的投资安排。③ 在股份公司中,所有权结构、资本结构、投票结构以及管理者的决策自由度和内部组织力量等相互作用,从多方面影响着公司行为,其中,投票权的分配和股权结构是组织行为的重要决定因素。

优先股制度作为公司资本结构中重要组成部分,涉及公司投票权的配置和股权结构的变动。而且,公司财务和资本结构是公

① 参见朱慈蕴、沈朝晖:《类别股与中国公司法的演进》,载《中国社会科学》2013年第9期。

② 参见汪青松、赵万一:《股份公司内部权力配置的结构性变革——以股东“同质化”假定到“异质化”现实的演进为视角》,载《现代法学》2011年第3期。

③ 参见汪青松:《基于投资偏好差异的股份公司股东类别化分析》,载《政法论丛》2011年第4期。

司治理结构的重要组成部分，因为，不同的融资工具代表着不同的收入流分配和不同的控制权安排，不同的资本结构意味着不同的所有权配置。[①] 基于股东同质化的基本假设，传统公司治理理论往往只关注所有者与经营者之间的利益冲突，只注重对经营者机会主义和道德风险的规制，没有对所有者之间的利益冲突以及所有者的机会主义行为给予应有的关注。[②] 也忽略了经营者与不同类型所有者之间利益冲突与平衡。优先股制度的确立，是一个股东同质化向股东异质化转型的过程，结果是客观地也增加了代理成本，不同类别股东之间如普通股与优先股的利益不同一，董事履行信义义务时也需考虑股东的类别化。如何调和这些利益冲突，也将是公司法面临变革的机遇和挑战。

在原有法定资本制之下，严格的资本管制影响了资本制度的灵活性。2013 年的我国《公司法》大刀阔斧地进行公司资本制度改革，法定资本制改为认缴制资本制，这为优先股制度的拓展深化提供了空间，如转换优先股才有运用的空间。所以，在某种程度上，优先股制度改革是公司资本制度改革的深化。股东的异质化促进了公司法的制度变革，如涉及股东大会的多元性、信义义务向多层次演进以及评估权的重塑等诸多内容。

二、法律实验主义进路下的中国优先股基本结构

（一）股份有限公司的优先股制度

现行优先股制度主要规定于 2013 年国务院颁布的《国务院关

---

① 参见张维迎：《理解公司：产权、激励与治理》，上海人民出版社 2014 年版，第 239 页。

② 参见冯果、李安安：《金融创新视域下公司治理理论的法律重释》，载《法制与社会发展》2013 年第 6 期。

于开展优先股试点的指导意见》（以下简称《指导意见》）和2014年证监会颁布的《优先股试点管理办法》（以下简称《试点办法》），[①]大致规定了优先股的发行制度、优先股的种类、优先股的权利、优先股股东大会和优先股的回购等制度。

1. 优先股的发行

（1）发行方式。我国优先股制度的发行方式可分为上市公司公开发行、上市公司非公开发行和非上市公司非公开发行三种，每种发行方式对发行人、程序等要求都不太一致。上市公司公开发行优先股赋予的强制性要求也比非公开发行更高，如《试点办法》第26～31条对上市公司公开发行优先股在非公开发行的基础上作出了特别规定。非公开发行，无论是上市公司，还是非上市公众公司，只能向证监会规定的合格投资者发行。

（2）发行数量的限制。大陆法系国家的公司法以公司股本总额为基数，规定优先股只能占股本总额的一定比例。股份有限公司优先股发行数量的限制，主要功能是限制其在公司资本中的比例，深层次根源在于对公司资本的管制。因为，类别股的发行打破了典型的公司资本构成，公司可以创设一些特殊的类别股，以优先股为例，其性质更接近于"债"。[②] 加之，优先股发行的限制也基于债权人保护和交易安全的考虑。因为优先股发行比例过高的公司

① 2021年6月证监会发布了《优先股试点管理办法》（2021修正），根据《民法典》的规定，将《优先股试点管理办法（2014）》第65条第3项中"企业法人"修改为"营利法人"，其余内容未作修订。

② 优先股、不可赎回优先股、可赎回优先股、累积性优先股四类类别股，依其程度不同，性质逐渐脱离股权性质，而偏向于债权性质。参见沈朝晖：《公司类别股的立法规制及修法建议——以类别股股东权的法律保护机制为中心》，载《证券法苑》（第5卷），法律出版社2011年版，第574页。

更容易伪装资本，降低资产负债率，达到公司财务指标，影响交易安全。如果公司无节制地发行优先股，则会出现只要持有少量普通股就可以控制公司的弊端。

许多国家和地区的公司都对优先股或特别股的发行数量有一定比例的限制。如为防止表决权过多集中到少数几个普通股东手中，法律规定公司发行股份总量不得超过整个基本资本总额的一半（《德国公司法》第139条第2款）①。法国《公司法》规定，非公开公司的优先股发行不得超过公司一半的资本，上市公司的优先股不得超过公司四分之一的资本。② 这样的发行限制条款是至关重要的，因为可以禁止优先股的发行导致只有少数有表决权的股东控制公司。③ 依《指导意见》和《试点办法》的规定，我国公司已发行（不限发行方式）的优先股不得超过公司普通股股份总数的50%，且筹资金额不得超过发行前净资产的50%，已回购、转换的优先股不纳入计算。我国优先股发行数量的限制比例确定为50%具有一定的合理性。

2. 优先股的种类

根据《指导意见》和《试点办法》的规定，涉及优先股种类的规

---

① 参见［德］托马斯·莱塞尔、［德］吕迪格·法伊尔：《德国资合公司法》，高旭军、单晓光、刘晓海、方晓敏等译，法律出版社2005年版，第286页。

② 法国《公司法》第228－11条第3款规定："无表决权优先股不得占到公司一半以上的资本；在股票准许进入规范市场交易的公司，无表决权优先股不得占到公司的四分之一以上的资本。"参见《法国公司法典》（上），罗结珍译，中国法制出版社2007年版，第261页。

③ See Pierre ~ Henri Conac, "The New French Preferred Shares: Moving towards a More Liberal Approach", *European Company and Financial Law Review*, 2005, Vol. 2, Issue 4, p. 503－511.

定为强制性规范,[①]因而我国优先股实行种类法定主义。根据不同的股息分配方式,优先股大致可分为以下几种:

(1)固定股息率优先股和浮动股息率优先股。根据公司章程规定股息率是固定或浮动的不同进行区分,股息率优先股存续期内不作调整的,称为固定股息率优先股。而根据约定的计算方法进行调整的,称为浮动股息率优先股。根据《指导意见》的规定,我国上市公司公开发行的优先股只能是固定股息率优先股。而上市公司非公开发行和非上市公司非公开发行不受此限。

(2)强制分红优先股和非强制分红优先股。根据公司章程中规定,在有可分配税后利润时必须向优先股股东分配利润的,[②]是强制分红优先股,否则即为非强制分红优先股。依《指导意见》的规定,我国上市公司公开发行的优先股只能是强制分红优先股。上市公司非公开发行和非上市公司非公开发行,以及商业银行发行优先股补充资本的不受此限。

(3)可累积优先股和非累积优先股。根据公司章程规定因当次会计年度可分配利润不足而未向优先股股东足额派发股息,差额部分是否累计到下一会计年度,可分为累积优先股和非累积优

---

① 《指导意见》规定:"公司应当在公司章程中明确以下事项:(1)优先股股息率是采用固定股息率还是浮动股息率,并相应明确固定股息率水平或浮动股息率计算方法。(2)公司在有可分配税后利润的情况下是否必须分配利润。(3)如果公司因本会计年度可分配利润不足而未向优先股股东足额派发股息,差额部分是否累积到下一会计年度。(4)优先股股东按照约定的股息率分配股息后,是否有权同普通股股东一起参加剩余利润分配。(5)优先股利润分配涉及的其他事项。""除本指导意见另有规定以外,优先股股东的权利、义务以及优先股股份的管理应当符合公司法的规定。试点期间不允许发行在股息分配和剩余财产分配上具有不同优先顺序的优先股,但允许发行在其他条款上具有不同设置的优先股。"

② 《试点办法》第68条规定:"本办法下列用语含义如下:(一)强制分红:公司在有可分配税后利润的情况下必须向优先股股东分配股息;(二)可分配税后利润:发行人股东依法享有的未分配利润……"

先股。累积优先股是指公司在某一时期所获盈利不足，导致当年可分配利润不足以支付优先股股息时，则将应付股息累积到次年或以后某一年盈利时，在普通股的股息发放之前，连同本年优先股股息一并发放。非累积优先股则是指公司不足以支付优先股的全部股息时，对所欠股息部分，优先股股东不能要求公司在以后年度补发。依《指导意见》的规定，我国上市公司公开发行的优先股只能是可累积优先股。上市公司非公开发行和非上市公司非公开发行，以及商业银行发行优先股补充资本的不受此限。

(4)参与优先股和非参与优先股。根据优先股股东按照确定的股息率分配股息后，是否有权同普通股股东一起参加剩余税后利润分配，可分为参与优先股和非参与优先股。优先股股东只能获取一定股息但不能参加公司额外分红的，称为非参与优先股。优先股股东除可按规定的股息率优先获得股息外，还可与普通股股东分享公司的剩余收益的优先股，称为参与优先股。依《指导意见》的规定，我国上市公司公开发行的优先股只能是非参与优先股。上市公司非公开发行和非上市公司非公开发行不受此限。

(5)可转换优先股和不可转换优先股。根据优先股是否可以转换成普通股，可分为可转换优先股和不可转换优先股。可转换优先股是指在规定的时间内，优先股股东或发行人可以按照一定的转换比率把优先股换成该公司普通股。否则是不可转换优先股。依《试点办法》第33条规定，我国上市公司不得发行可转换优先股，即只发行不可转换优先股，但商业银行在"非公开发行触发时间发生时"强制转换成普通股。[①] 非上市公司非公开发行不受

① 《试点办法》第33条规定："上市公司不得发行可转换为普通股的优先股。但商业银行可根据商业银行资本监管规定，非公开发行触发事件发生时强制转换为普通股的优先股，并遵守有关规定。"

此限。

(6)可回购优先股和不可回购优先股。根据发行人或优先股股东是否享有要求公司回购优先股的权利,可分为可回购优先股和不可回购优先股。可回购优先股是指允许发行公司按发行价加上一定比例的补偿收益回购优先股。公司通常在认为可以用较低股息率发行新的优先股时,就可用此方法回购已发行的优先股股票。而不附有回购条款的优先股则被称为不可回购优先股。《试点办法》第 13 条对优先股回购作了一般性规定,第 54 条、第 55 条特别规定了上市公司回购优先股。而非上市公司回购优先股并未作特殊规定。

表 7.1　我国各类型公司发行优先股方式与类型比较

优先股类别	上市公司公开发行	上市公司非公开发行	非上市公司非公开发行	商业银行的特别例外
固定股息率优先股	√	√	√	√
浮动股息率优先股	×	√	√	×
强制分红优先股	√	√	√	√
非强制分红优先股	×	√	√	√
可累积优先股	√	√	√	√
非累积优先股	×	√	√	√
参与优先股	×	√	√	×
非参与优先股	√	√	√	×
可转换优先股	×	×	×	√
不可转换优先股	√	√	√	√
可回购优先股	√	√	√	√
不可回购优先股	√	√	√	√

3. 优先股股东大会

优先股股东大会的设立，是为保护优先股股东的合法利益，维护不同类别股东间的利益平衡，也是不同股东利益冲突的调节机制。《指导意见》和《试点办法》在形式上没有直接规定优先股股东大会，但优先股股东就特定的事项有权出席股东大会会议，并与普通股股东分类表决，此即为“同时召集、分类表决”机制。笔者认为，这是实质意义上的优先股股东大会，因为优先股股东大会与普通股股东大会一样有召集通知程序、表决事项、表决方式以及出席与表决规则。《试点办法》第 10 条是优先股股东大会的一般规则，第 37 条、第 38 条、第 45 条是上市公司和非上市公司关于发行优先股事项的特殊规则。

(1) 召集通知程序

依《试点办法》第 10 条规定，公司召开股东大会会议应通知优先股股东，并遵循《公司法》及公司章程通知普通股股东的规定程序。《公司法》第 101 条规定了股东大会通知股东的程序，即召开股东大会会议，应当将会议召开的时间、地点和审议的事项于会议召开二十日前通知各股东；临时股东大会应当于会议召开十五日前通知各股东。

(2) 表决事项

《试点办法》第 10 条规定了优先股股东参与股东大会会议的五种情形：修改公司章程中与优先股相关的内容；一次或累计减少公司注册资本超过百分之十；公司合并、分立、解散或变更公司形式；发行优先股；公司章程规定的其他情形。以上五项表决事项一方面体现保护优先股股东的利益，也通过授予公司章程规定其他情形反映公司自治的弹性空间。

(3)出席与表决规则

为了在股东会议上形成决议,法律要求应符合一定的构成要件。即公司决议的成立,不但要符合股东大会的定足数,还要满足决议的定足数。[①] 优先股股东大会虽然比较特殊,但形成公司决议仍应满足定足数的要求。我国《公司法》关于股东大会的出席要求没有规定,但表决规则有简单多数(1/2 通过)和绝对多数(2/3通过)两种。

依《指导意见》和《试点办法》,优先股股东大会的出席和表决规则为,一股一票和绝对多数,具体而言,优先股股东所持每一优先股有一表决权,但公司持有的本公司优先股没有表决权;表决事项的决议,经出席会议的普通股股东(含表决权恢复的优先股股东)所持表决权的2/3 以上通过之外,还须经出席会议的优先股股东(不含表决权恢复的优先股股东)所持表决权的 2/3 以上通过。同时,优先股股东大会还实行关联股东回避表决规则,所谓关联股东回避表决规则,是指与股东会表决事项存在关联关系的股东不得参与该事项的表决。[②]《试点办法》第 37 条、第 45 条对此规定,上市公司或非上市公众公司向公司特定股东及其关联人发行优先股的,股东大会就发行方案进行表决时,关联股东应当回避;其中,非上市公众公司的普通股股东(不含表决权恢复的优先股股东)人数少于二百人的除外。另外,为最大限度和范围内便利股东参与投票表决,《试点办法》就上市公司发行优先股事项的表决设置了多元化的表决方式,明确应当提供网络投票或通过中国证监会认可的其他方式投票。

---

① 参见梁上上:《论股东表决权——以公司控制权争夺为中心展开》,法律出版社 2005 年版,第 59 页。

② 参见刘俊海:《现代公司法》(第 2 版),法律出版社 2011 年版,第 474 页。

可见,在法律实验主义进路下,我国优先股股东大会与普通股股东大会一样只有决议的定足数要求,而对股东大会成立的定足数不作规定;优先股股东大会和普通股股东大会"同时召集,分类表决"的机制。但这些做法是否妥当,以及对优先股股东的保护强度等问题值得探讨。

4. 优先股的回购

《指导意见》规定公司可以在公司章程中规定优先股转换为普通股、发行人回购优先股的条件、价格和比例。转换选择权或回购选择权可规定由发行人或优先股股东行使。发行人要求回购优先股的,必须完全支付所欠股息,但商业银行发行优先股补充资本的除外。优先股回购后相应减记发行在外的优先股股份总数。

对此,在《指导意见》的基础上,《试点办法》第13条进一步明确了优先股回购的内容,即发行人回购优先股包括发行人要求赎回优先股和投资者要求回售优先股两种情况,并应在公司章程和招股文件中规定其具体条件。发行人要求赎回优先股的,必须完全支付所欠股息,但商业银行发行优先股补充资本的除外。优先股回购后相应减记发行在外的优先股股份总数。

(二)股份合作制企业中的优先股制度

1. 股份合作制企业发行优先股的可能性

股份合作制企业作为一种新型的企业组织形式,是20世纪80年代初期率先在农村乡镇企业发展起来的新型企业制度,在20世纪90年代的城市中小企业改制中成为广泛应用的形式,并被农村和城镇集体企业广为采用。股份合作制企业是劳动合作和资本合作的有机结合,兼具人合性和资合性特点。因而,这一组织形式既保留了合作经济的长处,也吸收了股份制的优点,将企业全部资本划分为等额股份,股权设置上分为普通股和优先股。

所谓股份合作制企业中的优先股,是指承担风险较小,享受固定分红利息,在利润分配程序上比普通股享有优先分红权的股份。其基本特点是:一般预先定明股息收益率,在普通股分配之前分得固定股息;优先股股息一般不随企业盈利状况而增加,不参加企业的红利分配;企业破产时,优先股享有优先索偿权,即清偿债务后企业剩余资产的优先分配权。优先股持有者一般没有选举权和被选举权及投票表决权。[①] 可见,股份合作制企业中的优先股,与股份有限公司的优先股的内涵和特征并无实质区别。值得注意的是,股份合作制企业中的优先股一直处于实验阶段,呈现地方竞争的法律实验主义进路,主要的法律规范集中于各省市的政府规章或地方性法规。[②] 关于股份合作制企业优先股制度的制度安排,除了农业部1992年12月24日颁布的《农业部关于推行和完善乡镇企业股份合作制的通知》[(1992)农(企)字第24号],以国家政策的形式确定了优先股的定义和特征外,其他规定均散见于各省市以政府规章或地方性法规的形式确认(参见表7.2),优先股制度的具体规定繁简不一。故而,股份合作制企业中的优先股制度结构稍显简单粗糙。

2. 优先股的发行范围

鉴于股份合作制的人合性和合作制的特点,其股权设置实行封闭性原则,主要表现为股份合作企业一般不吸收企业外部的股份,股权转让局限在企业内部进行。而现代经济的发展,要求企业在股权设置管理中体现一定程度的开放性,股份转让到外面能吸

---

① 《农业部关于推行和完善乡镇企业股份合作制的通知》,(1992年)农(企)字第24号,1992年12月24日农业部颁布。

② 具体分析详见本章第三部分。

收更多的资金，但若如此，股份合作制企业将失去合作制的性质。[①] 如何协调企业内部股和社会股之间的利益冲突，成为股份合作制企业面临的难题。优先股的表决权限制和利润分配、剩余分配的优先权等特点，正好顺应了此种需求。因此，有的省市在20世纪90年代以来开始探索股份合作制企业的优先股制度，将企业内部股设置成普通股和社会出资界定为优先股，此种方案成为解决股权封闭性下积极实现外部融资的有效途径。

具体言之，股份合作制企业根据投资主体及资产来源不同分为：职工个人股、职工集体股、法人股、企业外个人股。为保持股份合作制企业的股权封闭性，在职职工所持股份，即职工个人股和职工集体股为普通股，既是股份合作制企业成立的先决条件，也是企业股本的主要组成部分。同时，为维持股份的一定开放性和提高企业产权的多元化程度，其他企业外部的股东所持股份，如法人股、企业外个人股为优先股，作为优先股具有股利的优先分配权和企业剩余财产的优先分配权。由于优先股所承担的风险较小，有利于刺激其投资欲望，但其不享有表决权，不能参与企业的经营管理。如《陕西省股份合作企业条例》第15条规定："法人股、社会个人股为优先股。优先股按约定股利率先于普通股取得股利，优先股股东不参与企业管理，无表决权。"

3. 股份合作制企业优先股的特色

除了与正常的优先股一样享有优先权和表决权受限之外，股份合作制企业的优先股制度有自身的特色。这些特色源于股份的属人性色彩浓重，决定于股份合作制企业的人合性的特点。

---

① 参见朱娅：《股份合作制股权设置探析》，载《中国农业大学学报(社会科学版)》2000年第2期。

(1)优先股继受取得的特殊性

股份合作制企业的优先股和普通股一样,有原始取得和继受取得之分,但在原始取得和继受取得中均有比较特殊的方式,如职工离职或退休的普通股转为优先股、继承普通股取得优先股和转让普通股取得优先股。这些做法都主要基于保持股份合作制产权的纯净性考虑。如《天津市乡镇企业股份合作制暂行办法》(津政发〔1998〕32号)第26条规定,股份合作制企业设立后,股东所持股份不得退股。职工股东离开企业时,其股权可列为优先股或在内部转让,具体办法由企业章程规定。如《广东省股份合作企业条例》第22条第2款:"在职职工个人所持有的股份可以按照企业章程规定转让和继承,非本企业职工受让或者继承的普通股应当转为优先股。"

(2)优先股股东参与管理的权利多样化

当时股份合作制企业的优先股处于探索阶段,而《公司法》层面的优先股实验一直是停摆状态。因此,涉及优先股的权利义务的规范在股份合作制企业的规范性文件上表现不多,一般只规定优先股的分配顺序和清偿顺序。甚至有的直接规定优先股的权利义务由企业章程决定,如《河北省乡村股份合作企业条例(试行)》第31条。总体而言,股份合作制企业中的优先股的权利义务大致遵循这样的规则:优先股股东按约定获得股息,企业破产时优先获得清偿,但没有选举权、被选举权和表决权。[①]

---

① 当然,股份合作制企业的优先股的表决权限制并不是绝对的,为了保护优先股股东的权益,有的省市也规定了"表决权的恢复",如《长春市股份合作制企业规范与组建暂行办法》第17条规定:"优先股股东没有表决权,不参与企业经营管理,但在连续三年不能足额派息的情况下,应允许优先股股东有表决权和参与企业经营管理"。此外,为保护优先股股东,股份合作制企业也设置了可累积优先股这一类型,如《江西省城镇集体所有制企业股份合作制暂行规定》第15条第2款规定:"优先股的股利应按约定的股利率支付。优先股不享有企业公积金权益。当年可供分配股利的利润不足以按约定的股利率支付优先股股利的,可由以后年度的可供分配股利的利润补足。企业章程应对优先股的其他权益作出具体规定。"

但在股份合作制企业优先股的试点中,为保护优先股股东的合法权益。各省市关于优先股股东参与管理的权利配置做了许多尝试,并呈现多样化特点。(1)优先股股东可以列席股东会,如《陕西省股份合作企业条例》第19条第2款:"股东会或者股东代表会是企业的最高权力机构,由普通股股东或者其代表组成。企业召开股东会或者股东代表会,优先股股东可以列席会议。"(2)优先股股东作为监事会成员,履行监督职责,参与公司管理。如《广东省股份合作企业条例》第26条:"监事会成员中应当有职工代表和优先股股东推派的代表,但普通股股东代表应占成员半数以上"。(3)类似优先股股东大会的机制,此时优先股股东享有"同意决定权"。如《陕西省股份合作企业条例》第22条:"股份合作企业股东会和董事会研究决定有关涉及优先股股东权益的问题,应当事先征得优先股股东的同意,并邀请优先股股东列席会议。"

三、优先股作为实验主义进路的两个阶段

形成我国当前优先股制度的基本结构,即股份有限公司和股份合作制企业两种组织形式的优先股制度,是法律实验主义进路的产物。

新中国成立以后,受当时公有制经济等政治因素的影响,政府逐步进行了社会主义改造,取消了市场经济以及公司制度,[①]1956年推行全行业公私合营以及私股股权转变为债权的政策,以此为基础的优先股制度也随之消失。但在社会主义早期,股份有限公司仍然可以在一定的条件下发行优先股,如1951年3月30日颁

① 参见邓峰:《普通公司法》,中国人民大学出版社2009年版,第33页。

布的《私营企业暂行条例实施办法》第76条规定:"股份有限公司增加资本或整理债务时得发行优先股,但应于公司章程中订明优先股的权利。"

改革开放以来,随着城市经济体制改革的深入,股份经济在我国有计划的商品经济的土壤开始萌芽。在20世纪80年代我国开始了股份制经济的试验,各地都有一些企业进行股份经济的试点,也有企业通过发行股票筹集资金。[①] 1984年10月《中共中央关于经济体制改革的决定》发布实施后,股份制的初步试点开始在国有中小型企业中进行。1984~1986年,北京、上海、广东、四川、辽宁等地的少数集体企业和国有中小企业在主管部门或地方政府的支持下,纷纷进行股份制试点,设立股份有限公司。[②] 同时,股份制经济的试验是基于中央选择性控制的。因为中央对现存权力秩序的维系和控制是有明确意识的,在控制方式上是选择性的:有时禁止试验,有时则默认甚至放开试验;基于中央选择性控制的试验必然是同质的、不充分的和难以推广的;中央如何选择性控制地方,对试验如何诠释最终取决于权力体系结构所受的约束。[③] 中国的优先股制度也随着股份经济的试验重新进入我国资本市场,并同样遵循着法律实验主义的进路。

(一)1993年颁布《公司法》以前的优先股实验时期

股份经济在当代中国的恢复和发展,是1978年以来改革开放

---

① 参见董新保、彭朗辉:《继续进行股份经济的试验》,载《清华大学学报(哲学社会科学版)》1987年第2期。

② 参见马庆泉主编《中国证券史(1978~1998)》,中信出版社2003年版,第35页。

③ 参见刘培伟:《基于中央选择性控制的试验——中国改革"实践"机制的一种新解释》,载《开放时代》2010年第4期。

和从计划体制外进行渐进式市场导向的必然产物。[①] 受经济体制改革的影响，中国的优先股制度与各国优先股相比，有其特殊之处。如优先股制度在企业组织形式上有所突破，既有公司优先股，也有股份合作制企业优先股。因此，优先股制度的实验主义进路在不同企业组织形态上均有所体现。

1. 优先股在公司组织形态中的实验主义进路。1988 年颁布的《福建省股份制企业暂行规定》第 40 条[②]首次明确提出股份制企业的股息红利基金可以实行优先股和普通股不同的分配办法，随后《福建省股票管理暂行规定》《深圳证券交易所业务规则》《深圳市股票发行与交易管理暂行办法》《宁夏回族自治区国有企业试行股份制暂行规定》等数十个省、市的股份制试点中均规定"公司的股份可以发行普通股，也可以发行优先股"（见表 7.2）。优先股制度在公司组织形态中的实验主义进路具体表现在法规试验和地方试点两方面。如涉及优先股制度的法规以暂行规定、试行办法等为主，法律层级效力较低，一般为地方政府规定或地方性法规。各地对待优先股态度有所差异，其所颁布的关于优先股制度的规定也不尽统一。如有的省市关于优先股制度的规定初具雏形，涉及优先股的定义、结构和权利义务以及盈余分配顺序等，如上海、沈阳、陕西、宁夏、深圳、海南等规定较为详细具体。而有的省市则略显简单，如《厦门市股票发行管理暂行办法》只在

① 参见马庆泉主编：《中国证券史（1978～1998）》，中信出版社 2003 年版，第 33 页。

② 《福建省股份制企业暂行规定》第 40 条规定："股份制企业的股息红利基金，按企业股份分配。可以实行优先股和普通股不同的分配办法，既先由优先股按企业章程规定的股息率取得股息，剩余的股息红利基金再按普通股股份进行分配；也可以实行由优先股从税后净利润中先取得股息等其他分配办法。具体分配方式由股份制企业在章程中规定。"

第10条规定“公司可以发行普通股和优先股股票”，优先股的权利义务等方面均未涉及。甚至有的省市对优先股采保留态度，如《合肥市股份制企业暂行办法》第8条第2项规定“暂不设置优先股”。

表7.2　公司组织涉及优先股制度法规

法规名称	颁布时间	废止时间	效力级别
《福建省股份制企业暂行规定》	1988. 11. 12	1998. 5. 30	地方政府规章
《福建省股票管理暂行规定》	1989. 1. 16	现行有效	地方政府规章
《宁夏回族自治区国有企业试行股份制暂行规定》	1989. 3. 28	1997. 12. 1	地方政府规章
《深圳市股票发行与交易管理暂行办法》	1991. 5. 15	现行有效	地方政府规章
《深圳证券交易所业务规则》	1991. 6. 22	2003. 9. 17	行业规定
《陕西省股份制企业试行办法》	1992. 4. 22	2002. 3. 1	地方政府规章〔1〕
《股份有限公司规范意见》	1992. 5. 15	现行有效〔2〕	部门规章〔3〕
《上海市股份有限公司暂行规定》	1992. 5. 18	1997. 9. 23	地方政府规章
《合肥市股份制企业暂行办法》	1992. 5. 21	现行有效	地方政府规章
《厦门市股票发行管理暂行办法》	1992. 6. 4	现行有效	地方政府规章
《沈阳市企业股份制试点暂行规定》	1992. 10. 28	2002. 4. 13〔4〕	地方政府规章
《海南经济特区股份有限公司条例》	1992. 12. 30	2011. 6. 1	地方性法规
《深圳经济特区股份有限公司条例》	1993. 4. 26	2006. 11. 28	地方性法规

续表

法规名称	颁布时间	废止时间	效力级别
《河北省规范公司法人治理结构暂行办法》	2000. 12. 25	2007. 4. 22	地方政府规章

注：我们通过"中国法律法规信息系统"（http://law. npc. gov. cn/home/begin1. cbs）和"北大法律信息网"（http://www. chinalawinfo. com/）以"优先股"为主题词进行法律法规、规章等进行全文搜索，最终将公司组织涉及优先股制度法规制成本表格，最后访问时间：2014 年 11 月 20 日。

〔1〕对以前曾经以各种形式废止，但废止形式不够规范、统一的 35 件省政府规章，统一公布废止。

〔2〕详见《国家发展和改革委员会公告 2011 年第 13 号——国家发展改革委现行有效的规章和规范性文件目录》。

〔3〕《国务院办公厅关于执行〈股份有限公司规范意见〉的通知》，国办发〔1993〕27 号，1993 年 5 月 15 日发布："为保证股份制试点工作顺利进行，经国务院同意，在国家规范股份有限公司的法律、行政法规公布前，国家体改委发布的《股份有限公司规范意见》具有政府部门规章的法律效力。各地股份有限公司以及在境内外发行、上市股票的股份有限公司，其组建和成立后的有关事宜，必须执行《股份有限公司规范意见》。"

〔4〕原因：时效已过或因机构改革部门职能转变，调整对象消失。

中央政府采取地方试点的模式，主要是基于降低试错成本的考虑。毕竟地方试点有相应的优势。此外，出乎立法者意料之外的是，地方试点模式客观上形成了地方立法竞争的效果。1992 年国家体改委颁布的《股份有限公司规范意见》，其中有 7 个条文专门规定优先制度，涵盖优先股的发行条件、优先股股东的权利义务、表决权的恢复、股利支付、分配和清偿顺序等诸多方面。

然而，优先股制度在公司组织的实验自 1993 年《公司法》颁布后戛然而止。各中原因，深值研究。为什么我国统一建立股权市场时没有优先股的设计呢？第一，股份制改革处于试点阶段，多层次股权结构尚无法把握。在改革开放早期制定《公司法》时，大家认为股份制本来就是一个新事物，股权结构、股东权益这些概念还没有完全弄清楚，再搞一个优先股，会不会更加忙中添乱？所以当时就没有正式提优先股。后来由于法律上没有优先股这一提法，一直难以突破,也使资本工具缺少了一个层次。[①] 因此,当时采单一化的股权结构作为试验方式。第二,从1993年《公司法》制定背景观察,公司法主要是为了配合国有企业改革的需要。根据1993年《公司法》设立的公司基本上都是从国有企业改制而来的,所以,即使将其称为“国有企业改制法”也并不为过。[②] 优先股制度的特性与国有企业改制并不吻合,因此并未将优先股纳入1993年《公司法》。

不过,此后我国关于优先股的探索和试验仍然在进行中。第一,中央层面的优先股制度探索。如国务院办公厅在《关于1996年立法工作安排的通知》(国办发〔1996〕17号)中,将“股份有限公司发行优先股的规定”列入当年的二档立法项目,即属于着手调研论证、待条件成熟后适时提请审议的法律草案和行政法规草案。次年,《关于1997年立法工作安排的通知》(国办发〔1997〕8号)将“股份有限公司发行优先股的规定”上升为一档立法项目,即位列于拟由国务院发布或者经国务院批准、由各部门发布的行政法规之中。[③] 第二,地方层面的优先股制度试验。如河北省曾进行国有资本投资设置为优先股的尝试,其于2000年12月25日颁布《河北省规范公司法人治理结构暂行办法》,该政府规章第9条第2款规定:“国有资本投资到公司的股份,在必要时可以设置为优先股,并按照公司章程的规定行使权力”。从规范层面看,虽然1993年《公司法》中未能确立优先股制度,但我国立法部门并未停

① 参见周小川:《资本市场的多层次特性》,载《金融市场研究》2013年第8期。

② 参见施天涛:《公司资本制度改革:解读与辨析》,载《清华法学》2014年第5期。

③ 列入一档的行政法规,都是条件比较成熟又迫切需要的项目,主要有三类:一是适应巩固、完善已出台的改革措施的需要,而且党中央、国务院对有关立法项目涉及的体制和方针政策已经确定或者改革实践经验基本成熟的;二是同已经出台的法律相配套的;三是根据需要与可能进一步完善有关行政管理制度的。

止探索和试验优先股的步伐。

2.优先股在公司组织形态之外的实验主义进路。股份合作制企业是我国城乡集体企业经济在经济体制改革探索过程中出现的独有组织形式，官方的界定为："是指采取了股份制一些做法的合作经济，是社会主义市场经济中集体经济的一种新的组织形式。股份合作制企业既不是股份制企业，也不是合伙企业，与一般的合作制企业也不同，是在实践中产生并不断发展完善的新型的企业组织形式"。[①] 这种以股份制的治理模式为形式，以合作制的财产结构为内容的组织形式，以其特有的优势适应了我国中小企业特别是集体中小企业改革和发展的需要。股份合作制企业最早见于1987年浙江省温州市人民政府颁布的《关于农村股份合作制企业若干问题的暂行规定》，此后，股份合作制企业向全国其他地区铺开。

优先股的实验是在各地探索股份合作制企业过程中展开的，均以地方性法规和政府规章的形式表现，这些规范性文件名称一般为"暂行规定"、"暂行条例"或"试行办法"。1993年的《甘肃省城镇股份合作制企业暂行办法》率先将股份分为普通股和优先股，并规定了利润分配顺序。随后，江西、北京、河北、广东、陕西、本溪、西安、天津和长春等省市地纷纷效仿（见表7.3），各地对优先股制度的规定不尽相同。不少省市的法规仍然现行有效，并在实验过程中根据不同的环境进行更新和修订，以广东省为例，1999年颁布《广东省股份合作企业条例》，分别于2010年7月23日、2012年7月26日进行修订，其中2012年修订时，增加"优先股股东可以与企业协商转为普通股股东或者由企业购回其股份"作为

---

① 《国家体改委关于发展城市股份合作制企业的指导意见》，体改生〔1997〕第96号，国家体改委1997年6月16日发布。

第 19 条第 2 款。股份合作企业的股份具有很强的属人性，普通股一般要求是在职职工的身份；优先股是企业吸收的法人股、社会个人股或部分集体股。将股份划分为普通股和优先股，主要是集体企业基于企业融资的需求。因为优先股能赋予优先股股东优先分红派息权，保障它们愿意向股份合作制企业投资，满足企业的资金需求。[①] 但是，优先股在股份合作制企业自 1993 年确立至今，实验效果并不尽如人意，过半数省市在 2000 年以后废止了股份合作制企业的施行，仅有江西、广东、西安、长春和陕西等省份仍然保留优先股的试验。

表 7.3　股份合作企业涉及优先股制度法规

法规名称	颁布时间	废止时间	效力级别
《甘肃省城镇股份合作制企业暂行办法》	1993. 12. 14	2002. 2. 10	地方政府规章
《江西省城镇集体所有制企业股份合作制暂行规定》	1994. 1. 30	2013. 12. 31	地方政府规章
《北京市股份合作制企业暂行办法》	1994. 7. 25	1999. 10. 20	地方政府规章
《江西省股份合作企业条例》	1995. 10. 30	现行有效	地方性法规
《河北省乡村股份合作企业条例(试行)》	1995. 11. 15	2010. 7. 30	地方性法规
《本溪市城镇集体所有制企业股份合作制试行办法》	1996. 2. 15	2007. 10. 11	地方政府规章
《西安市股份合作制企业条例》	1996. 4. 26	现行有效	地方性法规
《天津市乡镇企业股份合作制暂行办法》	1998. 3. 21	2011. 1. 1	地方政府规章
《长春市股份合作制企业规范与组建暂行办法》	1998. 4. 30	现行有效	地方政府规章

---

① 参见汪安亚：《略论股份合作制企业的法律属性》，载《法商研究》1998 年第 2 期。

续表

法规名称	颁布时间	废止时间	效力级别
《汕头经济特区股份合作制企业管理办法》	1998. 9. 23	2007. 11. 1	地方政府规章
《广东省股份合作企业条例》	1999. 3. 1	现行有效	地方性法规
《陕西省股份合作企业条例》	2000. 8. 4	现行有效	地方性法规

注：我们通过"中国法律法规信息系统"（http://law. npc. gov. cn/home/begin1. cbs）和"北大法律信息网"（http://www. chinalawinfo. com/）以"优先股"为主题词进行法律法规、规章等进行全文搜索，最终将公司组织涉及优先股制度法规制成本表格。最后访问时间：2014 年 11 月 20 日。

（二）2013 年以来的优先股实验主义路径

2012 年 9 月 17 日《金融业发展和改革"十二五"规划》中明确提出了"探索建立优先股制度"的规划，为此，奠定了优先股的探索实验的基调。2013 年 7 月 1 日，《国务院办公厅关于金融支持经济结构调整和转型升级的指导意见》（国办发〔2013〕67 号）指出："对实施产能整合的企业，要通过探索发行优先股、定向开展并购贷款、适当延长贷款期限等方式，支持企业兼并重组。"2013 年 11 月 30 日，国务院发布《国务院关于开展优先股试点的指导意见》（国发〔2013〕46 号）文件，正式决定开展优先股试点，该文件既明确了优先股制度的实验主义进路性质，也为保障优先股试点稳妥有序地展开，就优先股股东的权利与义务、优先股发行与交易、组织管理和配套政策等方面制定了框架性的指导意见。此次优先股制度的实验主义路径与此前地方实验的方式有所不同，径直从中央层面以国家政策试点的形式展开。

此后，中国证监会展开就优先股制度的试点，于 2014 年 3 月 21 日颁布实施《优先股试点管理办法》[中国证券监督管理委员会令（第 97 号）]，该管理办法为优先股制度在我国公司组织中的实验提供了比较详细的可操作性指引。由于我国实行股份种类法定主义,至此,《国务院关于开展优先股试点的指导意见》和《优先股试点管理办法》成为优先股制度实验的主体性依据。

为了灵活应对外界的不确定性,政治行为主体必须不断尝试各种方法、步骤和组织机构,以适应具体环境,从而找出与可行性成本相符的适用政策。[①] 2014 年4 月18 日,中国银监会、中国证监会颁布《关于商业银行发行优先股补充一级资本的指导意见》(银监发〔2014〕12 号),为商业银行发行优先股补充一级资本提出具体规则。2014 年4 月22 日,《国务院办公厅关于金融服务"三农"发展的若干意见》(国办发〔2014〕17 号)将优先股的实验推广至农村金融机构,即"支持符合条件的农村金融机构发行优先股和二级资本工具",以达到稳步培育发展农村资本市场的目的。进而,优先股的适用范围扩展至铁路行业,以解决铁路企业的融资问题。2014 年7 月8 日,国家发展和改革委员会、财政部、交通运输部制定《铁路发展基金管理办法》(发改基础〔2014〕1433 号),在第4 条、第8 条、第13 条、第19 条规定[②]社会投资人作为基金公司优先股股东,并就社会投资人作为优先股股东的权利义务进行了规定。

---

① 参见[德]韩博天:《中国异乎常规的政策制定过程:不确定情况下反复试验》,石磊译,载《开放时代》2009 年第7 期。

② 《铁路发展基金管理办法》(发改基础〔2014〕1433 号)第4 条规定:"铁路发展基金存续期15 ~20 年。中国铁路总公司作为政府出资人代表,以及铁路发展基金主发起人,积极吸引社会投资人,依照《公司法》通过约定和承诺共同发起设立中国铁路发展基金股份有限公司(以下简称'基金公司')。中国铁路总公司与社会投资人签订出资人协议,确定双方的权利、责任、义务,管理基金公司,保证社会投资人按约定取得稳定合理回报。社会投资人作为优先股股东,不直接参与铁路发展基金经营管理。"第5 条规定:"社会投资人作为基金公司优先股股东,按约定优先获得稳定合理的投资回报,享有基金公司章程规定的表决权、收益权等权利,履行基金公司章程规定的义务。"第13 条规定:"基金公司优先股发行条件、投资回报等按国函〔2014〕52 号文件规定执行。"第19 条规定:"社会投资人根据约定优先获得稳定合理的投资回报,不再参与剩余利润的分配。基金公司股东取得的投资回报为税后分红。"

法律试行的目的是保证立法的合理性和实效,所以法律试行制度可以理解为一个能不断修正试行错误,通过自我调节适应客观环境,达到预期目标的法律反馈系统。① 证监会为配合上市公司开展优先股制度,曾于2014年5月28日公布了《上市公司章程指引》(2014年修订)(〔2014〕19号)、《上市公司股东大会规则》(2014年修订)(〔2014〕20号),但两项规定仅实施不到5个月,证监会又于2014年10月28日分别公布了新的上市公司章程指引和上市公司股东大会规则,即《上市公司股东大会规则》(2014年第二次修订)(〔2014〕46号)、《上市公司章程指引》(2014年第二次修订)(〔2014〕47号),在如此短时间内,就对上市公司的优先股规则进行了修订,反映了上市公司优先股制度正在不断地探索和修正,也恰好印证了我国优先股制度含有法律实验主义的痕迹。

四、法律实验主义进路中优先股制度变革的国家主义色彩

如前所述,我国法治建构模式属于外源后发型,这种自上而下的国家主导型法律实验主义进路依赖于国家的积极作为,即需要透过国家的强力推动方能完成秩序的建构。综观新中国以来的法治发展脉络,我国法治建构中带有国家主义色彩,国家主义占据着法治建设的主流位置。② 我国公司法也不例外,在我国历史上,国家是公司制度供给者,也是公司制度的最主要实践者;公司制度的

---

① 参见季卫东:《论法律试行的反思机制》,载《社会学研究》1989年第5期。

② 参见于浩:《共和国法治建构中的国家主义立场》,载《法制与社会发展》2014年第5期。

形成主要不是源于私人自发，而是国家单方设计。[1] 同样，当前以优先股为导火索的公司法变革法律实验主义进路中，亦蕴含国家主义的浓重色彩，主要体现在优先股制度以国家政策试点为导向和强制性规范突出两方面。

（一）国家主义色彩的宏观考察：国家政策试点为导向

我国实行股份法定种类主义，《公司法》第131条规定："国务院可以对公司发行本法规定以外的其他种类的股份，另行作出规定。"从法解释学角度分析，该条属于授权性法律规范，亦即《公司法》将发行普通股以外的其他种类股份的权力授予国务院；但并没有明确指出"另行规定"应由何种法律效力层级作出。在2013年我国优先股制度进入实验阶段以来，首先由国务院颁布了《国务院关于开展优先股试点的指导意见》（国发〔2013〕46号），从性质上看，该文件即为国家政策，中国语境下的国家政策是指国务院以及有关部委颁发的关于在一定时期内为实现一定任务而制定的规范性文件。性质上属于"其他规范性文件"，其表现形式一般为"通知""意见"，制定主体只能在国家层面，即由国务院及其各部委、国务院办公厅等国家机关发布。[2] 但此做法并未与《公司法》相悖。

如前所述，2013年以来的优先股制度均借助国家政策的形式铺开与拓展，如《国务院办公厅关于金融支持经济结构调整和转型升级的指导意见》（国办发〔2013〕67号）、国务院发布《国务院关于开展优先股试点的指导意见》（国发〔2013〕46号）、《国务院办公厅关于金融服务"三农"发展的若干意见》（国办发〔2014〕17

---

① 参见蔡立东：《论公司制度生成的建构主义路径依赖》，载《法制与社会发展》2002年第6期。

② 参见刘颖：《论民法中的国家政策——以〈民法通则〉第6条为中心》，载《华东政法大学学报》2014年第6期。

号)、《铁路发展基金管理办法》(发改基础〔2014〕1433号)。此种以国家政策试点作为优先股制度实验主义进路的导向,具有独特的优势。因为当前我国现行公司法的股权结构、资本结构等均是以单一的普通股为基础构建起来的,引入优先股制度不仅将触发公司法的变革,还可能对资本市场带来诸多不稳定和不确定性的风险。但以政策试点的方式,正好可以让政策变迁和体制过程能够保持在一个循序渐进、稳步推进的状态,也有利于新的法律制度渐进地被接受。对于想改变经济运行方式的政策制定者,用政策实验来应对不确定性(在一个瞬息万变的经济环境中,无法精确预测一项具体改革所带来的影响)和模糊性(政策制定者在权衡政策优先次序时所表现出来的迟疑不决、举棋不定)是一个不错的选择。[①] 同时,我国历来有政策实验的做法,中国这些政策实验的记录是理解中国如何创造出这一系列过渡性制度安排的重要渠道,若以市场经济的标准来衡量,这一系列过渡性制度安排并不是最优的,但通常具有提高效率和"帕累托"改进(主要出现在1978~1994年)或"卡尔多"改进(主要出现在1994年以后,特别是在国有领域)的作用,因此更容易被接受,甚至那些最初的改革反对者也能接受。[②] 所以,公司法中优先股变革的法律实验主义进路具有控制改革风险、化解推行阻力、降低改革成本以及提高成功概率的优势。

(二)国家主义色彩的微观考察:强制性规范

国家在中国的公司制度变迁中扮演着极为重要的角色。[③] 国

---

① See Sebastian Heilmann, "Policy Experimentation in China's Economic Rise", *Studies in Comparative International Development*, 2008, Vol. 43, No. 1, p. 21.

② See Sebastian Heilmann, "Policy Experimentation in China's Economic Rise", *Studies in Comparative International Development*, 2008, Vol. 43, No. 1, p. 22.

③ 参见甘培忠、周游:《我国公司法建构中的国家角色》,载《当代法学》2014年第2期。

家政策是法律实验主义进路中国家主义色彩在宏观层面的体现,而强制性规范则为国家主义色彩的微观呈现,强制性规范是国家强制在立法上的表达,也是政府和国家干预市场的主要手段。因此,股份公司在各方面都受到法律的严格干预与管制,公司法中关于股份有限公司的规定大多是强行规定。① 强制性规范,是指当事人不得依其意思表示变更适用或拒绝适用的规范。王保树教授认为,强制性规范最明显地表现了对私人秩序的干预,并且这种干预又最突出地表现在规定当事人的义务上。其中,强制性规范可分为规定当事人积极义务的强制性规范和规定消极义务的强制性规范;前者是规定当事人积极作为的规范,通常,在《公司法》中表述为“应当……”或者“必须……”后者是规定当事人消极义务的强制性规范,即课以当事人不得作为的义务,在《公司法》中表述为“不得……”。②

在优先股制度实验的两个主体性依据的政策中,我们分别对强制性规范的频率予以统计(见表7.4)。其中,规定当事人积极义务的强制性规范明显多于消极义务的规范。

表7.4 不得、应当、必须等强制性规范词语频率

规范性文件名	不得	应当	必须
《国务院关于开展优先股试点的指导意见》(国发〔2013〕46号)	4	13	3
《优先股试点管理办法》	19	53	5

以《国务院关于开展优先股试点的指导意见》为例,指导意见

① 参见谢怀栻:《外国民商法精要》(第3版),程啸增订,法律出版社2014年版,第478页。

② 王保树:《从法条的公司法到实践的公司法》,载《法学研究》2006年第6期。

共16条,“应当”出现的频次为13次,“不得”的频次为4次,“必须”的次数为3次;相比之下,“可以”仅出现4次。单纯从频次上观察,指导意见基本上全文都是强制性规范,范围覆盖了优先股股东的权利义务、优先股的发行与交易以及组织管理和配套措施。而《优先股试点管理办法》全文共70条,但强制性规范的比例也非常高。

公司法中的强制性规范和任意性规范的配置,通常的规则为:调整闭锁公司的分配性规则和结构性规则,应以赋权性和补充性为主,而信义义务规则,则应以强制性为主;调整公众公司的分配性规则和一般的结构性规则,应以赋权性和补充性为主,而核心的结构性规则和信义规则,则应以强制性为主。[①] 但通过表4可知,无论是上市公司还是非上市公众公司,强制性规范覆盖面几乎包含了优先股制度的所有规则。如以优先股的分配性规则为例,《国务院关于开展优先股试点的指导意见》第2条第1款后段规定,公司应当以现金的形式向优先股股东支付股息,在完全支付约定的股息之前,不得向普通股股东分配利润。此条款并不是赋权性和补充性规则,具有强烈的强制性的色彩,属于强制性规范。又如,《指导意见》将优先股的股息率方式、分配利润、累积与非累积、参与和非参与等内容列为公司章程的绝对记载事项,[②]从一定意义

---

① 参见罗培新:《公司法强制性与任意性边界之厘定:一个法理分析框架》,载《中国法学》2007年第4期。

② 《指导意见》第2条第2款规定:“公司应当在公司章程中明确以下事项:(1)优先股股息率是采用固定股息率还是浮动股息率,并相应明确固定股息率水平或浮动股息率计算方法。(2)公司在有可分配税后利润的情况下是否必须分配利润。(3)如果公司因本会计年度可分配利润不足而未向优先股股东足额派发股息,差额部分是否累积到下一会计年度。(4)优先股股东按照约定的股息率分配股息后,是否有权同普通股股东一起参加剩余利润分配。(5)优先股利润分配涉及的其他事项。”

上说,公司章程的绝对必要记载事项的范围对应于政府规制的他治对公司治理干预的范围。[①] 公司法关于绝对必要记载事项的规定属于强制性规范,体现了公司法中的国家干预的理念。[②] 公司章程必须记载事项,一般都是和公司设立、组织有重大关系的基础性事项。但优先股制度的上述内容是公众公司的一般性规则,但《指导意见》也将其列为强制性规范。《指导意见》和《试点办法》中的其他强制性规范比比皆是。

为什么关于优先股制度的内容规定如此之多的强制性规范呢？第一,为了建构优先股制度的考虑。优先股的变革呈现一种法律实验主义进路,是我国公司法制度的变革创新实验。此路径融合了建构理性主义和进化理性主义的优点,有利于优先股制度等一系列制度于短时间内在全国范围内建立起来。在法律实验主义的当前,对社会中微观主体的创新更需要在政权稳定前提下进行,并且采取政府供给为主导的方式。[③] 第二,基于保护优先股股东的利益,保障优先股交易安全的考量。“投资效率”和“交易安全”是公司法中一对难解的矛盾。公司法规则带来的投资效率越高,其附带的交易安全保障性就越低;反之,公司法规则带来的投资效率越低,其交易安全性便越高。与此相反,为提高交易安全的保障度,我们应该为市场交易提供充分的法律保障。[④] 优先股制

---

① 参见王保树、崔勤之:《中国公司法原理》,社会科学文献出版社 2006 年版,第 139 页。

② 参见李建伟:《公司法学》(第 2 版),中国人民大学出版社 2011 年版,第 109 页。

③ 参见刘培伟:《基于中央选择性控制的试验——中国改革“实践”机制的一种新解释》,载《开放时代》2010 年第 4 期。

④ 参见高旭军:《投资效率与交易安全保障之平衡》,载《东方法学》2015 年第 1 期。

度在我国是一种新事物,公司法制在优先股方面实践的不足,风险的不确定性有赖于国家力量给予正确的导向。所以,此时需要国家干预的介入,在优先股制度变革中制定强制性规范。

(三)国家主义色彩的后遗症:变革中的保守主义

国家主义,意味着私人自治空间狭小,优先股制度的市场灵活性降低。《〈优先股试点管理办法(征求意见稿)〉起草说明》中明确坚持平稳起步原则作为三项起草原则之一,即试点范围局限于信息披露较充分、公司治理较完善的上市公司和非上市公众公司。[①] 保守主义就体现在优先股制度中的诸多限制上,如优先股发行类型的限制和发行准入门槛的限制。在通常情况下,设置优先股发行类型的限制与提高优先股发行的门槛和难度,既是强化交易安全保障的一种措施,也是保护优先股股东的利益的一个重要方式。

1. 优先股发行类型的限制

相比国外优先股类型的多样化和灵活性,如公司除了可以发行标准化优先股,还可以发行空白优先股、信托优先股等诸多非标准优先股,我国优先股发行类型相对比较保守,目前只能发行限定范围的标准化优先股。如《指导意见》第2条第2款,规定了上市公司非公众发行以及非上市公司非公众发行优先股的类型,包括固定股息率优先股和浮动股息率优先股、强制分红优先股和非强制分红优先股、可累积优先股和非累积优先股、参与优先股和非参与优先股。但《试点办法》第28条对上市公司公开发行优先股的类型又在此基础上进一步作出限制,即只能发行固定股息率优先

① 参见《〈优先股试点管理办法(征求意见稿)〉起草说明》,载中国证券监督管理委员会官网2015年3月18日,http://www.csrc.gov.cn/pub/zjhpublic/G00306201/ndbg/201312/t20131213_239901.htm。

股、强制分红优先股、累积优先股和非参与优先股；商业银行可发行可强制分红优先股和非累积优先股。①

又如，《指导意见》原则上规定了优先股的转换和回购，但在《试点办法》中考虑到中小投资者的意见，防止可转换优先股成为新的“大小非”，摊薄普通股股东权益，最终在《试点办法》删除了关于可转换优先股的有关条款，并于第 33 条规定，上市公司不得发行可转换为普通股的优先股。②

此外，暂时不允许公司发行多层次优先股，根据《指导意见》第 1 条第 2 款后段③和《试点办法》第 6 条的规定，我国上市公司和非上市公众公司只能发行单一类别的优先股，禁止发行在股息分配和剩余财产分配上具有不同优先顺序的优先股。

总体而言，此种限制优先股类型的做法，对于试点期间的优先股制度而言，符合警惕风险和坚持平稳起步的原则。但是，这样也压缩了优先股的类型，限制了公司融资的自主空间，降低了优先股的吸引力。④

2. 优先股发行准入门槛的限制

优先股发行准入门槛的限制。以上市公司公开发行优先股为例，其发行准入门槛包括发行人范围一般限制和特殊限制等方面。《指导意见》原则上将发行人范围规定为：“公开发行优先股的发行人限于证监会规定的上市公司，非公开发行优先股的发行人限于上市公司（含注册地在境内的境外上市公司）和非上市公众公

---

① 具体可参见表 7.1 部分的内容。

② 参见《证监会：不得发行可转普通股的优先股》，载证券时报网：http://stock.stcn.com/2014/0321/11268195.shtml。

③ 试点期间不允许发行在股息分配和剩余财产分配上具有不同优先顺序的优先股，但允许发行在其他条款上具有不同设置的优先股。

④ 参见张志坡：《论优先股的发行》，载《法律科学》2015 年第 2 期。

司。”就优先股发行人范围的限制程度，从严格到宽松排列分别应为：上市公司公开发行 > 上市公司非公开发行 > 非上市公司非公开发行。所以，一般限制主要针对上市公司非公开发行和非上市公司非公开发行优先股，特殊限制局限于上市公司公开发行优先股的情形。

（1）发行人范围的一般限制。①上市公司非公开发行的准入门槛限制。《试点办法》第 17～25 条从公司治理结构、内部控制、盈利能力、会计处理及审计、募集资金用途、发行规模限制等方面对上市公司发行优先股的条件作出一般规定，同时规定了上市公司发行优先股不能出现的负面情形。为了防止上市公司出现变相公开发行的情况，《试点办法》要求同次发行的优先股条款相同；每次优先股发行完毕前，不得再次发行优先股。②非上市公众公司发行优先股的条件和程序主要参考上市公司非公开发行优先股的有关规定，并针对非上市公众公司的特点进行简化。同时，建立了与上市公司非公开发行制度相协调的非上市公众公司非公开发行制度，即非公开发行对象应属于《试点办法》规定的合格投资者，每次发行对象累计不超过 200 人，不适用《非上市公众公司监督管理办法》第 36 条关于向特定对象发行股票的人数限制规定。对于合格范围外的中小投资者可以通过投资基金产品、银行理财产品等方式间接投资优先股。

（2）发行人范围的特殊限制。上市公司公开发行优先股除了应满足《试点办法》关于上市公司发行的一般规定外，《试点办法》还对公开发行作出了特别规定，即第 26 条明确限制了上市公司公开发行的主体范围，即上证 50 指数成份股公司，或者是以发行优先股作为支付手段收购或吸收合并其他上市公司的上市公司，以及回购普通股的上市公司。[①] 同时,《试点办法》在第 27 ~ 31 条对上市公司公开发行优先股的其他条件进行了限定,主要包括可分配利润情况、公开发行优先股的必备条款、上市公司不能出现的负面情形、上市公司及其控股股东或实际控制人履行承诺的情况。

五、优先股制度变革与中国公司法的趋同与存续问题

(一) 中国公司法治理和制度的趋同抑或存续

自 2001 年公司治理趋同论的典型代表人物耶鲁大学的亨利·汉斯曼教授和哈佛大学的内涅尔·克拉克曼教授提出了公司治理趋同的著名论断以来,公司法学者就不遗余力地就公司治理趋同或存续的命题进行了广泛而深刻的研究。

纵观近年的法制发展进程,我们可以发现正在进行的世界经济、政治、文化全球过程中的一体化加速促进了法律的全球化,以 WTO 和欧盟等国际经济贸易组织或区域组织作为推动力,促使法律制度进一步趋同,如欧盟各国逐步引入、施行欧盟有关法律制度改革的指令。全球公司治理趋同化趋势,影响了各国公司法制度

---

① 对公开发行范围进行一定限制主要出于以下考虑:一是市场对优先股风险收益特征的认识需要有一个过程。相对普通股而言,优先股虽有优先分配股息和剩余财产的优势,但优先股难以分享上市公司的业绩增长;相对债券而言,优先股没有固定期限,公司破产清算时,优先股的偿付顺序在债券之后;就获取股息而言,公司经营情况恶化时,优先股面临无法获得股息的风险。因此,优先股并非稳赚不赔。二是优先股涉及复杂的公司治理安排,要求发行人的公司治理结构比较完善,公司治理比较规范。因此,为确保优先股试点稳妥起步,保护中小投资者的利益,有必要对公开发行的主体范围进行限制,从经营比较稳健、公司治理相对完善的上证 50 成分股公司试点公开发行优先股。此外,为了促进并购重组,鼓励市值管理,《试点办法》将公开发行优先股作为支付工具收购或吸收合并其他上市公司,以及回购普通股并发行优先股的上市公司列为公开发行主体。参见《中国证监会有关部门负责人就优先股试点答记者问》,载中国证券监督管理委员会:http://www.csrc.gov.cn/pub/newsite/zjhxwfb/xwdd/201312/t20131213_239890.html。

的革新。比如,许多大陆法系国家公司法已经陆续引入了英美法系的独立董事制度、股东派生诉讼制度和公司法人格否认制度等。同样,2005 年日本公司法从《日本商法典》列出,并进行了公司法现代化修改,此次修改是继 1950 年进行的第一次美国法化后又一次大规模的美国法化。①

以公司法为例,21 世纪以来,横跨两大法系的世界各国几乎不约而同且频繁密集地修订公司法,②这体现了在法律全球化的背景下,③两大法系的公司治理模式和制度相互借鉴与融合,各国公司法呈现出一种趋同化的倾向。我国公司法的发展也不例外,自 1993 年颁布以来,公司法历经多次修订,法律规范内容逐步从国家强制过渡为公司自治的过程,并且吸收借鉴了许多国外公司法制度。具体而言,1993 年《公司法》从无到有,逐步发展;2005 年《公司法》引入了很多诸如公司法人格否认和股东派生诉讼等新型制度,更加与国际接轨。④ 这些实例都可以说是体现了公司法融合趋势。

再者,以优先股制度变革为例。我国股份有限公司优先股制度的基本框架,如优先股的发行制度、优先股的种类以及优先股的回购等制度也是引进借鉴其他国家公司法中优先股制度的产物。即使在已经确立优先股制度的一些国家,如《法国公司法》于 2004

---

① 参见王保树主编:《最新日本公司法》,于敏、杨东译,法律出版社 2006 年版,第 28 页。

② 关于 21 世纪以来各国公司法变革的情况,参见郭富青:《当今世界性公司法现代化改革:竞争·趋同·融合》,载《比较法研究》2008 年第 5 期。

③ 关于法律全球化的讨论,参见高鸿钧、鲁楠、余盛峰编:《法律全球化:中国与世界》,清华大学出版社 2014 年版。

④ 参见黄辉:《略论公司法一体化:中国视角及启示》,载《比较法研究》2013 年第 5 期。

年大幅度修订了优先股制度,此次修订被认为逐渐趋向于美国化和自由化。法国公司法也和其他欧洲国家一样,正在经历的不是“朝底竞争”,而是走向美国公司法模型。[①]

所以,公司治理和制度的趋同化是各国公司治理和公司制度变革的主旋律,我国公司法也不例外。但需要注意的是,公司治理和制度的趋同化,并不是指向某一个特定国家的公司法,而是一个引进、借鉴和本土化改造的双向运动的过程,这就决定了趋同化不是制度简单同质化的过程。

(二)趋同化视野下中国优先股制度的差异性

诚然,全球公司法趋同化现象已成不可抵挡的潮流,世界各国纷纷引入他国法制以迎合潮流,但有关法律移植的经验,提醒我们面对此现象时,不宜过分急躁,应注意各国自身的特殊情况而进行调整,否则将会发生水土不服的情况。[②] 在趋同化背景下的法律移植有效性,很大程度上取决于移植过程中根据本国情况对法律进行调整的效果。假如公司治理和制度规则单纯指向某个特定国家的公司法,或者不考虑本国原有实际情况而进行简单照搬照抄,必然会产生“南橘北枳”的制度困境。故而当前公司治理和制度趋同化的途径是互相借鉴、学习、吸收和移植其他国家和地区的成功经验和制度,并根据本国实际情况进行法律调整的趋同。就我国公司法而言,中国公司治理的特殊性仍然是必须关注的重点。[③]

---

① See Pierre ~ Henri Conac, “The New French Preferred Shares: Moving towards a More Liberal Approach”, *European Company and Financial Law Review*, 2005, Vol. 2, Issue 4, p. 503 – 511.

② 参见王文宇:《公私两宜——中国公司法一体化的挑战》,载《公司法律评论》(第12卷),法律出版社2012年版,第27~39页。

③ 参见朱慈蕴、林凯:《公司制度趋同理论检视下的中国公司治理评析》,载《法学研究》2013年第5期。

在趋同化背景下,我国于 2013 年正式在股份有限公司中确立了优先股制度。但经过比较我国与美国优先股制度发展变迁,发现我国优先股制度的构建呈现法律实验主义进路,并且国家主义在制度构建占主导地位。与此相反,美国优先股制度的发展变迁以及规律却完全不同,市场是美国优先股制度演进的主要动力,国家力量只在优先股发展过程中充当辅助性角色。这决定了当前我国确立的优先股制度,与国外发达国家的成熟优先股制度在具体细节上仍然存在差异,如发行种类与发行准入门槛等多方面的限制;而且还保留了股份合作制企业中的优先股制度。

六、小结

在全球公司法趋同化的背景下,公司治理和制度的趋同是各国公司法变革的主旋律,我国公司法也不例外。但是,改革开放以来,我国法制发展呈现一种法律实验主义进路,我国公司法中优先股制度的发展也不例外。在法律实验主义进路下,优先股制度的发展分为两个阶段,即 1993 年《公司法》前的优先股实验时期和 2013 年以来的优先股制度试点时期;也决定了我国优先股基本结构分为股份有限公司的优先股制度和股份合作制企业的优先股制度。在法律实验主义的背景下,我国优先股制度变更表现出国家主义色彩,其宏观表象为国家政策作为优先股试点的导向,微观表征为优先股制度中的强制性规范比较多。以上决定了在趋同化背景下的中国优先股制度仍然存在诸多差异,如优先股发行类型的限制和发行门槛准入的限制等。所以,趋同视野下的中国优先股制度,是一个引进、借鉴和本土化改造的双向运动的过程,而不是简单同质化的过程。

第八章　私法案例方法的中国化与现代化

一、家事法中隔代探望权问题的现代回应

——评徐某炳、王某烈诉冼某菁探望权纠纷案①

(一)事实概要

徐某炳、王某烈的儿子徐某与冼某菁结婚后生育徐某承,2016年1月4日,徐某突发疾病去世后,冼某菁独自抚养徐某承。2016年2月28日,徐某炳与冼某菁签订书面协议,约定:由徐某炳出资、以儿子徐某名义购买的两套房屋的租金由冼某菁代收,所收租金用于保障冼某菁及徐某承的生活、学习等费用之需。徐某炳、王某烈主张自从徐某去世以后两年多的时间里,冼某菁以各种理由拒绝徐某炳、王某烈探望孙子,遂向法

① 广东省广州市越秀区人民法院民事判决书,(2018)粤0104民初16108号。本案为广州法院弘扬社会主义核心价值观十大典型案例之一。

院起诉,请求行使探望权。

(二)判决结果

广州市越秀区人民法院审理认为,根据原《婚姻法》第38条规定,虽然探望权仅限于父母对子女的探望,但从“法无禁止即可为”的原理理解,现行法律并未禁止祖父母、外祖父母对孙子女、外孙子女的探视。从社会公德、家庭伦理道德角度而言,祖父母、外祖父母探望其孙子女、外孙子女是人之常情、生活所需及精神所要。只要这种正常探望不影响未成年人健康成长,应当予以支持。被告冼某菁作为子女的母亲,在徐某去世后成为徐志承的监护人及直接抚养人,符合法律规定及徐某承健康成长的需要。在此前提下,两原告作为祖父母不能直接抚养徐某承亦在情理之中,且非原告的过错。而两原告已自愿将其可取得的租金收益交由被告作为徐某承的学习、生活费用,在一定程度上分担了被告的抚养责任,应视为两原告在现有的条件下对徐某承担抚养责任的方式。因此,两原告要求定期探视徐某承的诉求,应予以支持。参考原、被告对探望时间的意见及徐某承的生活、学习情况,酌定两原告可每月探望徐某承两次(每次为周末一天,由两原告于上午9时在徐某承住处将其接走,当日20时负责送回),被告应予协助。望日后双方为徐某承的健康成长多作考虑,一方面原告在行使探视权时应遵守本案所确定的时间从而减少被告的顾虑;另一方面被告也应给予相应的配合,双方共同努力才能使徐某承真正体会到祖父母的关怀与爱护,也可在一定程度上减轻因父亲离世而对其产生的不良影响。综上所述,徐某炳、王某烈要求定期探视徐某承的诉求,应当支持,故判决徐某炳、王某烈每月探望徐某承两次。

(三)案例评析

1. 本案判决思路

本案中,法院认为祖父母“隔代探望权”虽然没有规定在法律条文中,但同时通过“法无禁止皆可为”的私法基本原理认为,当时法律并未禁止祖父母对孙子女的探视。并且,从权利义务角度,祖父母将房屋租金收益作为孙子徐某承学习、生活费用,尽到了一定程度抚养责任;从社会公德、家庭伦理道德角度而言,祖父母对于孙辈的探视为人之常情。故法院支持祖父母的“隔代探望权”。

2. 相关法律规范、学理研究及司法实践状况

在前民法典时代,亲属法中的探望权在原《婚姻法》第38条有所规定[①],该条规定了离婚后不直接抚养子女的父亲或母亲的探望权制度,尊重了离婚后父母子女之间的伦理道德观念。但是,该条所规定的探望权主体仅限于离婚后不直接抚养子女的父或母,并不包括三代以内的长辈直系血亲祖父母与外祖父母。婚姻法中将探望权主体限定在父或母之间,具有一定的合理性,因为父母与子女是家庭关系中最为熟悉和亲密的家庭成员;但是在长期坚持独生子女政策的情况下,双职工家庭无法照料子女,经常由祖父母或外祖父母在闲暇之时照顾孙子女或外孙子女,形成了亲密的家庭关系;即使在父母离婚后,祖父母或外祖父母的探视问题可以附着在父母的探望权基础上实现探视的天伦之乐。但在实际情况中,却忽略了另一种可能,即父母一方死亡后,子女的抚养一般由丧偶一方承担,此时承受丧子女之痛的祖父母或外祖父母的探视

① 原《婚姻法》第38条规定:“离婚后,不直接抚养子女的父或母,有探望子女的权利,另一方有协助的义务。行使探望权利的方式、时间由当事人协议;协议不成时,由人民法院判决。父或母探望子女,不利于子女身心健康的,由人民法院依法中止探望的权利;中止的事由消失后,应当恢复探望的权利。”

需求就无法实现,由此引发一系列社会问题、司法实务与学识理论争议。

关于亲属法中的探望权问题,主要是离婚后父母不直接抚养子女的一方探视子女的一种方式。至于探望权是否已经成为一种法定权利,尚有讨论的空间。在司法实务中,祖父母、外祖父母对孙子女、外孙子女要求探视的情况屡有发生,该主张已经超出了原《婚姻法》第 38 条的文义范围。因此,在学说理论中关于祖父母、外祖父母可否主张探望权的问题上也存有争议。主要有肯定说、否定说和折中说三种情形。支持祖父母、外祖父母主张探望权的观点认为,从中国家庭传统文化习俗、权利义务对等的内在要求等因素应予支持;否定祖父母、外祖父母主张探望权的观点认为,“隔代探望”并非一种独立的权利形态,也突破了婚姻法的规定,同时道德义务不能混同于法律义务,因此不能予以扩张探望权主体;折中说的观点则认为,对隔代探望权而言不能作绝对化的理解,而必须考虑类型化区分。① 梳理现有的法院案例,持肯定说的有“全国首例隔代探望权”“江苏首例隔代探孙权”,又如刘某与吴某某、冯某探望权纠纷案[上海市第二中级人民法院民事判决书,(2020)沪 02 民终 11029 号]、张某、秦某与陶某探望权纠纷案[江苏省泰州市中级人民法院民事判决书,(2017)苏 12 民终 1348 号]、上诉人赵某与被上诉人刘某探望权纠纷案[河南省濮阳市中级人民法院民事判决书,(2013)濮中法民二终字第 84 号]、冯某、陈某 1 等与应某探望权纠纷案[江西省南昌市西湖区人民法院民事判决书,(2019)赣 0103 民初 1692 号]。以上案例中的祖父母、外祖父母的

---

① 参见庄绪龙:《“隔代探望”的法理基础、权利属性与类型区分》,载《法律适用》2017 年第 23 期。

隔代探望权均得到支持,均为要求行使隔代探望权的祖父母或外祖父母的子女因故去世的情形。但也有子女未去世,祖父母以子女作为被告主张行使隔代探望权的案例,如孙某甲、黄某某与孙某乙、马某某探望权纠纷案[辽宁省大连市甘井子区人民法院民事判决书,(2015)甘民初字第7348号]。持否定说的案例有"全国首例隔代探望权"等。总体上看,"隔代探望"的肯定说,是现阶段比较流行和广受支持的观点。

此外,除了现有法院案例外,在法院发布的各类规范性指导文件等司法文件中,均提及祖父母或外祖父母的探望权。如最高人民法院《关于当前民事审判工作中的若干具体问题》认为,原则上应根据原《婚姻法》第38条规定,将探望权的主体限定为父或者母,但是可以探索在特定情况下的突破,比如祖父母或外祖父母代替已经死亡或者无抚养能力的子女尽抚养义务时,根据原《婚姻法》第28条规定,可以赋予其探望权。《2015年全国民事审判工作会议纪要(最高人民法院)》明确指出,抚养孙子女、外孙子女的祖父母、外祖父母主张探望孙子女、外孙子女的,一般应予保护。2016年11月21日,最高人民法院《关于印发〈第八次全国法院民事商事审判工作会议(民事部分)纪要〉的通知》(法〔2016〕399号)也指出,祖父母、外祖父母对父母已经死亡或父母无力抚养的未成年孙子女、外孙子女尽了抚养义务,其定期探望孙子女、外孙子女的权利应当得到尊重,并有权通过诉讼方式获得司法保护。2019年7月,江苏高院民一庭印发的《家事纠纷案件审理指南(婚姻家庭部分)》也回应了如何处理祖父母、外祖父母主张隔代探望权的问题,认为:"探望权的行使主体是不直接抚养子女的父母一方,义务主体是直接抚养子女的父母一方。祖父母、外祖父母主张探望孙子女、外孙子女的,一般不予支持。但祖父母、外祖父母对未成年孙子女、外孙子女尽了抚养义务，其主张探望孙子女、外孙子女的，可以支持。"可见，各级法院对于祖父母、外祖父母可否行使探望权的问题持肯定意见，只是对于祖父母、外祖父母的范围有所分歧；最高人民法院对于"隔代探望权"的行使主体限定为"祖父母、外祖父母对父母已经死亡或父母无力抚养的未成年孙子女、外孙子女尽了抚养义务"，但江苏省高院的行使主体更为宽泛，认为"祖父母、外祖父母对未成年孙子女、外孙子女尽了抚养义务"即可作为探望权主体。

在民法典编纂过程中，隔代探望权也是婚姻家庭编受关注的内容之一。祖父母、外祖父母的隔代探望问题曾在《民法典草案》（一审稿）第 864 条[①]、《民法典草案》（二审稿）（2019 年 6 月 17 日稿）第 864 条[②]作了相应的规定。但在 2019 年 10 月 22 日，全国人大常委会对民法典婚姻家庭编草案进行第三次审议，删除了一审稿和二审稿中增设的"隔代探望权"条款。对此，全国人大宪法和法律委员会的观点为："鉴于目前各方面对此尚未达成共识，可以考虑暂不在民法典中规定祖父母、外祖父母进行隔代探望，如与直接抚养子女的一方不能协商一致，可以通过诉讼由人民法院根据具体情况加以解决。"可见，草案删除"隔代探望权"条款并不能作出否定解释，也不意味着立法机关反对该制度，而是认为对该规则在编纂民法典过程中难以达成共识，所以可以由人民法院在司法实践中逐渐探索。因此，祖父母、外祖父母的"隔代探望权"在民

---

① 《民法典草案》（一审稿）第 864 条规定："祖父母、外祖父母探望孙子女、外孙子女的，参照适用前条规定。"

② 《民法典草案》（二审稿）第 864 条规定："祖父母、外祖父母探视孙子女、外孙子女，如果其尽了抚养义务或者孙子女、外孙子女的父母一方死亡的，可以参照适用前条规定。"

法典时代仍有进一步讨论的价值。

回归实证法,《民法典》第 1086 条直接沿袭原《婚姻法》第 38 条,仅规定了离婚后父母不抚养子女一方的探望权,并无法律规范对于祖父母、外祖父母的探望权直接规定。如前所述,尽管在《民法典》三审稿中将祖父母、外祖父母的"隔代探望权"条款删除,但从全国人大宪法和法律委员会的观点可得知,并非立法者对该问题有意地保持沉默。故而该问题依旧是我国现行法中的法律漏洞,需要运用法律解释学方法在技术层面予以解决。

从《民法典》一审稿和二审稿来看,立法机关对于祖父母、外祖父母的"隔代探望权"观点有一定的变化。根据一审稿第 864 条的规定,祖父母、外祖父母的探望参照离婚后不直接抚养子女的父或母的探望权,但根据二审稿将祖父母、外祖父母的范围限定在"尽了抚养义务或者孙子女、外孙子女的父母一方死亡的"方可参照适用离婚后不直接抚养子女的父或母的探望权条款。可见,立法机关对于该问题也摇摆不定。该问题的核心点在于探望权的本质、探望权的行使主体以及祖父辈直系长辈血亲在何种范围可享有探望权。首先,探望权本质上是父母子女关系中的一种延伸。在婚姻关系存续期间,父母与未成年子女在同个屋檐下一起生活、交流,未成年子女在父母的监护下健康成长。父母因离婚发生婚姻关系变动,仅发生父母之间的夫妻权利义务的终止,并不影响父母与子女之间的关系,父母与子女之间仍然具有法律上权利义务关系。[①] 所以,不直接

---

① 《民法典》第 1084 条规定:"父母与子女间的关系,不因父母离婚而消除。离婚后,子女无论由父或者母直接抚养,仍是父母双方的子女。离婚后,父母对于子女仍有抚养、教育、保护的权利和义务。离婚后,不满两周岁的子女,以由母亲直接抚养为原则。已满两周岁的子女,父母双方对抚养问题协议不成的,由人民法院根据双方的具体情况,按照最有利于未成年子女的原则判决。子女已满八周岁的,应当尊重其真实意愿。"

抚养子女的父亲或母亲不仅具有抚养义务,而且依旧享有维系父母子女关系的会面、交往和短暂生活的权利,此种权利就是探望权。可见,探望权是一种特殊家庭形式的父母子女关系的体现。立法将探望权的行使主体限定为父母,也符合其本质。此时,祖父辈直系长辈血亲的探望问题可在不直接抚养子女的父亲或母亲行使探望权的基础上实现。因此,在离婚作为婚姻关系变动的情形时,祖父辈直系长辈血亲的探望无任何障碍。故现行法对于离婚后祖父辈直系长辈血亲的探望不作规定并无不妥,也不存在法律漏洞。

关键的问题在于,父母的婚姻关系变动除离婚外,尚有因死亡而终止。至于父母一方死亡,是否导致祖父母、外祖父母与孙子女、外孙子女之间的权利义务发生变动,法律上并未对此作出明确回答。但从体系解释,我们可得出答案,例如,《民法典》第 27 条、第 1074 条、第 1127 条分别规定了祖父母、外祖父母在监护、抚养和继承等方面的权利义务;并且《民法典》第 1045 条第 2 款明确规定祖父母、外祖父母与孙子女、外孙子女为近亲属的法律关系,可见父母一方死亡,不会导致祖父母、外祖父母与孙子女、外孙子女之间的权利义务终止。但事实上,一旦发生父母一方死亡的情形,在世父亲或母亲与其公婆或岳父母之间的姻亲关系也因死亡而终止,未成年子女一般而言由尚在世的父或母直接抚养,此时将发生孙辈与祖父辈的长辈直系血亲将发生物理上、空间上的分离,进而产生了祖父辈对于孙辈的探望问题。正如前述条文规定,祖父母、外祖父母在未成年孙子女、外孙子女的父母死亡或没有监护(抚养)能力时,有监护职责和抚养义务。因此,从法律上来看,维系孙辈与祖父辈之间的亲情实属必要。实证法上对此并未作任何规定,因而此处有法律漏洞,需要进行漏洞填补,即可参照适用离婚后不直接抚养父或母的探望权规定。

就本案而言,徐某炳之子徐某突发疾病去世后,冼某菁独自抚养徐某承,徐某炳夫妇以房屋所收租金用于保障冼某菁及孙子徐某承的生活、学习等费用。法院通过“法无禁止皆可为”的私法基本原理等角度,支持了作为祖父母的徐某炳、王某烈要求定期探视孙子徐某承的诉求。尽管在论证方式和法律解释技术上有所不足,但该结果较为妥当。

探望权系亲权的延伸,是基于父母与子女之间特定身份关系而衍生出来的,是为了保护子女的利益而设定的权利,是血缘关系中的固有亲情之体现。祖父母与孙子女具有基于特殊血缘情感而产生的特殊身份,不因父母婚姻关系的结束而消灭,对祖父母探望孙子女的主张予以保护,不仅能够满足祖父母对孙子女的关心、抚养、教育的情感需要,对孙子女也是天伦共享的行为,系符天理、合人伦之举,能一定程度上弥补逝者在子女关爱上的缺位,保护未成年孙子女的身心健康及情感需要,对孙子女的价值观形成起到积极的作用,更符合探望权的伦理价值取向、最有利于未成年子女利益原则与社会善良风俗。

法律的价值在于以公正、和谐的理念评判婚姻家庭关系产生的合情、合理和合法权益,家庭是社会的细胞,家庭和谐是社会和谐的基础。含饴弄孙、承欢膝下,是人们最朴素的理想情怀之一。在父母一方死亡的情况下,运用法律解释学,参照适用离婚后不直接抚养子女的父亲或母亲的探望权条款支持祖父辈的“隔代探望权”,兼具情理与法理,符合我国传统家庭伦理和社会道德观念,彰显了司法裁判的人文关怀。

二、北京流浪猫案的请求权规范解析*

(一)问题的提出

2013 年年初,本来一个小小的"猫狗斗,偶然伤人"的案件,却引来社会激烈争论,两审法院对该案的判决书更是令人费解,值得予以审视。简要案情如下:2012 年 6 月 4 日,肖某遛其所饲养的狗时未栓狗链,路过乔某门前的小区道路时,一只流浪猫与肖某遛的狗发生撕咬,之后肖某为保护自己的狗,到两只动物之间将猫踢开,在此过程中肖某被猫抓伤。肖某为治疗花去医药费 1815.75 元、交通费 70 元。乔某长期对流浪猫进行饲养,于是肖某诉乔某要求赔偿。一审北京市丰台区人民法院认为,乔某作为流浪猫的饲养人,应当对流浪猫进行管理,并在流浪猫造成他人损害时承担侵权责任。同时,肖某未拴狗链即将狗带出,其本身对猫狗斗咬导致其被抓伤也有一定的责任,法院酌定为 30%。二审北京第二中级人民法院认为,乔某投喂行为对于公共环境所产生的危害结果,及肖某自己在饲养犬及事发时的不当行为,认定乔某、肖某均有责任,具体责任比例应由肖某、乔某均担为宜。①

非常明显,一审法院以原《侵权责任法》第 78 条(现《民法典》第 1245 条)为请求权基础作出判决。二审法院认为:"原审法院基于乔某的投喂行为而判决其承担管理责任不当,本院予以纠正。"二审法院似乎抛弃了以第 78 条为请求权基础,随后以

---

* 本部分的写作得到浙江大学光华法学院客座教授王泽鉴先生提点,深表谢忱!

① 《北京"流浪猫伤人案"终审　喂养者负一半责任》,载人民网 2013 年 3 月 30 日,http://bj.people.com.cn/n/2013/0325/c82840-18348987.html。北京市第二中级人民法院民事判决书,(2012)二中民终字第 16207 号,载新浪博客 2013 年 3 月 30 日,http://blog.sina.com.cn/s/blog_5c86438e01016imm.html。

"乔某的行为是对于公众共同利益的一种不合理地干涉及影响，此危险影响与肖某受伤之间存在因果联系"为由认定乔某应承担相应责任。遗憾的是，二审法院并未明确说明其请求权基础何在。于是产生了一个问题，本案中的请求权基础到底是哪一条法律规范？故而本书以请求权基础为中心分别对两审法院判决予以检讨。

(二)本案一审法院判决的请求权基础检讨

一审法院认为肖某得向乔某主张侵权责任的请求权基础为原《侵权责任法》第78条(现《民法典》第1245条)。因而，在此需要检讨本案事实能否满足该条的构成要件。依原《侵权责任法》第78条之规定，饲养动物致人损害的构成要件为：(1)责任主体为动物饲养人或者管理人；(2)饲养的动物造成他人损害；(3)他人损害与加害行为之间具有因果关系。

1. 责任主体为动物饲养人或管理人的检讨

对责任主体为动物饲养人或管理人的检讨，是判定乔某是否为动物饲养人或管理人的前提。

首先，应从文义解释出发，动物饲养人为"对动物饲养和照料"的人，其不属于法律概念；动物管理人应为除动物饲养人以外负有管理义务的人，管理义务或依法定，或依合同约定，动物管理人有可能是直接占有人，也有可能是间接占有人。如此简单的解释尚无法具体断定饲养人和管理人的概念，因而需要运用法律解释的方法进一步探求之。其次，从比较法来看，在罗马法上《十二铜表法》就规定了动物致害的责任主体为动物所有人；法国民法典则以"动物所有人或使用人"为责任主体；德国民法典与瑞士民法典均以"动物保有人"为责任主体；日本民法以"动物占有人"为责任主体。[①] 各国对动物致害责任的责任主体规定尚不统一，但应强调的是，无论是"动物所有人或使用人"，还是"动物保有人"或"动物占有人"，其核心都是责任主体对动物具有控制或管束的能力。再次，从立法者解释来看，动物的饲养人是指动物的所有人，即对动物享有占有、使用、收益、处分权的人，动物的管理人是指实际控制和管束动物的人。[②] 从这一角度来说，饲养人即为动物所有人，所有权是对物的全面支配，当然具有一定的控制力，而管理人是对动物实际控制和管束的人。因而从立法者解释的角度来看，原《侵权责任法》第 78 条（现《民法典》第 1245 条）的饲养人和管理人的实质也是对动物具有一定控制力的人。最后，从立法规范意旨来看，该条目的就是要促使动物饲养人或管理人能够认真、负责地担负起全面的注意和防范义务，以保护公众的安全。[③] 关于动物致人损害责任的立法设计所考虑的是谁最能控制危险、分散损害及因物而受有利益。[④]

由此可知，动物饲养人和管理人的内涵核心主要包括两个因素：对动物具有一定的控制力，因动物而享有利益。一审法院简单地认定乔某为饲养人，显然是对动物饲养人的概念进行了扩大解释，此种做法不符合文义解释、比较法解释、立法者解释以及原《侵权责任法》第 78 条（现《民法典》第 1245 条）的条文规范意旨，故而明显不妥当。"喂养"是"饲养"的表现含义，"控制"才是"饲养"的真正含义和最终标准。如果只有"喂养"而无"控制"，不能

---

① 参见王泽鉴：《侵权行为》，北京大学出版社 2009 年版，第 466～469 页。

② 参见王胜明主编：《中华人民共和国侵权责任法释义》，法律出版社 2010 年版，第 392 页。

③ 王胜明主编：《中华人民共和国侵权责任法释义》，法律出版社 2010 年版，第 391 页。

④ 参见王泽鉴：《侵权行为》，北京大学出版社 2009 年版，第 465 页。

视为“饲养”;相反,如果没有“喂养”而存在“控制”却可认定为“饲养”。[①] 在本案中,乔某显然属于只有“喂养”而无“控制”的情形,因此我们可以断定乔某并不是动物的饲养人和管理人,即不是该第78条的责任主体。

2. 饲养的动物致人损害的检讨

“饲养的动物致人损害”为原《侵权责任法》第78条(现《民法典》第1245条)的另一个构成要件,那么本案中的流浪猫致人损害是否属于饲养的动物致人损害呢?易言之,流浪猫是否属于“饲养的动物”范畴应予以检讨。

对于“饲养的动物”的范围,第一,从文义解释来看,其限定词为“饲养”,亦即将饲养的动物与非饲养的动物相对应,具体是指人工喂养、放养和管束的动物,范围比较广泛,不管是什么性质的动物,只要是人工饲养的动物都包括在内,包括家养、驯养、圈养、放牧的动物。第二,从比较法解释来看,近代大陆法系各国民法典均一般地规定为“动物”,且以所有人或占有人、保有人所限定。另外,《美国侵权行为法(第二次)重述》第504条中规定为“livestock”,并解释为家畜、家禽,但不包括野兽和狗、猫等宠物,而在其第509条中,使用“domestic animal”来界定狗、猫等宠物致人损害责任。[②] 第三,从体系解释来看,原《侵权责任法》第78条(现《民法典》第1245条)规定是饲养的动物致人损害责任的一般规定,第79条至第83条(现《民法典》第1246条至第1250条)为具体情形下的特别规定,各自区分不同层次的动物致人损害,分别有不同的归责原则、构成要件和规范内容。具体而言,第79条(现

① 参见杨彪:《动物损害与物件损害》,中国法制出版社2010年版,第6页。

② 参见张新宝:《侵权责任法》(第2版),中国人民大学出版社2010年版,第319~320页。

《民法典》第1246条）规定的是未采取安全措施的动物致人损害责任，第80条（现《民法典》第1247条）规定的是禁止饲养的危险动物损害责任，第81条（现《民法典》第1247条）是动物园的动物损害责任，第82条（现《民法典》第1249条）是遗弃、逃逸的动物损害责任。因此，第78条的饲养动物的范围应包括又大于第79条至第82条（现《民法典》第1246条至第1249条）所规范的动物。第四，从规范目的解释来看，原《侵权责任法》第78条（现《民法典》第1245条）的规范意旨是为了让动物饲养人或管理人认真负责地承担全面注意和防范义务，亦即动物饲养人或管理人能够对所饲养的动物进行一定的控制以及受有相应利益。第五，从立法者目的解释来看，"'饲养的动物'应同时具备：为特定的人所有或者占有；饲养人或者管理人对动物具有适当程度的控制力；依动物特性，有可能对他人或者财产造成损害；该动物为家畜、家禽、宠物或者驯养的野兽、爬行类动物。"[①]概言之，能够为人所占有或控制是饲养动物的核心。故而可以得出，饲养的动物就是能够被特定的人所占有或进行一定程度上支配控制的一般通念上的动物，不论动物种类、性质如何。

就本案而言，乔某所喂养的流浪猫能否被其所占有或进行一定程度上支配控制？流浪猫因其居无定所、到处移动的特性，无法被特定的人占有，人们对它的控制力也较低。虽然可能在一定程度上被人饲养或管理（如定期投放食物），但流浪猫仍然不能认为是"饲养的动物"。流浪猫、狗等流浪动物致人损害的，在《侵权责任法》上有其相应的请求权基础。原《侵权责任法》第82条（现

① 王胜明主编：《中华人民共和国侵权责任法释义》，法律出版社2010年版，第392页。

《民法典》第 1249 条)规定了遗弃、逃逸的动物致人损害责任,该条的立法背景为“随着饲养动物的人越来越多,一些饲养的动物或者被抛弃,或者不慎走失,城市里流浪猫、狗等动物不断增多。数量众多的流浪动物不但成为城市管理的难题,而且对城市居民生活、健康也产生了危害”。①

3. 他人损害与加害行为具有因果关系的检讨

他人损害与加害行为是否具有因果关系的检讨,在本案中就是考察肖某受有损害与流浪猫的加害行为是否具有因果关系。第一,加害行为的考察。动物的加害行为是以其生物上的本能做出的行为,又有自主加害还是在外界刺激下加害之分。本案中,流浪猫对肖某有加害行为(抓伤),而且该加害行为应属于在外界刺激下(肖某将猫踢开)的行为并无疑问。第二,因果关系的考察。一般从文义而言,因果关系是指行为人的行为作为原因,损害事实作为结果,在二者之间存在前者导致后者发生的客观联系。因果关系是侵权责任的核心,没有因果关系必然不存在侵权责任,因而判断加害行为与损害结果是否有因果关系具有决定性意义。在比较法上,各国均未对因果关系进行明文规定,都由法院实务所创造不同的概念或理论。细言之,英国采因果关系合理预见说,美国采因果关系义务范围说,法国实务采明确及直接因果关系说,德国则采相当因果关系说及法规目的论说。各种判断基准(学说理论)均具抽象性及不明确,仅供组织思考方法之用,并非在于确定答案。② 至于我国关于因果关系认定问题上,立法者认为“原则上,如何判断因果关系需要由法官根据个案的实际情况,依一般社会

---

① 王胜明主编:《中华人民共和国侵权责任法释义》,法律出版社 2010 年版,第 406 页。

② 参见王泽鉴:《侵权行为》,北京大学出版社 2009 年版,第 179 ~ 181 页。

经验决定。对案情较为简单的,一因一果的侵权,可以直接根据事实判定……"①

本案中,流浪猫的加害行为与肖某受有损害的因果关系较为简单,可以根据事实直接判定。至于肖某未栓狗链和刺激猫加害的踢猫行为应属于肖某与有过失问题,不属于因果关系认定范畴,故不详叙。

4. 简评

通过运用法律解释的方法,我们重新对一审法院判决的请求权基础作了全面的检讨,并发现该判决存在两个问题。第一,简单地认定乔某为"动物的饲养人和管理人"。第二,直接认定流浪猫为"饲养的动物"。两个问题的实质就是一审法院因法律解释方法的缺失,武断地对"动物饲养人和管理人"和"饲养的动物"作了扩大解释。因此,流浪猫不属于"饲养的动物"而应为流浪动物,属于原《侵权责任法》第 82 条(现《民法典》第 1249 条)的"遗弃、逃逸的动物"。故而本案的事实并不符合原《侵权责任法》第 78 条(现《民法典》第 1245 条)的构成要件,一审法院判决的请求权基础错误,判决结果亦不妥当。

(三)二审法院判决的请求权基础检讨

二审判决在认定责任主体过程中,以"为了自己的利益而使用动物"和"对动物的决定权"为认定标准,②并进一步认为"乔某投喂行为是基于对动物的帮助行为,即使其长期投喂,亦不能构成法

---

① 参见王胜明主编:《中华人民共和国侵权责任法释义》,法律出版社 2010 年版,第 44 页。

② 二审法院对责任主体的认定标准受学说影响的痕迹非常明显,"动物饲养人或管理人的认定极其重要,主要基于以下两个因素:(1)是否为了自己的利益而使用动物;(2)是否对动物享有决定权。"参见李显冬主编:《中华人民共和国侵权责任法条文释义与典型案例详解》,法律出版社 2010 年版,第 409 页。

律意义上的所有或占有,亦无对流浪动物的控制力”,此做法殊值赞同;另一方面,却又认为乔某的行为是对公众共同利益的一种不合理地干涉及影响,此危险影响与肖某受伤之间存在因果联系,故乔某应承担相应责任。该份判决书论理部分看似逻辑缜密、论证合理,但请求权基础不明确是其最大的硬伤,也给我们带来了诸多困惑,如依何种请求权基础,何种归责原则。基于二审判决书理由部分,我们推测二审法院的请求权基础可能有大致五种:(1)基于原《侵权责任法》第 78 条(现《民法典》第 1245 条);(2)基于原《侵权责任法》第 83 条(现《民法典》第 1250 条);(3)基于原《侵权责任法》第 24 条(现《民法典》第 1186 条);(4)基于原《侵权责任法》第 6 条第 1 款(现《民法典》第 1165 条第 1 款);(5)无请求权基础,以概括笼统用语而直接通过原理进行判决。现就上述请求权基础的可能进行一一考察。

1. 基于原《侵权责任法》第 78 条(现《民法典》第 1245 条)的检讨

二审法院在判决说理部分也提及原《侵权责任法》第 78 条(现《民法典》第 1245 条),假设其以该条作为请求权基础而作出判决,那么该份判决书存在逻辑前后矛盾的问题。因为,二审法院一方面认识到第 78 条(现《民法典》第 1245 条)的构成要件的核心问题在于责任主体的认定与饲养动物的认定,主审法官通过运用法律解释方法将流浪猫排除在“饲养的动物”范围外,并认定乔某并非该条责任主体。另一方面,在判决书行文至最后时法官思路却反其道而行之,认为“乔某投喂流浪动物的行为,无论出于何种动机,该行为必然会对其居住小区的环境造成一定的影响,故该行为亦应受法律规范的调整”。而后依据因果关系、与有过失得出当事人间责任均担。若二审法院判决依第 78 条(现《民法典》第

1245 条)为请求权基础作出,那么该判决显得十分吊诡,逻辑前后矛盾。因而,此种请求权基础为错误路径。

2. 基于原《侵权责任法》第 83 条的检讨

在我国原《侵权责任法》第十章中规定了饲养动物损害责任,除第 83 条(现《民法典》第 1250 条)的责任主体扩大至第三人之外,其余条款的责任主体均为动物的饲养人或管理人(动物园为动物的管理人)。依第 83 条(现《民法典》第 1250 条),其构成要件应包括:第三人有过错;第三人过错致使动物造成他人损害;二者之间具有因果关系;责任主体为第三人或管理人。本案中,既然二审法院认定乔某并非饲养人和管理人,那么就是属于受害人、饲养人和管理人之外的"第三人"。二审判决似乎能够以第 83 条(现《民法典》第 1250 条)为请求权基础进行解释,现检讨之。

第一,第三人有过错方面。从文义来看,过错是对行为人主观心理状态的评价,分为故意和过失两个方面,其中过失又分为重大过失、一般过失和具体过失。[①] 从立法者解释来看,"第三人过错是指被侵权人和动物饲养人或者管理人以外的人对动物造成损害有过错的。一般表现为有意挑逗、投打、诱使动物致使他人受损害"。[②] 总之,这里的第三人过错的本质应为实施了诱发动物致他人损害的行为。从本案事实来看,乔某只有单纯喂养的行为,除此之外对流浪猫再无其他任何行为,更无任何实质的诱发行为,因此乔某的行为并无过错。值得一提的是,本案的肖某在遛狗时却有重大过错,因为其未栓狗链即出门遛狗明显违反了《北京市养犬管理规定》第 17 条第 4 款"携犬出户时,应当对犬束犬链,由成年人

① 参见程啸:《侵权责任法》,法律出版社 2011 年版,第 198 ~ 204 页。

② 王胜明主编:《中华人民共和国侵权责任法释义》,法律出版社 2010 年版,第 409 页。

牵领,携犬人应当携带养犬登记证,并应当避让老年人、残疾人、孕妇和儿童”之规定(案发地在北京),且还有“踢猫行为”。因而,本案中乔某的喂养行为不是过错行为,肖某自身行为却有重大过错。第二,第三人过错致使动物造成他人损害。本案中,肖某的确受有损害当无疑义,如前所述,乔某单纯的喂养行为不具有过错,则明显不符合第83条(现《民法典》第1250条)的“第三人过错致使动物造成他人损害”。第三,因果关系而言。乔某的喂养行为与肖某受有损害的因果关系认定也很牵强。后文将详述,在此不赘述。

故而若二审法院依据第83条(现《民法典》第1250条)为请求权基础作出判决,那么也是适用法律错误,判决结果不当。

3. 基于原《侵权责任法》第24条(现《民法典》第1186条)的检讨

二审法院认为乔某和肖某均担责任,似乎该判决的请求权基础为原《侵权责任法》第24条(现《民法典》第1186条)。一般认为,该条为公平分担损失的规定,而不是一种独立的归责原则。适用该条应注意两点:(1)公平分担适用于行为人和受害人对损害的发生均无过错的情况;(2)公平分担不是平均分担损失,而是考虑行为、情节、损失大小、影响程度、双方当事人的经济情况等实际情况。[①] 换言之,该条的适用前提为双方对行为的发生均无过错,只要有一方行为有过错都无法适用。因此,若二审法院判决的请求权基础为24条(现《民法典》第1186条),那么也是适用法律错误,判决结果欠妥当。

---

① 参见王胜明主编:《中华人民共和国侵权责任法释义》,法律出版社2010年版,第117页。

4. 基于原《侵权责任法》第 6 条第 1 款（现《民法典》第 1165 条第 1 款）的检讨

基于原《侵权责任法》第 6 条第 1 款（现《民法典》第 1165 条第 1 款）为请求权基础路径检讨。依其判决理由的逻辑关系，似乎可推断出构成要件（如图 8.1 所示）为：乔某的危险影响；肖某受有损害；二者存在因果联系；乔某应当承担侵权责任。

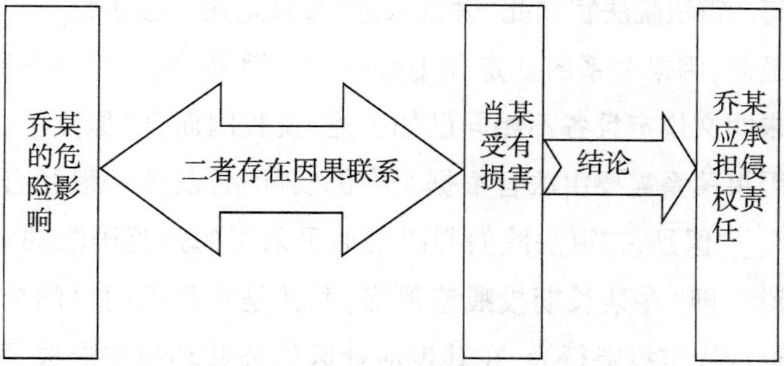

图 8.1　案件构成要件

若该案以上述思路判决，似乎勉强符合第 6 条第 1 款（现《民法典》第 1165 条第 1 款）要件。即乔某的行为具有危险影响，该危险影响侵害了肖某权益且二者具有因果关系，故而乔某应承担侵权责任。但是，以此为请求权基础也有不少问题。

首先，就归责原则方面，二审判决书并没有明确说明具体的“归责原则”。从字里行间以及图示构成要件可以看出，似乎二审法院采用“过错责任原则”予以认定。但是乔某出于“好心”的喂养行为就被定性为“存在过错”，如此理由和逻辑也很牵强。

其次，就法律适用规则而言，原《侵权责任法》第 6 条第 1 款（现《民法典》第 1165 条第 1 款）的确属于完全性法条，可以作为请求权基础规范。但是，一般认为我国原《侵权责任法》沿袭了

《民法通则》的“一般条款 + 列举式”的立法模式,[①]第 6 条第 1 款(现《民法典》第 1165 条第 1 款)是原《侵权责任法》一般性条款,[②]在随后的章节中列举了几种特殊类型的侵权方式。就适用而言,在有特殊类型侵权调整下的侵权行为理应优先考虑特殊规定,否则就是向“一般条款逃逸”。在本案中,动物致人损害责任明文规定于第 78 条至第 84 条(现《民法典》第 1245 条至第 1251 条),实在难以理解为何二审法院法官如此“舍近求远”直接适用一般条款。

最后,因果关系的认定亦十分牵强。因果关系的认定标准各国均未明文规定且各不相同已如上述,就我国而言“原则上,如何判断因果关系需要由法官根据个案的实际情况,依一般社会经验决定”。[③] 但是,二审法院的判决书似乎采用的是英国法的“合理预见说”,即“乔某长期投喂流浪猫,尤其是在其家门口的公共通道附近的固定投喂行为,在其生活社区的公共环境中形成了一个流浪猫获取食物的固定地点,导致了流浪猫的聚集,而流浪动物的不可控性及自然天性,在没有得到有效控制的前提下必定会给社区的公共环境带来危险”,其逻辑链条为:乔某于固定地点喂养流浪猫→流浪猫的聚集给社区公共环境带来了危险→危险与肖某受伤存在因果关系。对本案的因果关系进行判断,首先应考虑的是,乔某在固定地点的喂养流浪猫的行为是否流浪猫聚集并给社区公共环境带来危险的唯一条件,即不存在其他条件的介入,或虽有其他条件的介入但没有打断前者的因果关系。据一般社会经验,在

---

① 参见陈现杰:《〈侵权责任法〉一般条款中的违法性判断要件》,载《法律适用》2010 年第 7 期。

② 参见程啸:《侵权责任法》,法律出版社 2011 年版,第 23 页。

③ 参见王胜明主编:《中华人民共和国侵权责任法释义》,法律出版社 2010 年版,第 44 页。

小区内的流浪猫应该不可能只有乔某一人进行喂养,因为“好心人”在社会上总是属于多数,无法排除其他第三人都未对小区内的流浪猫进行喂养,亦即流浪猫在小区内的聚集并不是乔某一人行为导致的结果而是“好心人”们“爱心”的结果。此外,即使流浪猫不因喂食而聚集,也无法排除其自身给社区公共环境带来危险。故而“乔某于固定地点喂养流浪猫”与“流浪猫的聚集给社区公共环境带来了危险”二者之间的逻辑链条十分脆弱,更遑论乔某的喂养流浪猫的行为与肖某受伤具有因果关系。

因而,若二审法院以第 6 条第 1 款(现《民法典》第 1165 条第 1 款)作为请求权基础作出判决,那么,无论是从归责原则方面,还是适用规则方面,抑或是因果关系方面,均无法认定乔某应承担侵权责任。

5. 无请求权基础,以概括笼统用语而直接通过原理进行判决,抑或为法律的续造?

此种做法最为危险。因为法官是法律的仆人,法官应在法律的框架下进行裁判是现代法治社会的基本精神。绝不能以概括笼统用语(如依侵权行为原理、依法律规定),来掩饰不清楚的法律思维过程。[①] 当然法官可以进行法律续造,本案中二审法院的判决是否属于法律的续造呢? 德国民法学家拉伦茨教授认为:法律续造有两种:一种是“法律内的法的续造”,另一种是“超越法律的法的续造”。“法律内的法的续造”是仍在立法者原本计划、目的范围内的法的续造,性质上是漏洞补充;“超越法律的法的续造”是逾越此等界限,仍在整体法秩序的基本原则范围内。[②] 本案中,

---

① 参见王泽鉴:《民法思维:请求权基础理论体系》,北京大学出版社 2009 年版,第 44 页。

② 参见[德]卡尔·拉伦茨:《法学方法论》,陈爱娥译,商务印书馆 2003 年版,第 246 页。

关于喂养人是否应对所喂养的流浪动物致人损害承担责任的问题,应不属于计划外的漏洞(不属于法律漏洞),而是计划内的漏洞,并没有违反计划的圆满性。因为关于流浪动物致人损害的责任问题已有第82条(现《民法典》第1165条第1款)规定。既然不属于法律漏洞,那么本案二审法院的“法律续造”就是属于“超越法律的法的续造”,因而不具有妥当性。

6. 简评

综上所述,根据对二审法院判决可能依据的请求权基础进行逐一考察,我们发现无论二审法院依据何种请求权基础对该案作出的判决均是不妥当的,对因果关系的认定也过于牵强。就本案而言,二审法院认为“乔某投喂流浪动物的行为,无论出于何种动机,该行为必然会对其居住小区的环境造成一定的影响,故该行为亦应受法律规范的调整”。对此,我们还应注意以下几点:其一,二审法院的判决的思路反映了法官的“手”过长,过多地干预了人们正常的生活自由。其二,侵权责任法大致有行为自由与权益保护、填补损害和预防损害三种机能,①三者应互相兼顾,不能偏废其一,行为自由与权益保护也应保持平衡。本案中法官在判决中却过于关注填补损害和权益保护,而忽视了人们的行为自由。其三,法律都有其自身的调整范围,法官也不能恣意地扩张法律的边界而侵害人们的合法权益。另外,就流浪动物致人损害并非没有相应的救济途径,受害人可通过原《侵权责任法》第83条(现《民法典》第1165条第1款)向原动物饲养人或管理人主张救济,也可通过原《侵权责任法》第37条(现《民法典》第1198条)向小区物业公司主张救济,还可通过《社会保险法》的医疗保险弥补损害。

① 参见王泽鉴:《侵权行为》,北京大学出版社2009年版,第7~10页。

(四)结语

通过以请求权基础的角度,剖析北京"流浪猫伤人案"的两审判决,我们发现,无论是一审法院,还是二审法院所作的判决均无请求权基础。在本案中,一审法院因法律解释方法的缺失,简单武断地适用原《侵权责任法》第78条(现《民法典》第1245条)显然错误。而二审法院虽然在法律解释方法运用方面有可圈可点之处,但却又忽视了请求权基础的检查,对因果关系的认定也甚为牵强;而且,二审法院甚至恣意扩张法律的边界,"法官之手"过于延伸而导致当事人行为自由和权益保护的天平失衡,此种做法也明显不妥当。毕竟"法律作为一种解决纠纷的一种手段,只能在一定的时空领域内发生其调整社会关系的功能,而且有其自身的独特的运行轨迹。如果法律在不该介入的地方而强行介入,那么,法律的干预不但不会取得预期成果,反而会对法律本身造成不应有的伤害"。[①]

由此可见,法律解释和请求权基础思考方法之重要性可见一斑!法律解释在司法活动中具有重要作用,因为法律推理依赖于法官对法律的解释,法律解释使法律推理的大前提进一步确定,因此法律解释水平的高低直接关系到法律推理、法律适用的水平。[②]请求权基础的重要性诚如王泽鉴先生言:"每一个学习法律的人,自始即应确实培养探寻请求权基础的能力。唯有如此,始能养成严谨细密的法律思维方法,也唯有如此,始能维护法律适用的合理性、可预见性和安定性"。[③] 最后,在当今风险日益增加和信用日

① 梁上上:《利益衡量的界碑》,载《政法论坛》2006年第5期。

② 参见张文显主编:《法理学》(第3版),高等教育出版社、北京大学出版社2007年版,第281页。

③ 王泽鉴:《民法思维:请求权基础理论体系》,北京大学出版社,第44页。

益重要的现代社会,应处理好风险损害弥补与"好撒玛利亚人"之间的关系,既要通过请求权基础或合理方式弥补损害,也不能加重"好撒玛利亚人"的额外负担,否则整个社会变得更加冷漠而陷入信任危机的泥潭。

三、应收账款质押登记及其效力问题

——评"深圳市商业保理公司与深圳市英维克公司等质押担保合同纠纷案"

《民法典》第440条和第445条规定了应收账款质押作为权利质押的类型之一,并对应收账款出质的质权设立和出质人转让应收账款的限制进行了简要规定。在现实商事实践中,应收账款出质作为担保物权的一种,广泛应用于中小企业融资领域,拓展了中小企业融资的渠道。但是,由于《民法典》只有2个条文专门规定了应收账款出质,这给应收账款出质的法律适用带了诸多疑问。如应收账款出质依据《应收账款质押登记办法》(以下简称《登记办法》)进行登记是否需要通知原债务人,如出质人和质权人未履行通知义务效力如何;《登记办法》第12条规定,登记期限届满,质押登记失效,如何理解"质押登记失效",是否会影响应收账款质权的效力?①

深圳市中级人民法院于2017年5月作出的"上诉人深圳融易商业保理公司与上诉人深圳市英维克科技股份有限公司、被上诉人深圳市中兴康讯电子有限公司、原审第三人深圳市宝利斯科技有限公司、原审第三人钱凤军质押担保合同纠纷案"(以下简称

① 《民法典》第445条第1款规定"以应收账款出质的,质权自办理出质登记时设立。"仅保留"登记设立"的要件。

"深圳市商业保理公司与深圳市英维克公司等质押担保合同纠纷案")[①],是一份比较具有典型意义的应收账款质押登记期限及其效力的案例。本文以该案为基础,结合原《物权法》《担保法》及其司法解释、《应收账款质押登记办法》等针对应收账款质押的系列问题进行探讨。

(一)应收账款出质的登记设立及其效力

"深圳市商业保理公司与深圳市英维克公司等质押担保合同纠纷案"为应收账款质押担保合同纠纷,因此一审法院首先需要明晰当事人之间的应收账款出质是否为合法有效设立。原《物权法》第 228 条第 1 款(现《民法典》第 445 条第 1 款)规定:"以应收账款出质的,当事人应当订立书面合同。质权自信贷征信机构办理出质登记时设立",应收账款出质应满足"书面合同 + 登记设立"的两个形式要件方为有效设立,此时"信贷征信机构办理出质登记"为成立要件。[②] 未经登记的,债权人不能取得应收账款质权;同时该出质登记具备公开性,可以实现自由查询,因此具有对抗第三人的效力。[③] 故而我国对于应收账款出质的公示方式采取的是"登记"模式,应收账款出质的登记具有设定力、公信力和对抗力。

本案中,深圳市商业保理公司与深圳市英维克公司等质押担保合同纠纷案中,宝利斯公司与融易公司签订了《应收账款质押登记协议》,质押的应收账款为宝利斯公司对中兴康讯公司 2012 年

---

① 广东省深圳市中级人民法院民事判决书,(2016)粤 03 民终 19804 号。

② 《民法典》第 445 条第 1 款规定"以应收账款出质的,质权自办理出质登记时设立。"仅保留"登记设立"的要件。

③ 参见曹士兵:《中国担保制度与担保方法》(第 3 版),中国法制出版社 2014 年版,第 368 页。

9 月和 2012 年 10 月的应收账款，以及宝利斯公司对英维克公司的 2012 年 10 月应收账款；融易公司作为质权人于 2012 年 12 月 18 日在中国人民银行征信中心进行了应收账款质押初始登记，登记期限为 3 年。2013 年 2 月 25 日，融易公司与宝利斯公司就宝利斯公司对中兴康讯公司的 2012 年 11 月、12 月应收账款亦进行了应收账款质押初始登记，登记期限 1 年。因此，本案中的两项应收账款均在中国人民银行征信中心进行了登记，出质为有效设立。

（二）应收账款出质的登记期限及其效力

《登记办法》第 12 条规定：“质权人自行确定登记期限，登记期限以年计算，最长不得超过 5 年。登记期限届满，质押登记失效。”关于应收账款出质登记期限及其效力问题，一直存有一定的争议。

在司法实践中，各地法院观点不一致。如有法院认为应收账款出质登记期限届满，并不影响质权的成立和效力，本案亦持此观点。在“上诉人辽宁五峰农业科技股份有限公司与被上诉人兴业银行股份有限公司沈阳分行及原审被告镇赉县五峰农业科技有限公司、北镇市沟帮子五峰生物质热力有限公司、辽宁五峰国际物流有限公司、广州市利峰米业有限公司、黑龙江省建三江农垦伍峰工贸有限公司、北镇市五峰成凤生物科技有限公司、朱金凤、马殿成金融借款合同纠纷案”①中，法院认为案涉应收账款的质押登记效力不受信贷征信机构有关登记期限的约束，兴业银行虽未办理质押登记的展期，并不影响质权的成立和效力。但也有不少法院认为，应收账款质押登记期限届满，则质押登记已经失效，因而质押权利已不再存续。在“交通银行股份有限公司温州苍南支行等诉

① 辽宁省高级人民法院民事判决书，(2017) 辽民终 239 号。

浙江神彩散热器有限公司等金融借款合同纠纷案”[1]中，法院认为原告就被告浙江神彩色母粒有限公司提供的应收账款质押登记已经到期，该质押登记已经失效，质押权利已不再存续，原告已无权向浙江神彩色母粒有限公司主张质权，故法院对原告要求行使质押权的诉请不予支持。[2]

关于应收账款出质登记期限及其效力问题的争议，其本质是对于应收账款出质登记期限性质的理解问题。《登记办法》第12条后段，登记期限届满，质押登记失效。此处的“质押登记失效”应作何种理解，是仅指质押登记效力的终止，还是指“质权失效”。易言之，《登记办法》中的登记期限是否为担保物权存续的担保期间？

首先，从担保物权的效力终止方面看，原《物权法》第177条（现《民法典》第393条）规定了担保物权消灭的4种情形，分别为主债权消灭、担保物权实现、债权人放弃担保物权和法律规定担保物权消灭的其他情形。本条所称“法律”应为狭义上的法律，这是物权法定主义的内容之一。[3] 即依照物权法定原则，设立物权和消灭物权只能由法律规定，《登记办法》作为部门规章性质不能规定“应收账款质权的消灭期限”，因此《登记办法》第12条的规定不具有消灭应收账款质权的效力。[4] 另外，从担保物权的存续期

---

① 浙江省苍南县人民法院民事判决书，(2016)浙0327民初7919号。

② 同样持此种观点的案例有：上海浦东发展银行股份有限公司湖州长兴支行诉长兴天都电源有限公司等金融借款合同纠纷案，参见浙江省长兴县人民法院民事判决书，(2016)浙0522民初7125号。

③ 参见梁上上：《物权法定主义：自由与强制之间》，载《法学研究》2003年第3期。

④ 参见曹士兵：《中国担保制度与担保方法》(第3版)，中国法制出版社2014年版，第369页。

间的规定看,原《物权法》第 202 条(现《民法典》第 419 条)规定,“抵押权人应当在主债权诉讼时效期间行使抵押权;未行使的,人民法院不予保护”,该条规定的是抵押权存续期间。而对于质权和留置权的存续期限,原《物权法》(现《民法典》物权编)并未作出规定。那么原《物权法》第 202 条(现《民法典》第 419 条)关于抵押权的存续期限的规定可否适用于质权和留置权呢?从立法意旨来看,立法者并无将“主债权时效期间届满抵押权不受保护”的规则推及适用于质权、留置权的意图。[①] 原《担保法》也并未对担保物权的存续期间进行规定,但原《担保法司法解释》第 12 条规定:“当事人约定的或者登记部门要求登记的担保期间,对担保物权的存续不具有法律约束力。担保物权所担保的债权的诉讼时效结束后,担保权人在诉讼时效结束后的二年内行使担保物权的,人民法院应当予以支持。”原《担保法司法解释》第 12 条第 1 款规定的是当事人约定或登记部门要求登记的担保期间效力认定,即除法律规定之外,当事人约定或登记部门要求登记的担保期间对担保物权的存续不具有法律约束力。因此,尽管《登记办法》第 12 条有“登记期限届满,质押登记失效”的规定,但此规定并不会影响担保物权的存续产生法律约束力。[②]

本案中,主要有争议的是融易公司与宝利斯公司设立的对中

① 参见徐洁:《担保物权与时效的关联性研究》,载《法学研究》2012 年第 5 期。持同样观点的有程啸教授,参见程啸:《论担保期间之存续期间》,载《财经法学》2015 年第 1 期。

② 2017 年 10 月 25 日,中国人民银行公布了《应收账款质押登记办法》(修订),该修订版本于 2017 年 12 月 1 日起施行;其中修订后的第 12 条规定:“质权人应根据主债权履行期限合理确定登记期限。登记期限最短 6 个月,超过 6 个月的,按年计算,最长不超过 30 年”,删除了原第 12 条中的“登记期限届满,质押登记失效”。可见,修订后的《应收账款质押登记办法》亦认可登记期限届满,并不会影响质押登记的效力。

兴康讯公司 2012 年 11 月、12 月应收账款质押权利是否消灭的问题。一审法院以融易公司提起诉讼超过应收账款质押登记的期限为由认定该项应收账款质押权利消灭,如前述登记期限届满仅导致质押登记失效,并不会影响担保物权本身的存续效力,因此二审进行纠正的做法是适当的。

（三）应收账款出质的通知义务及其效力

我国原《物权法》（现《民法典》物权编）和《登记办法》等均未规定应收账款出质的通知义务,因此就应收账款质权的设立是否需要通知债务人存在争议。

持无须通知债务人观点的学者认为,既然在中国人民银行征信机构进行了登记就足以实现应收账款质权的公示,无须再增设逐一的通知义务,因此应收账款质押事项亦无须通知应收账款债务人。[①] 也有学者持不同意见,如曹士兵认为应收账款出质登记虽对第三人发生对抗效力,但对应收账款的特定债务人并不当然发生效力,债务人并无义务在清偿债务前查询应收账款出质登记。[②]

之所以产生对于是否应当通知次债务人的争议,是因为在大陆法系国家对于债权质押有不同的模式。大陆法系国家关于一般债权担保的三种公示方式无非是“交付债权凭证”“通知次债务人”“登记”,在“通知次债务人”模式[③]中,如《日本民法典》第 364 条,《德国民法典》第 467 条、第 1274 条第 1 款和第 1280 条,《法国民法典》第

---

① 参见程啸:《担保物权研究》,中国人民大学出版社 2017 年版,第 580 页。

② 参见曹士兵:《中国担保制度与担保方法》(第 3 版),中国法制出版社 2014 年版,第 370 页。

③ “通知次债务人”是指一般债权的质权人和出质人将质押的事实通知给一般债权的债务人,使其无论向质权人或出质人(一般债权的债权人)履行债务时均应征得另外一方的同意。

1691 条,《意大利民法典》第 1264 条等。[①] 因此,各国采取不同的公示模式,将影响到应收账款出质的一系列规则。对于应收账款出质是否需要通知次债务人,出质人或质权人是否负有通知义务,应结合我国现行法进行判断,而不能简单借鉴比较法上的经验。如前叙述,原《物权法》(现《民法典》物权编)对于应收账款出质的公示办法采取的是"登记",一经设立即具有设定力、公信力和对抗力。

即经过登记的应收账款质押依法成立生效,产生担保物权对抗第三人的效力;质权人被推定为享有登记的权利,同时民商事主体基于对登记的信任所从事的民商事法律行为受到法律的保护。因此,我国以登记作为公示方法的应收账款质押,与其他大陆法系国家的"通知债务人"作为应收账款转让的对抗要件截然不同,产生的法律效果亦完全不同。值得注意的是,尽管"通知债务人"并不是我国应收账款质押的公示方法,但并不代表出质人或质权人就不负有通知义务,因为应收账款作为一种债权质押,其权利关系的变动会影响到次债务人的清偿问题。因为,从利益衡量的角度,在应收账款质押的法律关系中,出质人和质权人为内部关系,出质人、质权人与次债务人之间是外部关系;作为外部关系中的次债务人而言,次债务人和出质人之间的债权债务具有相对性,其本身并不具有随时核查债权(债务)出质的义务,如课以次债务人此种义务,显然加重了次债务人履行债务的注意义务,这是不妥的。因此,高圣平教授认为,虽然"通知债务人"对于应收账款质权的设立没有意义,但它是应收账款质权人保全其质权的一种方法。在应收账款质权因登记而设立后,应收账款债务人本无义务查询应

---

① 参见苏长明:《应收账款商事质押法律问题研究》,吉林大学 2014 年博士学位论文,第 94 ~ 95 页。

收账款质押登记公示系统，其仍可向应收账款出质人清偿债务而使应收账款消灭。[①] 该观点值得赞同。易言之，在我国现行法中，应收账款出质的通知义务的效力并不会涉及应收账款质押的设立效果，但出质人或质权人是否履行通知义务，将影响到次债务人履行债务的给付对象及其责任承担；如质权人或出质人未进行通知，次债务人向出质人清偿债务亦构成有效清偿并且不对质权人承担责任。总之，应收账款质押登记的通知次债务人的义务，对平衡出质人、质权人和次债务人的权益具有积极意义。

有不少法院的判决已经采纳此种观点，应收账款质押事项是否通知应收账款债务人并不影响质押合同的效力及质权的设立。如在“上诉人王守平与被上诉人张以洪、浙江凯乐科技发展有限公司民间借贷纠纷案”[②]中，法院认为原审以张以洪将应收账款出质时未通知出质债权的债务人为由，认定本案王守平对出质应收账款的质权尚未设立，缺乏法律依据，应予以依法改判。[③]

在本案中，深圳中院认为，应收账款质押即使进行了登记，质权人或出质人应当将出质的事实通知次债务人，否则应收账款也因次债务人的履行债务而消灭，次债务人不承担赔偿责任。即次债务人英维克公司和中兴康讯公司未收到出质人宝利斯和质权人融易公司的关于应收账款质押的通知。因此次债务人英维克于

---

① 参见高圣平：《应收账款质权登记的法理》，载《当代法学》2015 年第 6 期。

② 浙江省温州市中级人民法院民事判决书，(2013)浙温商终字第 1500 号。

③ 同样的案例有：(1)中国民生银行股份有限公司武汉分行与广州钢铁控股有限公司、深圳市核电工程建设有限公司等金融借款合同纠纷案，参见最高人民法院民事裁定书，(2016)最高法民申 3444 号；(2)上诉人合肥高新建设投资集团公司与被上诉人东莞银行股份有限公司合肥分行、安徽省晋源建筑安装工程有限公司，原审被告合肥市蜀山区五里墩街道办事处、安徽胜华投资管理有限公司、曹新保、蔡桂英、曹磊、曹永锋、毕义贵借款合同纠纷案，参见安徽省高级人民法院民事判决书，(2014)皖民二终字第 658 号。

2013年1月30日向宝利斯公司清偿了货款200万元；次债务人中兴康讯公司向宝利斯全部清偿2012年9月、10月账款，并部分支付了2012年11月、12月货款，此做法并不违反我国现行法律的规定，并不需要承担赔偿责任。

(四)应收账款质押的优先受偿形式

关于应收账款的优先受偿形式，我国原《物权法》(现《民法典》物权编)和《登记办法》均未作出明确规定。但根据原《物权法》第229条(现《民法典》第446条)："权利质权除适用本节规定外，适用本章第一节动产质权的规定"，而在该章(质权)第一节中规定了质权实现的规则，即第208条(现《民法典》第425条)规定："为担保债务的履行，债务人或者第三人将其动产出质给债权人占有的，债务人不履行到期债务或者发生当事人约定的实现质权的情形，债权人有权就该动产优先受偿"。[①] 因此，本案中英维克请求改判在宝利斯公司不履行债务时，融易公司对英维克公司已提存部分的应收账款进行优先受偿。

四、在建工程抵押与房地一体原则的适用

——山东省国际信托股份有限公司与田佳灵执行异议之诉纠纷案[②]

(一)事实概要

2013年6月13日，山东省国际信托股份有限公司(以下简称

---

① 但不同形式的应收账款，优先受偿的方式也会有所不同。如特许经营权的收益权依其性质不宜折价、拍卖或变卖，质权人主张优先受偿权的，人民法院可以判令出质债权的债务人将收益权的应收账款优先支付质权人，参见福建海峡银行股份有限公司福州五一支行诉长乐亚新污水处理有限公司、福州市政工程有限公司金融借款合同纠纷案，最高人民法院指导案例53号。

② 湖北省宜昌市中级人民法院民事判决书，(2019)鄂05民终776号。

山东信托公司)与宜昌弘健新材料有限公司(以下简称弘健公司)签订《信托贷款合同》,约定弘健公司作为借款人向山东省信托公司借款60,000,000元。同时山东信托公司与宜昌弗洛伊德商务有限公司(简称弗洛伊德公司)签订《抵押合同》,约定弗洛伊德公司以其两处国有土地的土地使用权作为抵押物为弘健公司上述贷款提供担保而向山东信托公司抵押,三方就《信托贷款合同》《抵押合同》均在北京市方圆公证处进行了公证。2013年6月14日,山东信托公司与弗洛伊德公司就上述抵押物在房产管理局办理了在建工程抵押权登记。因弘健公司未按约定还款,山东信托公司依北京市方圆公证处出具的(2013)京方圆执字第0089号执行证书向湖北省高级人民法院申请对弘健公司、弗洛伊德公司强制执行以偿还债务,湖北省高级人民法院于2014年3月4日裁定该执行案由宜昌市中级人民法院执行。

弘健公司、弗洛伊德公司因借贷纠纷被田佳灵向宜昌市中级人民法院申请执行上述两处国有土地的土地使用权,该院裁定两执行案件指定由一审法院执行,经一审法院对宜昌市中级人民法院查封的两处土地及地上建筑进行拍卖,所得价款65,867,500元,其中土地使用权拍卖价款65,559,100元、在建工程拍卖价款308,400元,全部留存于一审法院账户。

在执行过程中,山东信托公司作为案外人向一审法院提出执行异议,认为其对案涉两处土地的土地使用权及在建工程办理了抵押登记而享有抵押权,其对该拍卖价款享有优先受偿权。一审法院裁定山东信托公司仅对在建工程的拍卖价款308,400元享有优先受偿权,对土地使用权的拍卖价款不享有优先受偿权。其后,山东信托公司向一审法院提起诉讼,请求停止对涉案土地使用权及在建工程拍卖价款的执行,确认山东信托公司对土地使用权及在建工程拍卖所得全部价款享有优先受偿权。

一审法院认为，山东信托公司与弗洛伊德公司签订的《抵押合同》是双方真实意思表示，依法成立。双方在房管部门办理了在建工程抵押登记，但未到土管部门办理土地使用权抵押手续，且在建工程抵押登记因土管部门不知情而未起到公示排他效果，致使涉案土地被田佳灵及中信逸百年融资租赁有限公司先后申请司法部门查封，故该在建工程抵押权登记不能及于涉案土地。故山东信托公司仅对在建工程拍卖价款享有优先受偿权，对未办理抵押登记的土地使用权拍卖价款不享有优先受偿权。山东信托公司不服一审判决提起上诉。

（二）裁判要旨

根据原《物权法》第180条、第187条规定（现《民法典》第395条、第402条），虽然双方在房管部门办理了在建工程抵押登记，但因双方未到土管部门办理土地使用权抵押登记手续，且在建工程抵押登记因土管部门不知情而未起到公示排他效果。故山东信托公司只对案涉在建工程拍卖价款享有优先受偿权，对未办理抵押登记的土地使用权不具有抵押权，对该土地使用权的拍卖价款不享有优先受偿权。驳回上诉，维持原判。

（三）评析

1. 本判决的思路和意义

两审法院在本案的判决思路为，当事人双方签订的在建工程抵押合同有效成立，抵押效力范围应根据是否适用“房地一体”原则进行判断。我国原《物权法》第182条（现《民法典》第397条）规定了“房地一体，地随房走”的双向统一原则，该原则仅适用于“建筑物抵押”的情形，未有法律法规和行政规章明确规定以未完工的在建工程办理抵押，土地使用权亦随之抵押。因此，在建工程抵押的效力不能及于涉案土地使用权,需分别办理抵押登记。本案原告仅在房管部门办理在建工程抵押登记,未在土地管理部门办理抵押登记,故其抵押效力限于在建工程,对在建工程涉及的土地使用权无优先受偿权。

本案的意义在于,明确了在建工程抵押不适用原《物权法》第182条(现《民法典》第397条)的"房地一体,地随房走"的双向统一原则,在建工程、土地使用权抵押应分别登记,未登记不得产生公示排他效果,由此造成相关财产被法院执行时,债权人并无优先受偿权。

2. 在建工程抵押是否适用房地一体原则的规范及学理

我国原《物权法》第182条(现《民法典》第397条)规定了建筑物抵押的房地一体原则,该条以"建筑物抵押"作为限定语,似乎房地一体原则仅限于"建筑物抵押"的情形。至于在建工程抵押是否适用该原则,原《物权法》并未明文规定。

从立法史观察,在建工程是否可以作为抵押财产经过了模糊到认可的阶段。首先,在1995年颁行的《担保法》中并未予以明确。因为在建工程既不在该法第34条抵押财产规定的范围,也不属于该法第37条规定的不得设定抵押财产。其次,建设部于1997年通过并实施了《城市房地产抵押管理办法》,该办法第3条第5款、第28条、第34条第2款对于在建工程抵押的概念、抵押订立程序与登记等作出了规定。但该办法具有一定的局限性,具体如:(1)该办法由建设部指定施行,位阶为部门规章,效力有限;(2)该办法第3条第5款所规定的在建工程抵押的抵押权人限于贷款银行,对于其他金融公司或机构是否可以作为抵押权人并未说明。复次,2000年最高人民法院《关于适用〈中华人民共和国担保法〉若干问题的解释》(法释〔2000〕44号)第47条"以依法获准尚未建造的或者正在建造中的房屋或者其他建筑物抵押的,当事人办理了抵押物登记,人民法院可以认定抵押有效”,作了回应并认可了“正在建造中的房屋”的抵押效力。最后,2007 年《物权法》第 180 条第 1 款第 5 项规定“正在建造的建筑物”可以抵押,从此我国正式从法律层面认可了“在建工程抵押”可以作为抵押范围。

但问题也由此而来,原《担保法》《城市房地产抵押管理办法》与原《物权法》均为当时有效的法律与部门规章,其中可能存在交错与不协调之处。例如,第一,在建工程抵押的抵押权人是否限于贷款银行,其他金融公司或机构是否可以作为抵押权人?第二,在建工程抵押与建筑物的抵押是否有区别,是否可以适用原《物权法》第 182 条(现《民法典》第 397 条)的“房地一体原则”。第三,上述三部法律或部门规章并未明确规定在建工程抵押的登记机关,各省市规定的登记机关存有差异。上述问题给在建工程抵押实务造成了困扰。

对于问题一,2007 年 9 月公布的《北京市国土资源局、北京市建设委员会关于房地产开发项目在建工程抵押登记有关问题的通知》(京国土籍〔2007〕751 号)中明确规定,在建工程抵押,是指抵押人为取得在建工程继续建造资金的贷款,以其合法方式取得的土地使用权连同在建工程的投入资产,以不转移占有的方式抵押给贷款银行(包括其他法定金融机构)作为偿还贷款履行担保的行为。此外,最高人民法院《关于〈城市房地产抵押管理办法〉在建工程抵押规定与上位法是否冲突问题的答复》(〔2012〕行他字第 8 号)指出,在建工程属于《担保法》规定的可以抵押的财产范围。法律对在建工程抵押权人的范围没有作出限制性规定。《城市房地产抵押管理办法》第 3 条第 5 款有关在建工程抵押的规定,是针对贷款银行作为抵押权人时的特别规定,但并不限制贷款银行以外的主体成为在建工程的抵押权人。由此可知,为解决《城市房地产抵押管理办法》与原《物权法》之间关于在建工程抵押权人范围不一致的问题，实务中一般将《城市房地产抵押管理办法》的规定解释为特别规定，而除银行以外的主体亦可成为在建工程抵押权人。本案中，弗洛伊德公司以其两处国有土地上的在建工程作为抵押物为弘健公司提供担保而向山东信托公司抵押。尽管作为抵押权人的山东省国际信托股份有限公司并非银行，但不影响该抵押合同及抵押权的效力。

对于问题二与问题三，2001 年《城市房地产抵押管理办法》第 11 条规定了“以在建工程已完工部分抵押的，土地使用权随之抵押”，该条仅规定在建工程已完工部分适用“房地一体原则”，但仍然对于“未完工的在建工程抵押”是否适用仍然存在疑问。2007 年颁行的《物权法》第 180 条首次明确了“正在建造的建筑物”可以作为抵押财产，该条在表述时将第 5 项的“正在建造的建筑物”与第 1 项的“建筑物”并列，由此产生了解释上的争议。即在我国物权法中，似乎该条的表述是将“正在建造的建筑物”与“建筑物”作为两个不同的抵押财产类型。故而原《物权法》第 182 条（现《民法典》第 397 条）的“房地一体原则”仅限于建筑物，并不涉及“正在建造的建筑物”。换言之，在建工程抵押不适用该原则。本案一审法院即持此观点，二审法院也予以支持。但是，《昆明市人民政府关于印发昆明市在建工程抵押管理暂行办法的通知》（昆政发〔2011〕79 号）第 4 条规定，在建工程抵押的，该在建工程占用范围内的土地使用权一并抵押。该规定明确了在建工程抵押，无论是否系完工部分均一并抵押，也认可了“房地一体原则”适用于在建工程抵押。此外，各省市关于在建工程抵押登记的部门存有差异。如前所述，京国土籍〔2007〕751 号文规定在建工程抵押登记工作统一由市、区（县）国土资源管理部门负责办理。

在学理上，对于在建工程抵押是否适用房地一体原则上似乎均持肯定观点。学者们认为，在建工程抵押适用房地一体原则①，即原《物权法》第182条（现《民法典》第397条）的“建筑物”应包括“在建工程”。笔者赞同在建工程抵押适用房地一体原则，即适用原《物权法》第182条（现《民法典》第397条）的规定。理由如下：第一，在建工程抵押与建筑物抵押本质上并无太大差别，均以其物质性财产价值作为抵押，性质上亦均属于本登记，②两者只是在价值范围大小以及是否完工上存有差异；第二，从体系解释上，建筑物在物权体系中具有重要篇幅，除第6章的“业主的建筑物区分所有权”与180条第1项（现《民法典》第395条第1项）仅指已经完工并投入使用的建筑物外，其余均有解释的空间（第146条、第147条、第182条、第183条、第200条等）（现《民法典》第356条、第357条、第397条、第398条、第417条），无须机械地进行统一解释。第三，从立法目的上，房地一体原则的目的是将建筑物与建设用地使用权在实际使用、经济交易和权利归属上捆绑在一起，否则彼此将失去价值与意义。因此无论工程是否在建或完工，均需与建设用地使用权捆绑在一起。

3. 既往司法实践状况

对于在建工程抵押是否适用房地一体原则，本案采否定说。但“浙商金汇信托股份有限公司与浙江三联集团有限公司、三联控股集团有限公司、马某生、楼某珍、金华市华源置业有限公司金融借款合同纠纷再审案”③与“锦宸集团有限公司等与中国工商银行

---

① 参见王利明：《物权法研究》（下卷），中国人民大学出版社2007年版，第430页；高圣平、严之：《房地单独抵押、房地分别抵押的效力》，载《烟台大学学报（哲学社会科学版）》2012年第1期；魏雁飞：《银行在建工程抵押若干问题的法律分析》，载《甘肃金融》2016年第11期。

② 参见程啸：《担保物权研究》，中国人民大学出版社2019年版，第516～517页。

③ 最高人民法院民事判决书，（2018）最高法民再19号。

股份有限公司厦门开元支行等执行分配方案异议纠纷上诉案”①均认为在建工程抵押的范围及于土地使用权(建设用地使用权)。少有法院(如“恒丰银行股份有限公司绍兴支行、赵柏茂执行分配方案异议之诉”②与本案持同一立场。

4. 本判决的影响及将来的课题

本案的裁判要旨认为,在建工程抵押不适用于原《物权法》第182条(现《民法典》第397条)的“房地一体原则”。因为房屋与土地登记部门不统一,如当事人未对在建工程与土地使用权分别抵押,则在建工程抵押的效力不及于土地使用权,故对于土地使用权不具有优先受偿权。同时,本案是执行异议之诉,所涉及问题是抵押权与强制执行中查封之间的顺序,与一般的担保物权优先受偿有些不同。因此,本案似乎还将涉及另一问题,在人民法院查封不动产的执行程序中,是否须履行房地一体原则的审查义务。即基于我国对于土地与房屋采取的分离主义,但在抵押时又采“房地一体原则”,故人民法院在查封不动产时,是否需审查相关不动产是否有抵押或存在根据“房地一体”原则抵押效力及于土地使用权的情形。此问题在本案中并未提及,是为遗留问题。

尽管本判决对于在建工程抵押的效力是否及于土地使用权的问题采否定观点,但此问题并非就此终结。本案争点的产生具有一定的历史背景,即各地对于房屋与土地登记部门不统一的情形。随着不动产统一登记后,房屋与土地登记部门将统一,本案法院的论证理由可能并不成立。由此,在新的形势下,在建工程抵押的效力是否及于土地使用权,仍然值得探讨。

① 福建省高级人民法院民事判决书,(2016)闽民终960号。
② 浙江省绍兴市中级人民法院民事判决书,(2019)浙06民终3342号。

参考文献

一、著作

1. 宁柏青:《债编各论》,上海法学书局 1934 年版。

2. 曹志时:《民法债编各论讲义》,朝阳学院 1935 年版。

3. 中央政法干部学校民法教研室编著:《中华人民共和国民法基本问题》,法律出版社 1958 年版。

4. 郑玉波:《民法债编各论(下)》,台北,三民书局 1981 年版。

5. 张新宝:《民事活动的基本原则》,法律出版社 1986 年版。

6. 穆生秦主编:《民法通则释义》,法律出版社 1987 年版。

7. 曾世雄:《民法总则之现在与未来》,台北,三民书局 1993 年版。

8. 周枏:《罗马法原论》(下册),商务印书馆 1994 年版。

9. 李双元、温世扬:《比较民法学》,武汉大学出版社 1998 年版。

10. 梅仲协:《民法要义》,中国政法大学出版社 1998 年版。

11. 陈甦:《委托合同·行纪合同·居间合同》,法律出版社 1999 年版。

12. 高富平、王连国:《委托合同·行纪合同·居间合同》,中国法制出版社 1999 年版。

13. 江平主编:《中华人民共和国合同法精解》,中国政法大学出版社 1999 年版。

14. 杨仁寿:《法学方法论》,中国政法大学出版社 1999 年版。

15. 曾隆兴:《民法债编总论》,台北,三民书局 1999 年版。

16. 史尚宽:《民法总论》,中国政法大学出版社 2000 年版。

17. 史尚宽:《债法各论》,中国政法大学出版社 2000 年版。

18. 史尚宽:《债法总论》,中国政法大学出版社 2000 年版。

19. 肖建华、肖建国:《委托、行纪、居间合同》,人民法院出版社 2000 年版。

20. 徐国栋编:《中国民法典起草思路论战》,中国政法大学出版社 2001 年版。

21. 陈自强:《无因债权契约论》,中国政法大学出版社 2002 年版。

22. 封丽霞:《法典编纂论》,清华大学出版社 2002 年版。

23. 龙卫球:《民法总论》,中国法制出版社 2002 年版。

24. 邱聪智:《新订债法各论》(上),姚志明校订,台北,元照出版有限公司 2002 年版。

25. 何勤华、李秀清、陈颐编:《新中国民法典草案总览》(上卷),法律出版社 2003 年版。

26. 林诚二:《民法债编各论》(上),台北,瑞兴图书股份有限公司 2003 年版。

27. 俞江:《近代中国民法学中的私权理论》,北京大学出版社 2003 年版。

28. 张维迎:《信息、信任与法律》,三联书店 2003 年版。

29. 张文显主编:《法理学》(第 2 版),高等教育出版社 2003 年版。

30. 陈华彬:《外国物权法》,法律出版社 2004 年版。

31. 杜景林、卢谌:《德国新债法研究》,中国政法大学出版社 2004 年版。

32. 苏永钦:《私法自治中的经济理性》,中国人民大学出版社 2004 年版。

33. 王利明主编:《中国民法典草案建议稿及说明》,中国法制出版社 2004 年版。

34. 郑玉波:《民法债编总论》(修订第 2 版),陈荣隆修订,中国政法大学出版社 2004 年版。

35. 方新军:《现代社会中的新合同研究》,中国人民大学出版社 2005 年版。

36. 梁上上:《论股东表决权》,法律出版社 2005 年版。

37. 陈朝璧:《罗马法原理》,法律出版社 2006 年版。

38. 渠涛编译:《最新日本民法》,法律出版社 2006 年版。

39. 孙森焱:《民法债编总论》(下册),法律出版社 2006 年版。

40. 王保树主编:《最新日本公司法》,于敏、杨东译,法律出版社 2006 年版。

41. 王保树、崔勤之:《中国公司法原理》,社会科学文献出版社 2006 年版。

42. 朱勇主编:《中国民法近代化研究》,中国政法大学出版社 2006 年版。

43. 黄茂荣:《法学方法与现代民法》(第 5 版),法律出版社 2007 年版。

44. 林诚二:《民法债编各论》(中册),中国人民大学出版社 2007 年版。

45. 王保树:《商法总论》,清华大学出版社 2007 年版。

46. 何勤华:《中国法学史》(第 3 卷),法律出版社 2008 年版。

47. 卓泽渊:《法治国家论》,法律出版社 2008 年版。

48. 邓峰:《普通公司法》,中国人民大学出版社 2009 年版。

49. 王利明:《法律解释学导论》,法律出版社 2009 年版。

50. 王泽鉴:《民法思维:请求权基础理论体系》,北京大学出版社 2009 年版。

51. 王泽鉴:《民法总则》,北京大学出版社 2009 年版。

52. 王泽鉴:《侵权行为》,北京大学出版社 2009 年版。

53. 尹田:《法国现代合同法》(第 2 版),法律出版社 2009 年版。

54. 崔健远主编:《合同法》(第 5 版),法律出版社 2010 年版。

55. 崔建远、韩世远、于敏:《债法》,清华大学出版社 2010 年版。

56. 林诚二:《债法总论新解:体系化解说》(上),台北,瑞兴图书股份有限公司 2010 年版。

57. 柳经纬:《当代中国民法学的理论转型》,中国法制出版社 2010 年版。

58. 龙卫球:《民法基础与超越》,北京大学出版社 2010 年版。

59. 马俊驹、余延满:《民法原论》(第 4 版),法律出版社 2010

年版。

60. 谢哲胜:《民法物权》(增订 3 版),台北,三民书局 2010 年版。

61. 张新宝:《侵权责任法》(第 2 版),中国人民大学出版社 2010 年版。

62. 程啸:《侵权责任法》,法律出版社 2011 年版。

63. 崔健远:《物权法》(第 2 版),中国人民大学出版社 2011 年版。

64. 顾颉刚:《古史辨自序》(上册),商务印书馆 2011 年版。

65. 韩世远:《合同法总论》(第 3 版),法律出版社 2011 年版。

66. 李建伟:《公司法学》(第 2 版),中国人民大学出版社 2011 年版。

67. 梁慧星:《民法总论》(第 4 版),法律出版社 2011 年版。

68. 刘俊海:《现代公司法》(第 2 版),法律出版社 2011 年版。

69. 王利明:《合同法研究》(第 2 卷)(修订版),中国人民大学出版社 2011 年版。

70. 杨立新:《中国百年民法典汇编》,中国法制出版社 2011 年版。

71. 苏永钦:《寻找新民法》,北京大学出版社 2012 年版。

72. 谢鸿飞:《法律与历史:体系化法史学与法律历史社会学》,北京大学出版社 2012 年版。

73. 薛军:《批判民法学的理论建构》,北京大学出版社 2012 年版。

74. 梁慧星:《中国民法典草案建议稿附理由·总则编》,法律出版社 2013 年版。

75. 梁上上:《利益衡量论》,法律出版社 2013 年版。

76. 朱庆育:《民法总论》,北京大学出版社 2013 年版。

77. 曹士兵:《中国担保制度与担保方法》(第3版),中国法制出版社2014年版。

78. 谢鸿飞:《合同法学的新发展》,中国社会科学出版社2014年版。

79. 谢怀栻:《外国民商法精要》(第3版),程啸增订,法律出版社2014年版。

80. 张维迎:《理解公司:产权、激励与治理》,上海人民出版社2014年版。

81. 范健、王建文:《商法学》(第4版),法律出版社2015年版。

82. 王洪亮:《债法总论》,北京大学出版社2016年版。

83. 张家勇:《合同法与侵权法中间领域调整模式研究》,北京大学出版社2016年版。

84. 李宇:《民法总则要义》,法律出版社2017年版。

85. 王泽鉴:《损害赔偿》,北京大学出版社2017年版。

86. 朱庆育:《民法总论》(第2版),北京大学出版社2017年版。

87. 韩世远:《合同法总论》(第4版),法律出版社2018年版。

88. 冉克平:《意思表示瑕疵:学说与规范》,法律出版社2018年版。

89. 朱广新:《合同法总则研究》(上册),中国人民大学出版社2018年版。

90. 程啸:《担保物权研究》,中国人民大学出版社2019年版。

二、期刊论文

1. 蔡守秋:《国家政策与国家法律、党的政策的关系》,载《武汉大学学报(社会科学版)》1986年第5期。

2. 江平：《〈中华人民共和国民法通则〉剖析》，载《政法论坛》1986 年第 1 期。

3. 季卫东：《论法律试行的反思机制》，载《社会学研究》1989 年第 5 期。

4. 范健：《德国居间商法律制度评析》，载《中外法学》1993 年第 6 期。

5. 王立民：《清末中国从日本民法中吸取德国民法》，载《法学》1997 年第 1 期。

6. 谢鸿飞：《论民事习惯在近现代民法中的地位》，载《法学》1998 年第 3 期。

7. 蔡定剑、刘丹：《从政策社会到法治社会——兼论政策对法制建设的消极影响》，载《中外法学》1999 年第 2 期。

8. 李秀清：《中国近代民商法的嚆矢》，载《法商研究》2001 年第 6 期。

9. 蔡立东：《论公司制度生成的建构主义路径依赖》，载《法制与社会发展》2002 年第 6 期。

10. 何勤华：《法的移植与法的本土化》，载《中国法学》2002 年第 3 期。

11. 李秀清：《中国移植苏联民法模式考》，载《中国社会科学》2002 年第 5 期。

12. 梁上上：《利益的层次结构与利益衡量的展开》，载《法学研究》2002 年第 1 期。

13. 薛军：《"物"的概念的反思与中国民法典的编纂》，载《法学》2002 年第 4 期。

14. 崔建远：《民法制度移植的背景因素和内在和谐问题》，载《法学家》2003 年第 4 期。

15. 戴志杰:《两岸〈消保法〉惩罚性赔偿金制度之比较研究》,载《台北大学法学论丛》2003 年总第 53 期。

16. 梁慧星:《松散式、汇编式的民法典不适合中国国情》,载《政法论坛》2003 年第 1 期。

17. 谢晓尧:《欺诈:一种竞争法的理论诠释》,载《现代法学》2003 年第 2 期。

18. 应飞虎:《经营者信息披露制度研究》,载《经济法论坛》2003 年第 1 期。

19. 徐涤宇:《合同概念的历史变迁及其解释》,载《法学研究》2004 年第 2 期。

20. 张谷:《倾听,是一种态度》,载《中外法学》2004 年第 6 期。

21. 孙宪忠:《中国民法典制定现状及主要问题》,载《吉林大学社会科学学报》2005 年第 4 期。

22. 俞江:《继承领域内冲突格局的形成》,载《中国社会科学》2005 年第 5 期。

23. 梁上上:《利益衡量的界碑》,载《政法论坛》2006 年第 5 期。

24. 孙宪忠:《中国近现代继受西方民法的效果评述》,载《中国法学》2006 年第 3 期。

25. 王保树:《从法条的公司法到实践的公司法》,载《法学研究》2006 年第 6 期。

26. 王轶:《对中国民法学学术路向的初步思考》,载《法制与社会发展》2006 年第 1 期。

27. 许德风:《论瑕疵责任与缔约过失责任的竞合》,载《法学》2006 年第 1 期。

28. 罗培新:《公司法强制性与任意性边界之厘定:一个法理分

析框架》,载《中国法学》2007 年第 4 期。

29. 牟宪魁:《说明义务违反与沉默的民事诈欺构成》,载《法律科学》2007 年第 4 期。

30. 温世扬、周珺:《〈物权法〉的中国特色与时代精神》,载《江西社会科学》2007 年第 3 期。

31. 常鹏翱:《〈法学研究〉三十年:民法学》,载《法学研究》2008 年第 3 期。

32. 朱庆育:《法律行为概念疏证》,载《中外法学》2008 年第 3 期。

33. [德]韩博天:《中国异乎常规的政策制定过程:不确定情况下反复试验》,石磊译,载《开放时代》2009 年第 7 期。

34. 齐恩平:《"民事政策"的困境与反思》,载《中国法学》2009 年第 2 期。

35. 宋亚辉:《公共政策如何进入裁判过程》,载《法商研究》2009 年第 6 期。

36. 张新宝、李倩:《惩罚性赔偿的立法选择》,载《清华法学》2009 年第 4 期。

37. 郑永宽:《要物合同之存在现状及其价值反思》,载《现代法学》2009 年第 1 期。

38. 陈现杰:《〈侵权责任法〉一般条款中的违法性判断要件》,载《法律适用》2010 年第 7 期。

39. 柳经纬:《回归传统——百年中国民法学之考察之一》,载《中国政法大学学报》2010 年第 2 期。

40. 周江洪:《惩罚性赔偿责任的竞合及其适用》,载《法学》2010 年第 4 期。

41. 杜宴林:《论法学研究的中国问题意识》,载《法制与社会发展》2011 年第 5 期。

42. 韩大元:《中国法学需要关注学说史研究》,载《法学研究》2011 年第 6 期。

43. 刘家安:《"要物合同"概念之探究》,载《比较法研究》2011 年第 4 期。

44. 卢谌:《现代买卖法瑕疵担保责任制度》,载《东方法学》2011 年第 1 期。

45. 汪青松:《基于投资偏好差异的股份公司股东类别化分析》,载《政法论丛》2011 年第 4 期。

46. 王利明:《民法的人文关怀》,载《中国社会科学》2011 年第 4 期。

47. 张新宝、张红:《中国民法百年变迁》,载《中国社会科学》2011 年第 6 期。

48. 隋彭生:《居间合同委托人的任意解除权及"跳单"》,载《江淮论坛》2012 年第 4 期。

49. 孙宪忠:《我国民法立法的体系化与科学化问题》,载《清华法学》2012 年第 6 期。

50. 王奇才、高戚昕峤:《中国法学的苏联渊源——以中国法学的学科性质和知识来源为主要考察对象》,载《法制与社会发展》2012 年第 5 期。

51. 徐洁:《担保物权与时效的关联性研究》,载《法学研究》2012 年第 5 期。

52. 冯果、李安安:《金融创新视域下公司治理理论的法律重释》,载《法制与社会发展》2013 年第 6 期。

53. 黄辉:《略论公司法一体化:中国视角及启示》,载《比较法研究》2013 年第 5 期。

54. 梁上上:《公司担保合同的相对人审查义务》,载《法学》2013 年第 7 期。

55. 刘风景:《立法目的条款之法理基础及表述技术》,载《法商研究》2013 年第 3 期。

56. 柳经纬:《民法草案审议十周年祭》,载《中国政法大学学报》2013 年第 1 期。

57. 茅少伟:《寻找新民法典:"三思"而后行》,载《中外法学》2013 年第 6 期。

58. 谢鸿飞:《民法典与特别民法关系的建》,载《中国社会科学》2013 年第 2 期。

59. 周小川:《资本市场的多层次特性》,载《金融市场研究》2013 年第 8 期。

60. 朱慈蕴、沈朝晖:《类别股与中国公司法的演进》,载《中国社会科学》2013 年第 9 期。

61. 崔建远:《编纂民法典必须摆正几对关系》,载《清华法学》2014 年第 6 期。

62. 高鸿钧、鲁楠、余盛峰编:《法律全球化:中国与世界》,清华大学出版社 2014 年版。

63. 甘培忠、周游:《我国公司法建构中的国家角色》,载《当代法学》2014 年第 2 期。

64. 李晓辉:《中国式法律移植之反思》,载《国家检察官学院学报》2014 年第 1 期。

65. 陆青:《论消费者保护法上的告知义务》,载《清华法学》2014 年第 4 期。

66. 施天涛:《公司资本制度改革:解读与辨析》,载《清华法学》2014 年第 5 期。

67. 杨立新:《我国消费者保护惩罚性赔偿的新发展》,载《法学家》2014 年第 2 期。

68. 朱广新:《惩罚性赔偿制度的演进与适用》,载《中国社会科学》2014 年第 3 期。

69. 程啸:《论担保期间之存续期间》,载《财经法学》2015 年第 1 期。

70. 崔建远:《论合同目的及其不能实现》,载《吉林大学社会科学学报》2015 年第 3 期。

71. 高圣平:《应收账款质权登记的法理》,载《当代法学》2015 年第 6 期。

72. 高旭军:《投资效率与交易安全保障之平衡》,载《东方法学》2015 年第 1 期。

73. 鞠海亭、金晓平:《经营者欺诈行为的要件分析》,载《人民司法 · 案例》2015 年第 22 期。

74. 刘勇:《缔约过失与欺诈的制度竞合》,载《法学研究》2015 年第 5 期。

75. 王利明:《全面深化改革中的民法典编纂》,载《中国法学》2015 年第 4 期。

76. 王文宇:《从商法特色论民法典编纂》,载《清华法学》2015 年第 6 期。

77. 张志坡:《论优先股的发行》,载《法律科学》2015 年第 2 期。

78. 朱晓喆:《瑕疵担保、加害给付与请求权竞合》,载《中外法学》2015 年第 5 期。

79. 李永军等:《中华人民共和国民法总则(专家建议稿)》,载《比较法研究》2016 年第 3 期。

80. 杨立新:《消费欺诈行为及侵权责任承担》,载《清华法学》

2016 年第 4 期。

81. 易军:《买卖合同之规定准用于其他有偿合同》,载《法学研究》2016 年第 1 期。

82. 张谷:《对当前民法典编纂的反思》,载《华东政法大学学报》2016 年第 1 期。

83. 于飞:《合同法总则替代债法总则立法思路的问题及弥补——从"参照适用"的方法论性质切入》,载《苏州大学学报(法学版)》2018 年第 2 期。

三、外文文献

1. [美]理查德·A. 波斯纳:《法律的经济分析》(上册),蒋兆康译,中国大百科全书出版社 1997 年版。

2. [葡]平托:《民法总论》(中译本),法律翻译办公室译,澳门大学法学院 1999 年版。

3. [德]茨威格特、克茨:《比较法总论》,潘汉典等译,法律出版社 2003 年版。

4. [德]卡尔·拉伦茨:《法学方法论》,陈爱娥译,商务印书馆 2003 年版。

5. [意]彼德罗·彭梵得:《罗马法教科书》,黄风译,中国政法大学 2005 年版。

6. [德]迪特尔·梅迪库斯:《德国债法分论》,杜景林、卢谌译,法律出版社 2007 年版。

7. [美]道格拉斯·C. 诺思:《制度、制度变迁与经济绩效》,杭行译,韦森译审,格致出版社 2008 年版。

8. [日]我妻荣:《我妻荣民法讲义Ⅲ:新订担保物权法》,申政武等译,中国法制出版社 2008 年版。

9. [日]我妻荣:《我妻荣民法讲义 IV:新订债权总论》,王燚译,中国法制出版社 2008 年版。

10. [日]我妻荣:《我妻荣民法讲义 V1:债权各论》(上卷),徐慧译,中国法制出版社 2008 年版。

11. [日]我妻荣:《我妻荣民法讲义 V2:债权各论中》(卷一),徐进等译,中国法制出版社 2008 年版。

12. [日]我妻荣:《新订债权总论》,王燚译,中国法制出版社 2008 年版。

13. [德]迪特尔·梅迪库斯:《请求权基础》,陈卫佐等译,法律出版社 2012 年版。

14. [德]汉斯·布洛克斯、[德]沃尔夫·迪特里希·瓦尔克:《德国民法总论》(第 33 版),张艳译,中国人民大学出版社 2012 年版。

15. [德]莱因荷德·齐佩利乌斯:《法哲学》(第 6 版),金振豹译,北京大学出版社 2013 年版。

16. [德]维尔纳·弗卢梅:《法律行为论》,迟颖译,法律出版社 2013 年版。

17. [德]克里斯蒂安·冯·巴尔、[英]埃里克·克莱夫:《欧洲私法的原则、定义与示范规则:欧洲示范民法典:全译本》(第 1 卷、第 2 卷、第 3 卷),付俊伟译,法律出版社 2014 年版。

18. [日]近江幸治:《民法讲义 I:民法总则》,渠涛等译,北京大学出版社 2015 年版。

19. [德]鲁道夫·冯·耶林:《论缔约过失》,沈建峰译,商务印书馆 2016 年版。

20. [德]本德·吕特斯:《德国民法总论》,于鑫淼、张姝译,法律出版社 2017 年版。

后　记

严格来说,这并不算是一本著作,更像是自己十年的学术总结。10 年前的那个春天,我带着对学术的向往来到了位于月轮山二龙头的之江校区,参加浙大法学院第一级民商法专业的博士生复试。记得自己在面试时很紧张,老师们追着我那份“粗糙”的研究计划问了很多问题,已经忘了那时是怎么挺过来的。承蒙恩师梁上上教授不弃,把我收入门下研习民商法。

人生总是有许多意外和幸运。20 年前,因为中考成绩距离高中录取分数线 20 多分,一个少年面临即将失学的窘境。当时父亲通过择校的方式让我进入了一所普通高中继续学业,父亲送我入学时并无太多言语,留下印象最深的一句是“给了这次机会,就要认真学习”。高中第一年,记得第一次月考的成绩,只能在后面的排名找到自己的名字;高一下学期分文理科时,凭借出色的文综成绩进入了学校的文科重点班;最后高考,在本校文科排第 1 名,在当地排第 5 名。2005

年的江西省高考,还是估分填写志愿的年代。尽管我有一个不错的高考成绩,但志愿出现了撞车情况,与很多985/211 学校失之交臂。进入大学后的前三年,一度低迷无法自拔。终于在大三的暑假开始,自己收拾心情重新出发,开始认真准备考研。大学时代,《中国法制史》和《法律思想史》是为数不多让人喜欢的专业课程。正是基于这两门课程,毕业时我选了聂铄老师作为毕业论文指导老师。感谢聂老师认真教导,让一颗爱好学术研究的"种子"逐渐萌芽成长。

在研究生时代,作为国家级重点学科的华政法律史学科有着强大的师资团队和浓厚的学术研究氛围,我们有很多机会参与学术研究和聆听各种学术讲座。在恩师王立民教授的指导下,我在研二结束时便完成了硕士毕业论文的写作。为了查找硕士论文的第一手资料,我背着书包和电脑乘坐20 路公交车往返于万航渡路1575 号和位于外滩的上海市档案馆。几个月后,完成了一篇13 万字的硕士学位论文(正文约6 万字,档案资料作为附录约6 万字)。后来硕士论文不仅获得校优秀论文,还荣获首届曾宪义法律史优秀硕士论文奖(2012),也给了自己极大的学术信心。在读期间,我参加了何勤华老师主持的"中国法学家访谈录"的课题。正是基于这次参与课题的机会,让我遇到了恩师梁上上教授。那次访谈老师细致地讲解了"利益衡量"方法论,让人意犹未尽,突然让我找到了方向。回到学校后,我开始认真准备博士生入学考试。在考博期间,与杨光博士(考入中国人民大学经济法学)、李耀杰博士(考入中国人民大学刑法学)和沈钛滔博士(考入清华大学法学院商法学)一起在华政图书馆早出晚归。为了有个比较清静的备考环境,我和李耀杰博士一起搬进了一间一楼无人住的房间,每天一起6 点准时出门,23 点一起回到宿舍,甚至一起在冬天的6 点冒着小雪在华政大草坪读英语。于是就有了开头参加博士生复试的场景。

这篇小集子中,有部分成果荣获不少荣誉。例如,2013 年全国博士生(法学)论坛一等奖(第三章的原文),2014 年中国法学会主办的第九届中国法学家论坛征文一等奖(第一章),2016 年第二届中华法学硕博英才奖二等奖(第一章),2016 年浙江大学"法治与改革国际高端论坛:私法与法治经济建设"征文三等奖,2018 年第十二届中国法学家论坛征文一等奖(该文发表于《法律科学》2018 年第 2 期,由于出版原因,未能纳入本书)。这些都是在恩师梁上上教授认真指导下完成的。在此,感谢恩师 10 年来的关爱和悉心指导,学生时刻谨记老师第一次见面时反复强调的"学者要爱惜自己的羽毛"的谆谆教诲。同时,小集子中除第六、七章外的其余成果均已在不同时间发表,感谢《华东政法大学学报》《东方法学》《浙江社会科学》等编辑部及编辑老师们的提携和鼓励!

一路走来,有赖诸多良师的指导和鼓励,不至于让愚钝的自己成为一块朽木。桑浦山下的聂铄师;苏州河畔的恩师王立民教授,业师何勤华师、丁凌华师、李秀清师、陈颐师和朱晓喆师;月轮山上的恩师梁上上教授,业师张谷师、周江洪师、陈信勇师、王冠玺师和陆青师等。感谢老师们一直以来的提点和教诲! 正是在老师们的熏陶和引领下,自己才有了这份对于学术研究的执着和认真。

也要感谢同济大学以及法学院和同事们。感谢法学院的各位领导和学术委员会的教授们同意将拙作纳入"同济大学法学文丛"出版,为我免去了后顾之忧。同济法学院的同事们相处氛围融洽,总能给人一种温暖。两年前,疫情稳定后我第一次来到四平路校区,看到行政南北楼前爬满的爬山虎,图书馆楼前的一对"继往开来"华表,就有种莫名的亲切感,这感觉与在华政长宁和浙大之江是一致的,也与当初高中时代想象中的大学相吻合。这或许也是近几年兜兜转转的原因。

最后,必须感谢的是我的家人。家人们的陪伴和支持是我前行的动力。

今年是参加工作的第七年。自己从来不是天资聪颖之人。但不管如何,认真做好每一件事情,认真对待教学和科研,认真指导每一位学生,也是在身体力行“不忘初心、牢记使命”吧!

刘 颖

2022 年 3 月疫情期间于沪上鞍山寓所